我国粮食安全问题研究

——兼论耕地保护、农业现代化和对外开放

金鹏辉 等编著

 中国金融出版社

责任编辑：张智慧　王雪珂
责任校对：孙　蕊
责任印制：陈晓川

图书在版编目（CIP）数据

我国粮食安全问题研究——兼论耕地保护、农业现代化和对外开放
（Woguo Liangshi Anquan Wenti Yanjiu：Jianlun Gengdi Baohu、Nongye
Xiandaihua he Duiwai Kaifang）/金鹏辉等编著 . —北京：中国金融出版
社，2016. 1
　　ISBN 978 - 7 - 5049 - 8358 - 9

Ⅰ. ①我…　Ⅱ. ①金…　Ⅲ. ①粮食问题—研究—中国　Ⅳ. ①F326. 11

中国版本图书馆 CIP 数据核字（2016）第 008265 号

出版
发行　　**中国金融出版社**

社址　　北京市丰台区益泽路 2 号
市场开发部　（010）63266347，63805472，63439533（传真）
网 上 书 店　http：//www. chinafph. com
　　　　　　（010）63286832，63365686（传真）
读者服务部　（010）66070833，62568380
邮编　100071
经销　新华书店
印刷　北京市松源印刷有限公司
装订　平阳装订厂
尺寸　169 毫米×239 毫米
印张　21. 5
字数　262 千
版次　2016 年 1 月第 1 版
印次　2016 年 1 月第 1 次印刷
定价　49. 00 元
ISBN 978 - 7 - 5049 - 8358 - 9/F. 7918
如出现印装错误本社负责调换　联系电话（010）63263947

编写人员

顾　问：贾　康

组　长：金鹏辉

副组长：姚余栋　张树忠

成　员：尹清伟　张明辉　徐以升

　　　　袁　灏　李金良　张振轩

序

民以食为天，国无粮不稳。

农业发展是国民经济的基础，粮食安全自古就为各国重视。在当今世界，除了个别耕地与水资源十分丰富、人口规模较小的国家外，大多数国家都面临粮食安全问题，即如何让居民吃饱或吃得更好，且能应对特殊情况下（自然灾害、战争等）粮食供应保障的问题。随着社会经济发展，人们收入增长与消费结构升级，粮食安全问题的内涵也日益丰富。在一些低收入国家，粮食安全问题主要是如何使居民不再忍受饥饿，收入相对较高的国家，通过国内生产或进口粮食，居民的温饱问题已经基本得到解决，但也面临如何保持粮食产量长期稳定、怎样确保粮食生产者的比较利益、如何掌握粮食进出口比例等。从全球范围看，粮食问题仍是困扰人类社会发展的一个重大问题，关乎人们的生存、生活的质量以及经济社会的稳定。如何确保粮食安全是当前和今后我国乃至世界各国需要重点研究的一项重大课题。

我国作为世界第一人口大国，2014年末，人口总数已高达13.68亿。2015年，我国粮食产量为6.21亿吨，已经实现连续12年增产。但是，随着城市化、工业化对土地的占用和污染，我国优质的耕地保有面积呈逐步下降态势，粮食产量连增势头恐很难持续保持，但粮食消费却有增无减，粮食安全问题始终是高悬在我们头顶上的达摩克利斯之剑，需要时刻保持高度警惕。鉴于此，在华夏新供给经济学研究院成立伊始，我们就提出了"城市化进程中的粮食安全与耕地保护"研究课题，作为重点研究课题之一。

金鹏辉同志是新供给经济学五十人论坛成员，长期从事中央银行工作，研究视野开阔。2013 年他前往河南任职，对河南经济社会发展尤其是"三农"问题具有深切的了解。河南是我国的人口大省和农业大省，在国家粮食生产和确保粮食安全方面有着独特地位。在河南研究粮食安全问题既具有得天独厚的条件，也具有现实意义。金鹏辉同志牵头的研究团队从自己擅长的金融视角切入，对粮食生产、农业产业化、耕地保护和粮食贸易都提出了独到的见解。比如，他们在综合分析我国粮食生产与消费的各种影响因素后，提出了新的粮食安全观，即不仅要重视当前的粮食充足供给，还要考虑长期粮食生产能力的可持续；不仅要重视粮食的数量安全，还要考虑粮食的质量安全；不仅要考虑主粮供给的安全，还要考虑随着居民消费升级对食物需求的多样化，需要统筹考虑口粮、饲料用粮和工业用粮的安全问题，并分清主次，实施差异化的保护政策和解决措施；在粮食自给自足和利用国际市场的问题上，他们提出在坚持作为口粮的主粮自给的基础上，饲料用粮和工业用粮可以适度放开对进口的限制，更多利用国际市场取得供给侧的调节支持。在耕地保护问题上，他们指出当前的"占补平衡"已经偏离了初衷，仅能保证耕地数量的平衡，耕地生产能力却遭到削弱，在充分调研论证的基础上，提出了利用"土地产出当量"（即土地对应的有效产出物供给能力）作为衡量标准，开展土地利用指标的交易，实现经济发达程度不同的区域之间土地利用指标的调剂，既解决制约经济发达地区的土地供给不足问题，也给相对落后地区的耕地保护提供充分的资金，增强耕地保护激励。针对我国农业产业化发展滞后和农业生产比较效益低的问题，他们研究借鉴发达国家和地区农业产业化发展历程，并结合我国农业产业化发展中存在的问题、总结好的经验与做法，提出了综合利用财政支农资金、扩大农村金融服务覆盖范围和提高金融服务效率，支持农业科技研发与推广，以及农产品生产、加工、仓储、流通等环节建设，优化农业社会化服务，提高农业产业化水平，在提高农业比较效益的基础上，加强对农业全过程的安全管理，促进农业绿色可持续发展。在农业对外开放问题上，他们根据我国人均耕地和水资源短缺、劳动力资源充足的农业资源禀赋特征，提出适当加大对耕地和水资源密集型农产品（非口粮谷物、油料油脂、棉花、食糖等）的进口，同时支持蔬菜、水果和水产品等劳动密集型农产品的出口；以财税、金融优惠政策和国家层面的外交协调，支持国内农业企业走向国际市场，通过在海外租地从事种植与养殖、并购海外农业企业，建设仓储、加工和物流基地等途径，提高对国际农业资源的利用能力。

作为金融行业的从业者，他们本着崇高的使命感和家国情怀，对粮食安全这一陌生与极具敏感性的领域开展研究探索，提出了一系列颇有见地与启发性的观点和建议。虽然他们对粮食安全的研究可能还存在一些不足之处，比如，对未来我国粮食产量的估计有可能过于乐观、对全球粮食生产潜力的把握可能还不够准确，在一些数据获得和使用方面也存在局限与薄弱之处，但他们从供给侧对粮食安全领域的研究提供了新的视角，以及有价值的决策参考意见，做出了值得肯定的有益工作。

我作为课题顾问，希望此课题成果的公开出版能从金融支持的角度为解决粮食安全问题开拓视野，并促进各方面的深化研究，特为本书作序，也希望金鹏辉同志带领的研究团队在今后贡献更多的后续研究成果。

贾康
2015 年 12 月

目　　录

上篇　形势分析篇

下篇　战略篇

上篇　形势分析篇

第一章 导　　言

一、研究背景

国以农为本、民以食为天。古今中外，无论是发达国家或是发展中国家，各国均把农业置于国民经济的首位。在农业内部，按对居民生活影响的重要性来看，粮食为人类新陈代谢提供必需的能量，是生命活动的基础，在居民的饮食消费中不可替代，其次是蔬菜水果、畜产品、水产品和其他食品。当然，由于经济发展水平和消费习惯的差异，各国以及一个国家内部的不同发展阶段，居民在饮食结构上存在很大的不同，在不同发展阶段的国家，农业各个行业的重要性具有一定的差异。虽然从整体来看，随着经济发展水平的提升，肉蛋奶、蔬菜、水果、水产品等消费量不断提高，以稻谷、小麦为主的口粮消费持续下降，但粮食仍为居民饮食中的必需品。

从生产来看，由于农业生产属于自然再生产和社会再生产相结合的产业，各国农业生产不但取决于耕地、水、光照等自然资源条件，也在一定程度上受制于农业生产组织制度、农业科技研发与推广体制、农业基础设施水平、社会化服务体系完善程度、农业政策措施和劳动力素质等因素的影响。从农产品消费端分析，各国居民对农产品需求数量的多寡和结构的变化，受三方面因素的影响，一是人口的数量与结构，人口数量越多、中青年占比越大需求量越大。二是居民收入水平及收入分配的均等程度，居民收入越高、中间阶层占比越大，社会整体对口粮的消费越少，而对肉蛋奶、蔬菜、水果、水产品和其他农产品的需求就越多，由于粮食是饲料的主要原料，肉类需求的增加间接导致粮食需求上升，但不同的肉类需求结构对粮食需求的影响差异较大，如猪、鸡养殖需要添加更多的粮食饲料，而牛羊养殖饲料则主要是草料，对饲料粮的需求相对较低。三是粮食工业化利用率高低。近年来，随着化石燃料价格的上涨，农业资源充裕的国家倾向于用粮食、糖料或油料生产生物燃料，如美国用玉米生产燃料乙醇，2011/2012 年度消耗玉米占其产量的40.9%，巴西用甘蔗生产燃料乙醇、欧洲用油菜籽生产生物柴油等也消耗了大量农产品。

根据农业生产条件和农产品消费情况，世界各国大致可以划分为七类。第一类是耕地、水资源丰富，农业科技研发与推广发达、农业基础设施与社会服务体系完善、生产经营组织制度科学合理，人口较少、收入水平较高且中间阶层居民占比较高的国家，例如美国、澳大利亚、加拿大等国，这些国家居民饮食消费中主粮占比最低，肉蛋奶、水产品和水果蔬菜消费较多，并且居民消费结构比较稳定。第二类国家在农业科技、基础设施、社会服务、生产经营体制等方面均比较发达，社会经济发展水平、居民收入与收入均等化水平都较高，但人口较多，水土资源尤其是耕地资源相对不足，这些国家以欧洲的法国、德国和英国最为典型，这些国家居民饮食消费与第一类国家基本相同。第三类国家水土资源贫乏、农业技术与农业基础设施落后，并且人口众多，例如非洲大部分国家和一些拉美国家。这些国家居民饮食消费以主粮为主，肉蛋奶、蔬菜水果等消费较少，随着收入的提高，存在巨大的提升空间。第四类国家水土资源尤其是耕地短缺，但农业科技发达、生产经营组织制度先进、农业基础设施和社会化服务相对完善，人口稠密，居民收入水平相对较高并且中间阶层居民占比较高，这类国家以东亚的日本、韩国、欧洲的以色列和荷兰为代表，在这些国家的饮食结构中主粮占比也很低，并且消费结构比较稳定。第五类国家水土资源较为丰富并且水热同期，但农业科技、农业生产经营管理、农业基础设施均发展滞后，而且人口多、收入水平相对较低，这些国家以东南亚国家为主，居民消费存在巨大的上升空间。第六类国家耕地资源丰富、水资源相对缺乏，农业科技和基础设施相对落后，居民收入处于中等水平，这类国家以中亚国家和俄罗斯为代表。与以上国家相比，我国具有独特性，可以单独划分为第七类，我国水地资源总量丰富，但由于人口众多，人均耕地资源不到世界平均水平的一半，人均淡水资源仅为世界平均水平的四分之一左右，并且农业科技研发相对先进，但科技推广、农业经营管理和农业基础设施建设落后，农业生产分散、劳动力素质较低，居民收入处于快速上升阶段，中间收入阶层正快速壮大，居民饮食消费结构迅速升级，口粮消费下降较快，肉蛋奶、油脂、蔬菜水果、食糖、水产品等消费快速增长。

从上述分类可以发现，在世界各国中，我国农业资源禀赋条件较差，而且人口数量庞大，农业的重要性愈加凸显。在历史上，由于气候或人为的原因，我国曾多次发生过饥荒，发生在二十世纪五十年代末六十年代初的大饥荒给人留下了难以磨灭的印记，其影响延续至今，也在很大程度上影响着我国的农业生产和粮食安全政策。

从国内外发展实践来看，不同自然资源禀赋、农业科技发展水平和社会发展阶段国家的农业生产和食品安全政策措施存在较大的差异，农业自然资源禀赋好、科技发达、社会发展水平高的国家，更强调对水土资源的合理有效利用，更多地由市场经济效益原则来确定发展重点，政府对农业给予较大力度的支持，也强调通过农业贸易进行农产品的丰欠调剂和实现农业生产者的利益最大化；在居民饮食消费结构中，主粮占比很低，肉蛋奶、蔬菜水果、油脂、食糖和水产品等高价值食品消费较多，并且对食品的质量要求较高。因此，这些国家强调的是食品安全，既重视包括谷物在内的各类食品的数量安全，更注重质量安全和农业可持续发展。对那些农业和社会发展水平均比较落后的国家来说，由于居民饮食结构中主粮占比偏高，其政府更加强调谷物数量供给上的充足与居民可获得性，并且由于经济发展水平低、财力有限，农业贸易偏重于农产品出口，国际农业资源利用能力较低。

由于人多地少、农业基础设施与科技发展滞后和社会经济发展水平低等原因，长期以来，我国高度重视粮食既主粮安全，并且由于制度背景和国际战略的关系，尤其强调粮食的自给自足。而且受社会发展阶段、国家发展战略和政府财力的影响，农业在社会经济发展中的基础地位在很长一段时间内没有得到应有的重视，政府财政支持缺位，农业长期处于弱势地位，农业生产总体上处于小、弱、散的状态，农业产业经营比较效益偏低，农业投入严重缺乏。例如，在新中国成立直至 20 世纪 80 年代初期，受当时特殊的国际环境限制，政府确立了工业优先的发展战略，通过工农产品价格剪刀差、农业税费等渠道，为工业积累提供了大量支持；在农业领域的对外开放上，实施自给自足的粮食安全政策，粮食国际贸易数量较少，有限的粮食贸易主要是为出口换取外汇，这一阶段也是我国经济发展较为困难、粮食供需十分紧张的时期，在全国范围内发生过较为严重的饥荒。

改革开放以来，制度变迁和市场化改革渐次成为提高农业综合生产能力的主要推动力。为提高农民种粮的积极性，政府不断调整粮食生产、流通政策，先后经历了从下至上的诱致性制度变迁和由上而下的强制性制度变迁。1978 年起源于安徽省凤阳县凤梨公社小岗村后来得到中央肯定并全国推广的家庭联产承包责任制改革有效提高了农民种粮的积极性，由此我国进入粮食供给总体均衡、丰年有余阶段；其后，随着改革的激励效应逐渐减弱，加之"谷贱伤农"，农民种粮积极性和粮食产量有所降低。为进一步激发地方政府重粮抓粮和农民种粮的积极性，中央政府相继实施了耕地保护、税费减免和种粮直补等一系列制度变迁政策。例如，20 世纪 80 年代中期至 90 年代末，取消了粮食统购统销政策，实行合同定购、市场购销双轨并存并逐步向市场化过渡；1998 年、2004 年两次修订《土地管理法》，严格耕地保护；2003 年开展农村税费改革试点，2006 年全面取消农业税，在此基础上，国家对农民实施种粮直补、农资综合补贴、良种补贴、农机具购置补贴、主要粮食品种保护价收购和产粮大县奖励等政策；2008 年国家又制定并颁布了《国家粮食安全中长期规划纲要（2008－2020 年）》，提出了耕地保有面积不低于 18 亿亩、谷物播种面积稳定在 12.6 亿亩以上、粮食自给率稳定在 95% 以上等硬性指标，努力提高粮食安全保障水平。这些制度和政策的实施有效激发了地方政府和农民粮食生产的积极性，大大地提高了全国粮食生产水平，2004 年以来我国粮食产量实现十连增，主要粮食品种已由短缺转变为供需大体平衡、丰年有余，彻底解决了 13 亿人的温饱问题，并且在 1996－2008 年的多数年份稻谷、小麦和玉米等主粮有余粮可供出口。同时，农牧林渔业得到了较为全面的发展，我国居民膳食结构逐渐改善，营养结构更为全面。2012 年，我国粮食、油料、猪牛羊肉、水产品和牛奶的人均占有量分别为 437 千克、25.4 千克、47.4 千克、43.7 千克和 27.7 千克，分别是 1978 年的 1.4 倍、4.6 倍、5.2 倍、8.9 倍和 23.1 倍。从营养角度来看，我国居民人均热量消耗已经超过了世界平均水平，部分指标达到发达国家的标准。我国人均耕地和水资源虽然仅占世界平均水平的 40% 和 25%，多年来粮食总产量却高居世界首位，保障了国家粮食安全和占世界 22% 国民的丰衣足食，为社会经济稳定运行提供了坚强的基础与保障，有效化解了世界各国对我国粮食安全问题的担忧，取得了举世瞩目的成就，赢得广泛的尊重和赞誉。

尽管我国的农业生产水平得到了较大程度的提高，农产品供给也逐步丰富，但是长期以来，庞大的人口和不断提高的消费能力要求农产品的生产需要实现大幅度的增长，在自给自足的政策导向和利用国际资源能力不足的现实条件下，我国农业资源被压榨式利用，耕地、淡水和草地污染与退化严重，农产品质量安全问题不容忽视，农业可持续发展面临着巨大的威胁。并且，人口增长与收入提高使粮食与其他农产品需求将持续增加，气候变化与自然资源和生态系统退化影响农业生产能力继续提升，未来粮食与其他主要农产品的供求矛盾有可能更加突出。例如，当前，我国人口年均净增加约700万人，带动以粮食为主的食品需求净增长；同时，随着工业化、城镇化和国际化的快速发展，我国居民收入不断增长，消费结构也发生较大变化，即人们对粮食等基本农产品的直接消费趋于下降，对动物性食品、加工性食品的需求逐步增加，作为动物性食品和加工性食品原料的饲料用粮与工业用粮需求快速增加，而且从总量上来看，饲料与工业用粮的增加大大高于口粮的减少量，导致人均粮食需求进一步提高。并且，随着生活水平的提高，人们更加关注食品质量安全。在我国农产品消费总量持续增长和对质量要求不断提高的背景下，农产品生产与供给前景却并不乐观。

第一，我国农业基础设施薄弱，截至目前仍没改变靠天吃饭的局面，常年遭受干旱、洪涝、台风、低温冻害等多种自然灾害，每年因灾损失粮食在1 000亿斤左右。随着全球气候变暖加剧，旱灾、洪涝等极端气候将更加容易多发，对未来农业生产的影响可能更加显著。

第二，随着工业化和城市化的进展，农业生产比较效益低问题日益明显，大量优质耕地被占用，一些地方出现耕地撂荒现象，并且随着农业产业化发展，农业结构调整加快，粮食作物种植面积下降；农村青壮年劳动力持续向非农领域转移，农民兼业化比较普遍；由于多年的粮食产量增长以及农业比较效益下降，一些地方政府对粮食安全问题丧失了警惕，重粮抓粮的积极性下降，一些省份粮食产量不断减少，耕地和水资源富裕的南方省份由粮食调出省变为调入省，个别沿海省份粮食缺口加大。

第三，为确保粮食有效生产与自给，我国推行精耕细作农业，单位耕地面积化肥农药施用量远超国际平均水平，但有效利用率较低，大量农药化肥残留或进入水域，并且由于缺乏强制休耕制度，长期耕种而不进行休养生息，耕地与水资源被过度利用，土壤肥力退化，水土污染严重，食品质量问题频发，引起社会普遍担忧。

第四，在农业政策上，我国长期偏重于粮食作物种植，政府财政支持也倾向于粮食产业。但是，随着居民消费升级，对畜产品的需求持续提升，尤其是对牛奶和奶制品的需求量大增。在目前的政策导向下，我国的养殖结构中，粮饲动物占比仍然偏高，粮食以及秸秆作为饲料使用，优质牧草种植面积少、产量低，不但导致粮食低效利用，而且也是畜产品质量不高的原因，引发了一系列的畜产品质量安全事件，大量草地也由于缺乏有效的保护而退化或遭到人为破坏，畜牧业发展受到环境制约，农业生态环境也面临严峻考验。

第五，人多地少、分散经营的特征，农业投入不足，科技研发、基础设施建设、农产品加工、仓储物流以及农业社会化服务体系建设的滞后，使我国农业产业化经营发展不足，一方面导致农业生产缺乏比较效益；另一方面也使农产品质量安全难以得到有效控制，农产品质量问题已经引发了社会的广泛担忧。

第六，农业领域对外开放度快速提高，但农业开放和农产品贸易方式上却存在一些明显的不足。近年来，随着改革开放的推进、我国经济实力的增强和国际地位的提高以及居民消费结构的升级，我国有限的耕地资源已经无法承载居民快速增长的消费需求，在粮食产量持续增加的情况下，一些农产品进口也快速增长，如大豆、油脂、大麦、食糖、棉花对外依存度快速提高，稻谷、小麦和玉米等主粮也从出口转向进口，并且进口量不断增加。2011 年我国超过美国成为世界最大的农产品进口国，2012 年我国农产品贸易依存度达到21.2%，其中进口依存度为13.6%；大豆贸易最为典型，我国于 2006 年放开大豆市场，之后进口逐年增加，2012 年进口总量达到 5 838 万吨，占世界总出口量的2/3，进口依存度高达82%。在我国进口增加的同时，国际市场的供给也相应增长，国际上所担心的国际市场满足不了我国进口需求的事情并没有发生，而且价格也没有像一些研究者所分析的那样随我国购买的增加而大幅上涨。但是，农业对外开放的方式没有随我国农产品贸易数量的上升而转变。首先，农产品进出口主体培育步伐缓慢。与跨国粮食贸易集团相比，我国绝大多数粮食购销、加工、物流企业规模小，竞争力弱，海外投资步伐缓慢，尚未建立集海外种植、存储、加工、物流各环节一体化的产业链条，在国际市场的话语权较弱，在农产品国际贸易中处于被动的地位。其次，粮食进口渠道单一，主要是通过国际跨国粮商购买，并且进口地集中度高，粮源缺乏分散性，粮食贸易链条脆弱。最后，由于我国农业属于典型的分散小农生产模式，与农业发达国家的大规模经营相比，我国稻谷、小麦、玉米等耕地密集型大宗农产品生产成本高，在正常情况下，我国国内主要农产品价格高于国际市场。而且我国属于农业开放度最高的国家之一，农产品进口关税税率远低于世界平均水平，并且关税结构平坦，税种简单，技术壁垒少，当面临国际农产品市场冲击风险时，政府调控的手段少、空间小。在粮食能源化、金融化和国际经济一体化趋势下，我国农业产业和粮食市场受国际影响更大，粮食安全和宏观调控面临新挑战。

二、研究的意义

我国是世界第一人口大国，正处于向中等收入国家迈进的关键阶段，居民收入增长较快、消费结构快速升级，对包括主粮、肉蛋奶、蔬菜水果、油脂、食糖和水产品等农产品的消费需求数量巨大，并且除主粮外，其他农产品的需求仍有很大的增长空间。但是，我国耕地与水资源本来就较为缺乏，为满足居民日益增长的食品消费需求，长期以来水土资源被过度利用，加之随着工业化与城市化的大量占用与污染，水土资源不但在数量上存在短缺，而且存在着严重的质量问题。而且，在当前我国农业基础设施、生产经营制度、科技研发与推广方式、农业产业结构和农产品国际贸易等方面均存在一些不足的条件下，为有效满足居民方便快捷地获得充足的食品供应，实现健康生活的要求，亟须我们转变粮食安全理念、探索农业生产管理和农业对外开放的新途径。

第一，我们的粮食安全理念已经不适应实践的发展。近年来，我国居民收入快速增长，饮食消费结构持续升级，口粮消费占比不断下降，肉蛋奶、蔬菜水果、油脂、食糖和水产品消费占比持续提高，如果仍过分单一地强调粮食安全已不太合适，需要深入剖析我国粮食和主要农产品生产与消费现状，合理测算未来发展趋势，通过对现状和未来趋势的把握，评估当前农业发展理念和政策措施的合理性。

第二，农业发展的可持续性受到挑战。在传统的农业耕作模式和工业化与城镇化的影响下，我国耕地与淡水资源污染和退化严重，农业生态环境恶化，农业发展的可持续性不断降低。对比国内外农业发展道路，深入分析我国传统农业生产模式的弊端，探索科学可持续的农业发展道路迫在眉睫。

第三，草地农业发展长期遭到忽视。畜产品消费快速上升已经是一个不争的事实，畜产品数量短缺与质量不高也是摆在我们面前的一个现实问题，如何改善这一状况，需要综合分析我国畜牧业发展基础条件和制约因素，提出可行的发展道路。

第四，耕地数量减少与质量退化日益加速。我国高度重视耕地保护，但近年来耕地数量仍快速下降，质量退化也更加严重，造成这一现状的原因在哪里，如何改变这一现状，需要从土地管理制度究其根源，并设计合理的耕地管理制度与实施机制。

第五，农业比较效益偏低。由于小规模分散经营和农业产业化发展水平滞后，我国农业尤其是粮食生产比较效益较低，地方政府抓粮和农户生产粮食的积极性不断降低，耕地非粮化、弃耕撂荒和农业劳动力外流现象比较普遍，农业发展缺乏动力机制，如何提高农业和粮食生产的比较效益、重新激发农村经济发展活力需要进行深入研究。

第六，农业对外开放模式的选择仍需要继续探索。加入 WTO 后，我国农业对外步伐进一步加快，但是，我国农业在引进来和走出去方面均有一些值得探讨的问题，比如，国内农业企业怎样加大对国际市场的开拓力度、在增加农产进口时如何降低对国内相关产业的冲击等。

为客观理性回答上述问题，亟须深入分析国内外粮食和主要农产品生产与供求形势，并根据形势发展变化，及时转变粮食安全观念，调整粮食安全战略，适应社会经济发展和居民消费结构变化，逐步调整农业产业结构，从"粮经农业"向"粮草经农业"转变，改革农地管理制度，并通过劳动力转移、土地流转和农业产业化经营等途径逐步扩大农业生产规模，改变农业生产"散、小、弱"等问题，实现农业生产的集约、节约经营和可持续发展，兼顾经济效益、社会效益和生态效益。同时，合理有效安排农业领域的对外开放，根据对国内外农业资源禀赋优劣势的对比分析，以及粮食和各项主要农产品在国民经济中的重要性，实行"有保有放"的农业开放政策，既确保国家主要粮食品种的有效供给，也要有效增强农业产业的国际竞争力，提高农业产业的经济效益和吸引力，促进农业生产的良性循环。

第二章　我国粮食供需

　　从新中国成立至改革开放初期，我国粮食生产无论是总产还是单产均处于较低水平，供求矛盾突出。改革开放以来，制度变革大大激发了农户粮食生产的积极性，随后，以农药、化肥、农业机械和育种为主的技术进步提高了农业生产力，粮食单产和总产在波动中逐步提高。但是，随着工业化和城市化的推进，粮食生产的地区分化明显，作为传统粮食主产区的东部、南部沿海省份的粮食播种面积和产量不断下降，粮食主产区向水土资源较为匮乏的西部、北部省份迁移。随着城市化水平和居民收入的增加，近年来，粮食作为居民口粮（主要是稻谷和小麦）直接消费数量不断下降，但作为工业与饲料原料的需求快速增长，我国粮食供需出现了结构性缺口，大豆（主要作为工业原料）进口大幅增长，玉米（主要作为饲料用粮）进口也呈增加趋势。

第一节　我国粮食产量持续增长，
地区与品种分化趋势明显

一、粮食生产总量持续增长

　　1978 - 2013 年，我国粮食总产量从 30 476.5 万吨提高到 60 193.5 万吨，年均增长 1.96%。其中，1978 - 1993 年粮食产量在波动中增长，总产量从 30 476.5 万吨增加到 45 648.8 万吨；1994 - 2003 年粮食产量经历了先上升后下降的过程，1994 - 1998 年粮食产量从

44 510.1万吨上升到 51 229.5 万吨，之后持续下降到 2003 年的 43 069.53万吨，2003 年比 1993 年减少了 2 579.27 万吨；2004 - 2013 年，我国粮食产量实现了十连增，从 46 946.95 万吨提高到 60 193.5 万吨，我国已经成为世界最大的粮食生产国。根据程国强（2012）的统计，2004 - 2011 年，我国三大主要粮食品种（稻谷、小麦、玉米）年均增产幅度达到 3.12%，高于 1978 年到 20 世纪末年均增产 2.28% 的水平，高于世界同期同类品种生产平均增幅（年均 2.12%）1 个百分点；世界同期同类品种单产年均增长 1.13%，而我国三大品种单产年均增长 1.69%。由此可见，我国粮食生产能力获得了长足的发展，粮食安全有了进一步的保障。

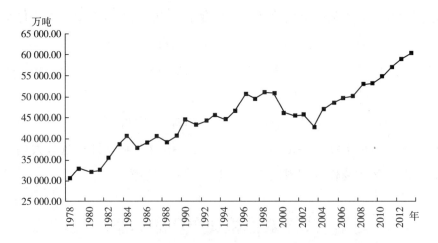

数据来源：Wind 资讯。

图 1 1978 - 2013 年我国粮食产量

分品种来看，1978 - 2013 年，稻谷增产 6 668.22 万吨，增长 48.70%；小麦增产 6 808.64 万吨，增长 126.46%；玉米增产 13 946 万吨，增长 290.54%，占粮食增产量的 73%。玉米增长最为迅速，原因在于玉米主要作为饲料用粮，在居民收入增长和消费升级的背景下，畜牧和水产养殖业快速发展，对玉米的消费需求大幅上升，在市场价格机制的引导下，玉米生产快速增加。

表 1   1978－2013 年各种粮食作物产量   单位：万吨

年份	稻谷	小麦	玉米	豆类	薯类
1978	13 693.00	5 384.00	5 594.50		3 174.00
1979	14 375.00	6 273.00	6 003.50		2 846.00
1980	13 990.50	5 520.50	6 260.00		2 872.50
1981	14 395.50	5 964.00	5 920.50		2 597.00
1982	16 159.50	6 847.00	6 056.00		2 704.50
1983	16 886.50	8 139.00	6 820.50		2 924.50
1984	17 825.50	8 781.50	7 341.00		2 847.50
1985	16 856.90	8 580.50	6 382.60		2 603.60
1986	17 222.40	9 004.00	7 085.60		2 533.70
1987	17 441.60	8 776.80	7 982.20		2 820.00
1988	16 910.80	8 543.20	7 735.10		2 696.50
1989	18 013.00	9 080.70	7 892.80		2 730.40
1990	18 933.10	9 822.90	9 681.90		2 743.30
1991	18 381.30	9 595.30	9 877.30	1 247.10	2 715.90
1992	18 622.20	10 158.70	9 538.30	1 252.00	2 844.20
1993	17 751.40	10 639.00	10 270.40	1 950.40	3 181.10
1994	17 593.30	9 929.70	9 927.50	2 095.60	3 025.40
1995	18 522.60	10 220.70	11 198.60	1 787.50	3 262.60
1996	19 510.27	11 056.90	12 747.10	1 790.30	3 536.00
1997	20 073.48	12 328.90	10 430.87	1 875.50	3 192.29
1998	19 871.30	10 972.60	13 295.40	2 000.60	3 604.21
1999	19 848.73	11 388.00	12 808.63	1 893.96	3 640.56
2000	18 790.77	9 963.60	10 599.98	2 010.00	3 685.16
2001	17 758.03	9 387.30	11 408.77	2 052.81	3 563.07
2002	17 453.85	9 029.00	12 130.76	2 241.22	3 665.87
2003	16 065.56	8 648.80	11 583.02	2 127.51	3 513.27
2004	17 908.76	9 195.18	13 028.71	2 232.07	3 557.67
2005	18 058.84	9 744.51	13 936.54	2 157.67	3 468.51
2006	18 171.83	10 846.59	15 160.30	2 003.72	2 701.26
2007	18 603.40	10 929.80	15 230.05	1 720.10	2 807.80

续表

年份	稻谷	小麦	玉米	豆类	薯类
2008	19 189.57	11 246.41	16 591.40	2 043.29	2 980.23
2009	19 510.30	11 511.51	16 397.36	1 930.30	2 995.48
2010	19 576.10	11 518.08	17 724.51	1 896.54	3 114.12
2011	20 100.09	11 740.09	19 278.11	1 908.42	3 273.06
2012	20 423.59	12 102.32	20 561.41	1 730.53	3 292.78
2013	20 361.22	12 192.64	21 848.90	1 595.27	3 329.35

数据来源：Wind 资讯。

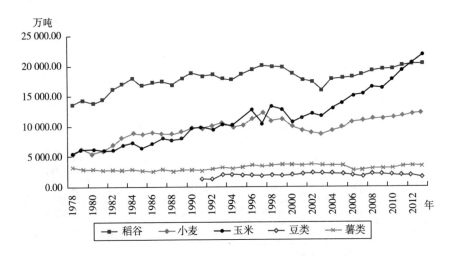

数据来源：Wind 资讯。

图2 1978－2012 年分品种粮食产量

二、粮食播种面积平稳下降

1978－2013 年，我国粮食作物播种面积从 12 058.72 万公顷减少到 11 195.56 万公顷，减少了 863.16 万公顷。其中，稻谷播种面积减少 410.91 万公顷，小麦播种面积减少 506.53 万公顷，玉米播种面积增加 1 635.73 万公顷，薯类播种面积减少了 283.3 万公顷；豆类播种面积从 1991 年开始统计，当年播种面积为 916.5 万公顷，而后逐渐增加，2001

年达到 1 326.78 万公顷，随后逐步下降到 2013 年的 922.37 万公顷。

表 2   **1978 – 2013 年粮食作物播种面积**   单位：千公顷

年份	粮食作物	稻谷	小麦	玉米	豆类	薯类
1978	120 587.20	34 420.87	29 182.60	19 961.13		11 796.27
1979			29 356.70			
1980	117 234.27	33 878.47	28 844.40	20 087.40		10 153.47
1981			28 306.70			
1982			27 941.30			
1983			29 049.90			
1984			29 576.50			
1985	108 845.13	32 070.07	29 218.13	17 694.07		8 571.93
1986	110 933.00	32 266.00	29 616.30	19 124.00		8 685.00
1987	111 268.00	32 193.00	28 797.90	20 212.00		8 867.00
1988	110 123.00	31 987.00	28 784.70	19 692.00		9 054.00
1989	112 205.00	32 700.00	29 841.40	20 353.00		9 097.00
1990	113 465.87	33 064.47	30 753.20	21 401.47		9 120.73
1991	112 313.60	32 590.00	30 947.87	21 574.27	9 165.00	9 078.27
1992	110 559.70	32 090.20	30 495.80	21 043.50	8 983.00	9 056.50
1993	110 508.70	30 355.20	30 234.60	20 694.10	12 379.00	9 220.30
1994	109 543.70	30 171.40	28 980.60	21 152.10	12 737.00	9 270.30
1995	110 060.40	30 744.10	28 860.20	22 775.70	11 232.00	9 518.80
1996	112 547.92	31 405.60	29 610.54	24 498.15	10 543.00	9 797.47
1997	112 912.10	31 764.87	30 056.69	23 775.09	11 163.60	9 784.89
1998	113 787.40	31 213.80	29 774.05	25 238.84	11 670.60	9 999.84
1999	113 160.98	31 283.49	28 855.07	25 903.71	11 189.50	10 354.76
2000	108 462.54	29 961.72	26 653.28	23 056.11	12 660.00	10 538.26
2001	106 080.03	28 812.38	24 663.76	24 282.05	13 267.80	10 216.63
2002	103 890.83	28 201.60	23 908.31	24 633.71	12 543.10	9 881.35
2003	99 410.37	26 507.83	21 996.92	24 068.16	12 898.50	9 701.75
2004	101 606.03	28 378.80	21 625.97	25 445.67	12 798.85	9 456.81
2005	104 278.38	28 847.18	22 792.57	26 358.30	12 901.48	9 502.99
2006	105 489.10	29 294.65	23 613.00	26 970.88	12 433.80	9 929.15

续表

年份	粮食作物	稻谷	小麦	玉米	豆类	薯类
2007	105 638.00	28 919.00	23 720.62	29 478.00	11 780.00	8 082.00
2008	106 792.65	29 241.07	23 617.18	29 863.71	12 118.03	8 426.78
2009	108 985.76	29 626.92	24 290.76	31 182.64	11 948.82	8 635.85
2010	109 876.09	29 873.36	24 256.53	32 500.12	11 275.73	8 749.75
2011	110 573.02	30 057.04	24 270.38	33 541.67	10 651.37	8 905.83
2012	111 204.59	30 137.11	24 268.28	35 029.82	9 709.45	8 885.89
2013	111 955.56	30 311.75	24 117.26	36 318.40	9 223.65	8 963.26

数据来源：Wind 资讯。

三、单产稳步提高

1978－2012 年，稻谷单产从 3 978.11 千克/公顷提高到 6 776.89 千克/公顷，增长 70.35%，年均增长 1.58%；小麦单产从 1 844.93 千克/公顷提高到 4 986.89 千克/公顷，增长 170.3%，年均增长 2.97%；玉米单产从 2 802.70 千克/公顷提高到 5 869.69 千克/公顷，增长 109.43%，年均增长 2.20%；薯类单产从 2 690.68 千克/公顷提高到 3 705.63 千克/公顷，增长 37.72%，年均增长 0.95%；豆类单产从 1991 年的 1 360.72 千克/公顷提高到 2012 年的 1 782.32 千克/公顷，增长 30.98%，年均增长 1.29%。

表3　　　　　　　　　1978－2012 年主要粮食作物单产　　　单位：千克/公顷

年份	稻谷	小麦	玉米	豆类	薯类
1978	3 978.11	1 844.93	2 802.70	NA	2 690.68
1979	NA	2 136.82	NA	NA	NA
1980	4 129.61	1 913.89	3 116.38	NA	2 829.08
1981	NA	2 106.92	NA	NA	NA
1982	NA	2 450.49	NA	NA	NA
1983	NA	2 801.73	NA	NA	NA
1984	NA	2 969.08	NA	NA	NA

续表

年份	稻谷	小麦	玉米	豆类	薯类
1985	5 256.27	2 936.70	3 607.20	NA	3 037.35
1986	5 337.63	3 040.22	3 705.08	NA	2 917.33
1987	5 417.82	3 047.72	3 949.24	NA	3 180.33
1988	5 286.77	2 967.97	3 928.04	NA	2 978.24
1989	5 508.56	3 042.99	3 877.95	NA	3 001.43
1990	5 726.12	3 194.11	4 523.94	NA	3 007.76
1991	5 640.17	3 100.47	4 578.28	1 360.72	2 991.65
1992	5 803.08	3 331.18	4 532.66	1 393.74	3 140.51
1993	5 847.89	3 518.82	4 962.96	1 575.57	3 450.10
1994	5 831.12	3 426.33	4 693.39	1 645.29	3 263.54
1995	6 024.77	3 541.45	4 916.91	1 591.44	3 427.53
1996	6 212.35	3 734.11	5 203.29	1 698.09	3 609.10
1997	6 319.40	4 101.88	4 387.31	1 680.01	3 262.47
1998	6 366.19	3 685.29	5 267.83	1 714.22	3 604.27
1999	6 344.79	3 946.62	4 944.71	1 692.62	3 515.83
2000	6 271.59	3 738.23	4 597.47	1 587.68	3 496.93
2001	6 163.33	3 806.11	4 698.44	1 547.21	3 487.52
2002	6 188.96	3 776.51	4 924.46	1 786.82	3 709.89
2003	6 060.68	3 931.82	4 812.59	1 649.43	3 621.27
2004	6 310.61	4 251.92	5 120.20	1 743.96	3 762.02
2005	6 260.18	4 275.30	5 287.34	1 672.42	3 649.91
2006	6 203.12	4 593.48	5 620.99	1 611.51	2 720.54
2007	6 432.94	4 607.72	5 166.58	1 460.19	3 474.14
2008	6 562.54	4 761.96	5 555.71	1 686.15	3 536.62
2009	6 585.33	4 739.05	5 258.49	1 615.47	3 468.66
2010	6 553.03	4 748.44	5 453.68	1 681.96	3 559.09
2011	6 687.32	4 837.21	5 747.51	1 791.71	3 675.19
2012	6 776.89	4 986.89	5 869.69	1 782.32	3 705.63

数据来源：根据 Wind 资讯数据库计算。

四、粮食产量地区分布变化显著

分地区来看，与 1990 年相比，2013 年全国粮食产量减少的省（市）为北京、天津、浙江、福建、广东、青海等六个省份（见表 4），分别仅相当于 1990 年产量的 36.2%、92.56%、46.73%、46.27%、75.53% 和 69.39%。其中青海属于自然条件恶劣，退耕还林还草较多，而北京、广东等五个省市主要是工业化和城市化占用了大量耕地，或者弃耕与撂荒地较多，粮食产量下降。

24 个省（自治区）实现了粮食产量增长，其中，河北增长了 47.79%，山西增长 35.49%，内蒙古增长 185%，辽宁增长 46.89%，吉林增长 73.51%，黑龙江增长 159.64%，江苏增长 4.87%，安徽增长 30.14%，江西增长 27.61%，山东增长 26.84%，河南增长 72.95%，湖北增长 1.06%，湖南增长 8.66%，广西增长 8.5%，海南增长 12.97%，重庆增长 5.81%，四川增长 3.61%，贵州增长 42.86%，云南增长 71.88%，西藏增长 57.49%，陕西增长 13.55%，甘肃增长 65.88%，宁夏增长 94.78%，新疆增长 103.43%（见表 5 ~ 表 6）。

表 4　　　　　　　　1990 – 2013 年粮食产量减少的省份　　　　　单位：万吨

年份	北京	天津	上海	浙江	福建	广东	青海
1990	264.62	188.75	244.36	1 586.10	879.64	1 896.29	114.56
1991	279.71	198.5	247.34	1 640.00	889.65	1 873.50	114.63
1992	281.93	198.74	234.65	1 553.50	897.08	1 810.40	118.5
1993	284.01	199.82	215.84	1 436.18	869	1 629.11	118.63
1994	249.2	190.33	215.06	1 404.00	887.4	1 662.66	116.84
1995	259.76	207.46	219.5	1 430.90	919.93	1 803.33	114.19
1996	237.37	207	234.82	1 516.77	952.2	1 891.43	123.83
1997	237.47	206.16	237.85	1 493.53	961.78	1 966.75	127.55
1998	239.3	210.12	212.58	1 435.20	958.11	1 884.13	128.2
1999	201	174.85	208.2	1 392.96	942.17	1 935.82	103.61
2000	144.2	124.05	174	1 217.00	854.68	1 822.33	82.7

续表

年份	北京	天津	上海	浙江	福建	广东	青海
2001	104.9	143.33	151.42	1 075.61	817.28	1 721.55	103.2
2002	82.3	137.82	130.46	959.41	763.23	1 484.16	91.28
2003	58	119.29	98.75	809.23	695.04	1 488.00	86.8
2004	70.2	122.79	106.3	835.1	736.45	1 390.00	88.49
2005	95	137.8	105.7	814.8	715.2	1 395.00	93.4
2006	109.17	143.52	111.3	883.99	701.53	1 387.60	88.3
2007	102.1	147.2	109.2	728.6	635.1	1 284.70	106.2
2008	125.5	148.9	115.7	775.6	652.3	1 243.40	101.8
2009	124.77	156.29	121.68	789.15	666.86	1 314.50	102.69
2010	115.68	159.74	118.4	770.67	661.89	1 316.49	102
2011	121.77	161.83	121.95	781.6	672.8	1 360.95	103.36
2012	113.77	161.76	122.39	769.8	659.3	1 396.33	101.5
2013	96.1	174.7	114.2	733.9	664.4	1 315.90	102.4

数据来源：Wind 资讯。

表5　　　　　　　　**1990－2013 年粮食产量增加较多的省份**　　　　单位：万吨

年份	内蒙古	黑龙江	新疆	吉林	河南	贵州	云南	西藏	甘肃	宁夏
1990	973	2 312.5	676.89	2 046.5	3 303.66	721	1 061.21	60.83	686.59	191.7
1991	958.5	2 164.3	672.52	1 898.9	3 010.30	885.5	1 093.00	64.42	656.38	199.78
1992	1 046.8	2 366.3	706.27	1 840.3	3 109.61	788.9	1 070.40	65.71	689.18	186.81
1993	1 108.3	2 390.8	720.37	1 900.9	3 639.21	869.5	1 085.24	67.22	750.26	205.28
1994	1 083.5	2 578.7	666.17	2 015.7	3 253.80	938.7	1 146.47	66.45	707.37	201.22
1995	1 055.4	2 592.5	730.16	1 992.4	3 466.50	948.85	1 188.91	71.96	626.78	203.25
1996	1 535.3	3 046.5	818.2	2 326.6	3 839.90	1 002.7	1 246.30	77.72	820.0	257.87
1997	1 421	3 104.5	825.34	1 808.3	3 894.66	1 025.9	1 271.9	79.19	766.16	256.6
1998	1 575.4	3 008.5	830	2 506	4 009.61	1 100	1 319.5	84.98	871.95	294.86
1999	1 428.5	3 074.6	838.78	2 305.6	4 253.25	1 125.2	1 399.3	92.21	814.9	293.3
2000	1 241.9	2 545.5	808.6	1 638	4 101.50	1 161.3	1 467.8	96.2	713.5	252.7
2001	1 239.1	2 651.7	796	1 953.4	4 119.88	1 100.3	1 486.3	98.25	753.22	274.8
2002	1 406.1	2 941.2	875.87	2 214.8	4 209.98	1 034.2	1 424.74	98.4	782.7	301.9

续表

年份	内蒙古	黑龙江	新疆	吉林	河南	贵州	云南	西藏	甘肃	宁夏
2003	1 360. 7	2 512. 3	801. 64	2 259. 6	3 569. 47	1 104. 3	1 471. 01	96. 6	789. 3	270. 17
2004	1 505. 6	3 001	796. 5	2 510	4 264	1 149. 6	1 509. 7	96	805. 8	290. 49
2005	1 662. 5	3 092	876. 6	2 581. 2	4 586. 00	1 152. 1	1 515. 10	93. 4	836. 9	299. 8
2006	1 704. 9	3 346. 4	902. 2	2 720	5 010. 00	1 122. 8	1 542. 2	92. 37	808. 1	310. 94
2007	1 810. 7	3 462. 9	867	2 453. 8	5 245. 20	1 100. 9	1 460. 70	93. 9	824	323. 5
2008	2 131. 3	4 225. 0	930. 5	2 840	5 365. 50	1 158	1 518. 60	95	888. 5	329. 2
2009	1 981. 7	4 353	1 152	2 460	5 389. 00	1 168. 3	1 576. 9	90. 53	906. 2	340. 7
2010	2 158. 2	5 012. 8	1 170. 7	2 842. 5	5 437. 09	1 112. 3	1 531. 00	91. 2	958. 3	356. 5
2011	2 387. 5	5 570. 6	1 225	3 171	5 542. 5	876. 9	1 673. 6	93. 73	1 014. 6	358. 95
2012	2 528. 5	5 761. 5	1 273	3 343	5 638. 60	1 079. 5	1 749. 10	94. 89	1 109. 7	375
2013	2 773	6 004. 1	1 377	3 551	5 713. 7	1 030	1 824	95. 8	1 138. 9	373. 4

数据来源：Wind 资讯。

表6　　　　　　　1990 – 2013 年粮食产量持平或略有增加的省份　　　单位：万吨

年份	江苏	安徽	江西	山东	湖北	湖南	广西	海南	重庆	四川	陕西
1990	3 264. 2	2 520. 1	1 658. 2	3 570. 0	2 475. 0	2 692. 7	1 402. 6	169. 0	1 085. 1	3 269. 2	1 070. 7
1991	3 035. 5	1 749. 2	1 625. 7	3 917. 0	2 244. 1	2 734. 4	1 376. 5	183. 4	1 115. 3	3 315. 2	1 047. 0
1992	3 320. 6	2 341. 9	1 566. 0	3 589. 0	2 426. 6	2 680. 0	1 457. 1	203. 7	1 050. 2	3 371. 3	1 031. 6
1993	3 279. 7	2 595. 9	1 517. 1	4 100. 0	2 325. 7	2 631. 4	1 495. 0	200. 0	1 052. 7	3 174. 8	1 215. 6
1994	3 124. 1	2 361. 2	1 603. 5	4 091. 0	2 422. 1	2 667. 2	1 397. 9	204. 7	1 134. 1	3 098. 1	944. 6
1995	3 286. 3	2 652. 7	1 607. 4	4 245. 0	2 463. 8	2 752. 1	1 553. 3	215. 5	1 153. 7	3 395. 3	913. 4
1996	3 476. 4	2 700. 3	1 766. 3	4 332. 7	2 484. 4	2 820. 6	1 606. 0	2 07. 0	1 172. 1	3 483. 1	1 217. 3
1997	3 563. 8	2 802. 7	1 767. 7	3 852. 2	2 634. 4	2 953. 3	1 669. 1	223. 1	1 184. 6	3 554. 4	1 044. 4
1998	3 415. 1	2 590. 5	1 555. 5	4 264. 8	2 475. 8	2 818. 2	1 702. 1	230. 1	1 155. 4	3 626. 3	1 303. 1
1999	3 559. 0	2 771. 2	1 732. 7	4 269. 0	2 451. 9	2 892. 4	1 722. 5	231. 8	1 143. 1	3 668. 4	1 081. 6
2000	3 106. 6	2 472. 0	1 614. 6	3 837. 7	2 218. 5	2 875. 0	1 667. 2	212. 2	1 131. 2	3 568. 5	1 089. 1
2001	2 942. 1	2 500. 3	1 600. 0	3 720. 6	2 138. 5	2 700. 3	1 607. 4	207. 6	1 035. 4	3 056. 5	976. 6
2002	2 907. 1	2 765. 0	1 549. 5	3 292. 7	2 047. 0	2 501. 3	1 549. 4	203. 3	1 082. 2	3 275. 2	1 005. 6

年份	江苏	安徽	江西	山东	湖北	湖南	广西	海南	重庆	四川	陕西
2003	2 471.9	2 214.8	1 450.3	3 435.5	1 921.0	2 442.7	1 484.8	195.9	1 087.2	3 183.3	968.4
2004	2 829.1	2 743.0	1 663.0	3 516.8	2 100.1	2 645.0	1 398.5	190.1	1 144.7	3 146.7	1 040.0
2005	2 834.6	2 605.5	1 757.0	3 917.6	2 177.7	2 678.9	1 487.3	153.0	1 168.3	3 211.1	1 043.0
2006	3 041.4	2 860.7	1 854.5	4 048.8	2 210.1	2 706.2	1 463.2	185.6	910.5	2 893.4	1 087.0
2007	3 132.2	2 901.4	1 904.0	4 148.8	2 185.4	2 692.2	1 396.6	177.5	1 088.0	3 027.0	1 067.9
2008	3 175.5	3 023.3	1 958.1	4 260.3	2 227.2	2 805.0	1 394.7	183.5	1 153.2	3 140.0	1 111.0
2009	3 230.1	3 069.9	2 002.6	4 316.3	2 309.1	2 902.7	1 463.2	187.6	1 137.2	3 194.6	1 131.4
2010	3 235.1	3 080.5	1 954.7	4 335.7	2 315.8	2 847.5	1 412.3	180.4	1 156.1	3 222.9	1 164.9
2011	3 307.8	3 135.5	2 052.8	4 426.3	2 388.5	2 939.4	1 429.9	188.0	1 126.9	3 291.6	1 194.7
2012	3 372.5	3 289.1	2 084.8	4 511.4	2 441.8	3 006.5	1 484.9	199.5	1 138.5	3 315.0	1 245.1
2013	3 423.0	3 279.6	2 116.1	4 528.2	2 501.3	2 925.8	1 521.8	190.9	1 148.1	3 387.1	1 215.8

数据来源：Wind 资讯。

全国粮食调出地区和调出量呈现"双减"：原来 14 个净调出省，现在只剩下 7 个（黑龙江、吉林、辽宁、内蒙古、安徽、河南、江西）；原来产销基本平衡区 9 个，现在只剩下 3 个（新疆、甘肃、宁夏）；沿海的调入区广东、福建和浙江等地粮食自给率已下降到 30% ~ 40%，每年需要调入 3 800 万 ~ 4 000 万吨粮食才能平衡市场供求。我国粮食地区供需格局由原来的"南粮北运、东粮西运"转变为"北粮南运、西粮东运"，这与我国东部和南部地区耕地与水资源丰富、西部与北部地区耕地贫瘠水资源严重短缺的农业资源禀赋并不适应，影响我国粮食生产的稳定性和增长潜力。

五、粮食生产结构变化较大

根据国家统计局的数据，我国粮食主要包括谷物（稻谷、小麦和玉米）、豆类和薯类。豆类以大豆为主，包括红豆、绿豆、豌豆、蚕豆等各种杂豆。2000年以来，我国稻谷和小麦的种植面积保持稳定，玉米的种植面积大幅上升，而豆类种植面积减少较多（见图3）。

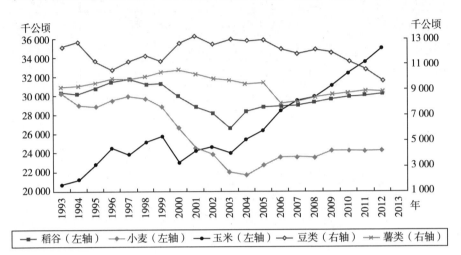

资料来源：中国经济信息数据库。

图3 1993－2013年主要粮食作物种植面积变化

另外，我国粮食作物的产量与播种面积的增减变化高度相关，在耕地资源供给增加有限的情况下，粮食作物播种面积的增加是以其他经济作物播种面积减少为代价的。例如，2000年以来，我国粮食种植面积的持续增加，是以豆类、棉花等经济作物播种面积下降为代价的。在图4提供的数据中，豆类与玉米的种植面积增减呈相反的趋势，二者对耕地资源的争夺非常明显。过去十年来，我国豆类种植面积大幅下滑，从2001年的1 236.8万公顷减少到2012年的970.9万公顷，下滑超过26.8%。同期，我国玉米种植面积从2 428.2万公顷增加到3 503万公顷，增幅超过44.3%。

我们认为，我国大豆种植面积下滑的原因在于开放度较高和比较效益较低，一种粮食作物的种植效益取决于其单产和价格，相对于玉米来说，国产大豆的单产比较低（见图5）。而且，根据倪洪兴、王占禄等人（2012）的研究指出，加入WTO以来，随着我国社会经济快速发展

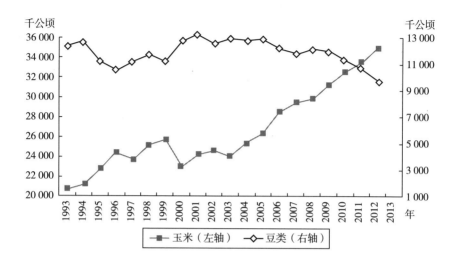

资料来源：中国经济信息数据库。

图4 1993－2013年玉米与豆类种植面积

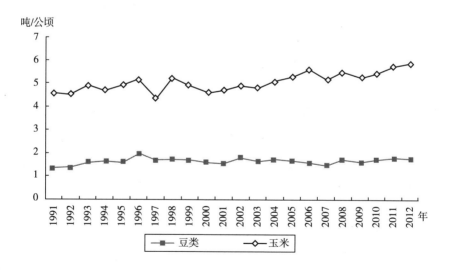

资料来源：Wind资讯。

图5 1991－2012年玉米与豆类单产变动趋势

和人均收入水平提高，食用植物油和豆粕消费迅速增长对大豆的需求大幅增加。与国际主要大豆出口国相比，我国大豆户均种植规模约0.5公顷，东北主产区也只有 3 公顷左右，而美国大豆主产区平均种植规模为 300 公顷，巴西和阿根廷比美国的种植规模还要大；从单产来看，我国大豆单产相对较低，不足美国的 3/5。而且美国政府对大豆种植户实行了很多补贴政策，包括直接支付、反周期补贴、平均作物收益计划、收入保险计划以及永久灾害援助计划等。在我国对大豆进口征收单一关税并且关税水平较低的开放经济条件下，国产大豆由于成本较高且出油率低，比较收益与竞争力较弱，大豆进口量持续增加。当前，我国 80% 以上的大豆消费依靠进口，大量进口低价大豆压低了国产大豆的市场价格，国产大豆产业的利润空间不断降低，农户种植意愿减弱，种植面积减少。相比较而言，玉米单产较高，而且国家对玉米进口实行配额制，国际市场低价玉米对国产玉米的冲击相对较小。随着居民收入增长和消费结构升级饲料用玉米需求大量增加，以及以玉米为原料的深加工行业快速扩张，玉米价格逐年上涨，引致玉米种植面积越来越大。

第二节　粮食消费快速增长，结构升级加快

随着城市化发展和居民收入增长，城乡居民消费结构持续升级，肉蛋奶类和加工食品消费快速增长，带动饲料用粮和工业用粮需求大幅增加，粮食总消费增长步伐加快，虽然粮食产量实现十连增，但粮食供给偏紧趋势日益明显，粮食进口持续增加。

一、粮食消费总量快速增长

从统计数据来看，1993 年以来，我国谷物（稻谷、小麦和玉米）国内消费量处于起伏波动状态，从 1993 年的 37 219 万吨增加到 2013 年的 45 525 万吨，年均增长 5.81%。分品种来看，稻谷国内消费量从 17 573 万吨增加到 17 817 万吨；小麦国内消费量从 10 329 万吨增加到 10 463 万吨；玉米国内消费量从 8 176 万吨增加到 16 102 万吨。因此，国内谷物消费量的增加主

要是玉米消费增长的结果，稻谷和小麦消费基本保持平稳状态。

二、口粮消费稳步下降，饲料与工业用粮快速增长

2007－2011年，在我国谷物消费结构中，口粮消费占一半左右，并呈逐年下降趋势；种子用粮占比稳定在1.5%左右，饲料用粮占比从27.8%升至30.3%，工业用粮呈加速增长趋势。饲料用粮与工业用粮快速增长的原因在于人们对肉、蛋、奶、水产品、加工食品等高端消费品需求的增长以及以粮食为原料的工业制品增加，使粮食的引致需求增长（见图6）。

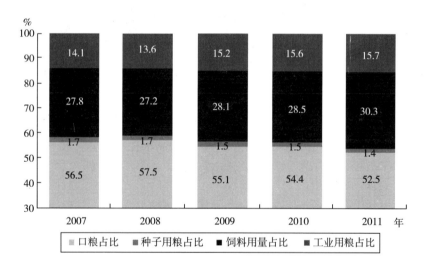

资料来源：国家粮油信息中心，《饲用谷物市场供需月报（2012年7月）》与《食用谷物市场供需状况月报（2012年7月）》，作者通过市场年度数据整理而得，其中，小麦市场年度为当年6月到来年5月，玉米与稻谷市场年度为当年10月到来年9月。数据精确到小数点后1位数字。

图6 2007－2011年我国谷物消费结构

从谷物消费结构看，2007－2011年，稻谷食用消费从84.1%提高至85.2%，饲料消费从9.2%降至8.2%，工业消费从6.1%降至6.0%，种用消费从0.7%降至0.6%；小麦食用消费从74.1%降至67.9%，饲料消费从12.8%提高至18.8%，工业消费从8.6%提高至9.4%，种用消费从4.5降至3.8%；玉米食用消费从9.5%降至8.8%，

饲料消费从 61.7% 降至 60.7%，工业消费从 28.0% 提高至 29.8%，种用消费从 0.9% 降至 0.7%。小麦饲料消费增加的原因在于部分时间段内玉米价格超过了小麦，小麦与玉米价格倒挂致使小麦饲料替代增加。

1. 口粮需求稳步下降

口粮是居民直接消费的粮食，主要包括稻谷与小麦，为中国第一大粮食需求，在总粮食需求中占比一直都在 50% 以上。从人均粮食消费量来看，自 1990 年以来，我国农村与城镇家庭人均粮食消费量均呈逐年下降的趋势（见图 7）。从口粮需求绝对量来看，以 2000 年为分界点，呈前升后降的特点。2000 年之前，人口数量增长带来的刚性需求的增长幅度超过了人均口粮消费的下降，这使口粮需求的绝对数量仍在增加；2000 年之后，人口增长趋于平缓，而城乡居民生活水平不断改善，蔬菜水果、动物性食物等食物消费不断增加的替代效应，使口粮需求呈明显下降的趋势。根据吕捷、余中华等（2013）的统计，口粮总需求已从 2000 年的 27 677 万吨下降到 2010 年的 26 642 万吨，年均降幅为 3%，口粮需求在粮食总需求中的占比从 61% 降至 50%，并且继续呈平稳下降的趋势。

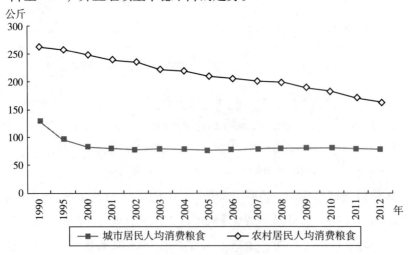

资料来源：Wind 资讯。

图 7　1990－2012 年我国农村与城镇居民家庭人均粮食消费量

2. 种子用粮需求基本稳定

种子用粮是粮食需求中不可或缺的部分，其需求量主要取决于粮食播种面积与技术进步，近年来，种子用粮需求占比基本上在 1.5% 左右，变化不大。从绝对量来看，据吕捷、余中华（2013）统计，1996－1999 年，我国种子用粮需求量基本保持在 1 300 万吨左右；从2000 年起，种子用粮呈下降趋势。

3. 饲料用粮需求快速增长

饲料用粮需求主要来自于养殖业，为肉禽蛋奶和水产品转化用粮消费，属于引致需求。随着居民消费需求多样化、畜牧业与水产养殖业快速发展，我国饲料用粮需求在以年均超过 2% 的增速发展。统计发现，1990－2000 年，饲料用粮在粮食总需求中占比年均增速超过 1%，2000年后，占比年均增速上升为 1.5%，2009 年饲料用粮占比增速上升至5.7%。从饲料用粮的生产实践来看，主要是用玉米作为原料，据美国农业部统计，2010 年中国玉米饲用需求占当年谷物饲料消费的 64%，成为谷物饲料消费的第一主体。近年来养殖业规模化发展迅速，畜牧业成为农业领域发展最快的产业，推动饲料用粮消费快速增长。

4. 工业用粮需求增长较快

工业用粮是将粮食作为重要原料或辅料的生产行业（饲养业除外）的用粮统称。工业用粮主要包括大豆压榨、淀粉、酿酒与生物燃料（如工业乙醇）用粮等。从发达国家的消费经验来看，随着一国经济的发展，粮食作为食物直接消费的比例将逐步降低，而作为工业原料和饲料加工原料的比例逐步提高。如美国于 2007 年制定了《新生物能源法案》，导致其 40% 的玉米用于燃料乙醇生产（约 1.27 亿吨），相当于发展中国家 4 亿多人口一年的口粮。近年来，随着我国工业化的快速发展和城镇化水平的不断提高，对啤酒、白酒、酒精、淀粉和以粮食为原料的工业产品的需求大幅提高，工业用粮需求也快速增长，其需求量不断逼近于口粮和饲料用粮，在我国粮食需求中居于第三位。据吕捷、余中华（2013）统计，1990 年以前，我国工业用粮不到 1 000 万吨，自 1995 年达到 3 800 万吨以后，工业用粮数量及其在粮食总需求中的占比都在稳步上升。1999 年后工业用粮上涨幅度开始加快，尤其在 2006 年和 2007 年为消化"陈化粮"而新建一批生物质能源工厂后，使乙醇燃料业发展进入新阶段，推动了粮食总需求增长。随着陈化粮库存快速的下降以及玉米价格不断提高，如果继续用玉米生产生物乙醇对国家粮食安全可能造成较大的影响。2006 年，国家停止新批设用玉米生产燃料乙醇的企业，并鼓励以非粮食作物为原料开发燃料乙醇。据统计，2011年，我国三大粮食品种中工业用粮需求为 8 050 万吨，在稻谷、小麦、玉米总消费量中的占比分别为 6.0%、9.4% 和 29.8%。

粮食消费结构的上述变化，表明随着我国居民收入增长和工业化与城市化加速推进，作为最基本粮食需求的口粮消费占比日益降低，而饲料用粮和工业用粮占比逐渐提高，粮食安全的主要问题已经从解决居民温饱问题的口粮转向对提高居民消费水平起主导作用的饲料用粮和工业用粮上，也意味着在保障居民最基本的口粮需求的基础上，农业结构调整和农产品对外贸易可以有更大的回旋空间。

第三节　供需总量基本平衡，粮食自给率逐步降低

从总体来看，我国粮食在供需两端保持了紧平衡状态，但由于进口的持续增加，粮食自给率略有下降，对外依存度逐步提高。

一、谷物供需基本平衡，大豆缺口较大

1993 年以来，我国谷物供需大体平衡。1993 – 1999 年，除 1994 年产量略小于需求外，其他年份处于产量大于需求的状态；2001 – 2005 年，产量小于需求；2006 – 2008 年，产量超过国内消费量；2009 – 2012 年，产量略低于国内需求（见图 8）。2013 年国内产量超过消费量，供

需略有盈余。分品种来看，稻谷、小麦和玉米产需基本平衡，大豆缺口较多。例如，2013年，稻谷产量17 508.9万吨，国内消费17 817万吨；小麦产量10 402.1万吨，国内消费10 465.3万吨；玉米产量20 308万吨，国内消费16 102.1万吨，其余用于补充库存；大豆产量1 275万吨，国内消费8 027万吨，缺口6 752万吨。

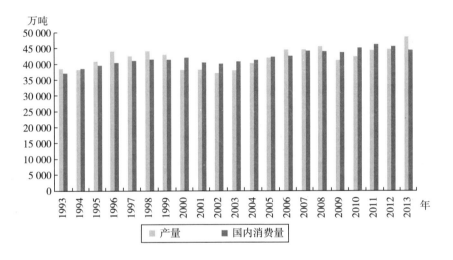

数据来源：根据 Wind 资讯数据库数据计算。

图8　1993－2013年我国谷物生产与消费

二、谷物自给率较高，粮食自给率呈下降趋势

改革开放以来，受粮食政策与技术进步等因素影响，我国粮食产量在波动中稳步增长，2013年突破6亿吨，实现"十连增"，在很大程度上平息了国际上对我国粮食安全保障能力的质疑。但是，随着人口和居民收入增长，以及城镇化快速推进，居民消费结构不断升级，对肉禽蛋奶的消费持续增加，而我国畜牧业中粮饲动物养殖占比较高，导致饲料用粮（主要是大豆，大豆压榨后的豆粕是蛋白饲料的重要来源）消费快速增长，粮食供求形势趋紧，粮食进口日益增多。

近年来，我国谷物产量在粮食产量中的占比一直在90%以上（见

图9），考虑到我国粮食的主要组成部分是谷物，谷物产量在粮食总产量中占绝对比重，因此，保证谷物供给稳定对稳定粮食自给率[①]至关重要，应把粮食安全的重点放在谷物的生产与供给上，大力发展稻谷、小麦、玉米等谷物生产、储备、流通和加工。从粮食生产的自然条件、政策环境和技术水平等来看，按照谷物的统计口径，今后保持我国粮食自给率在95%以上是可能的。

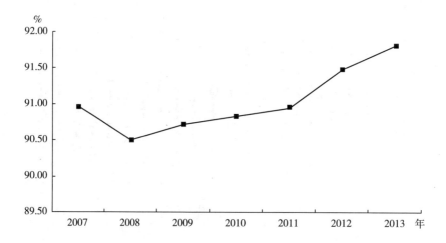

资料来源：根据 Wind 资讯数据库数据计算。

图9　2007－2013 年我国谷物产量在粮食总产量中的占比

1993－2013 年，有 10 年时间我国谷物自给率在 100% 以上；2000 年、2003 年、2010 年和 2011 年自给率较低，分别为 93.57%、88.85%、94.23% 和 94.99%，其余年份自给率均在 95% 以上（见图10）。谷物自给率低于 100% 的原因，一方面是由于饲料用粮与工业用粮的需求增长较快导致总需求增加；另一方面主要是由于国内粮价高于国际市场，进口粮食价格优势明显。从居民消费的角度来看，需要适度进口部分优质大米、优质小麦来满足国内多样化需求。从生态环境的角

---

① 粮食自给率可以简单概括为在一定时期内一个国家或地区自己生产的能够用来消费的粮食与国内粮食消费量之比。

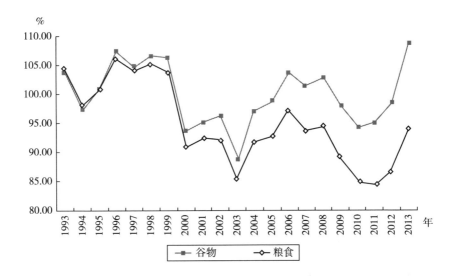

资料来源：根据 Wind 资讯数据库数据计算。

图 10　1993 – 2013 年我国谷物与粮食自给率

度来看，进口一些玉米和稻谷用于饲料和工业加工原料，有利于缓解国内水土资源的过度利用，促进农业的可持续发展。

如果把大豆统计进来，粮食①自给率有所降低，尤其是 2003 年之后，由于大豆进口快速增加，谷物自给率与粮食自给率差距有所拉大，从 2003 年的 3.38 个百分点扩大到 2013 年的 14.48 个百分点。

三、主要粮食品种供需不均衡，结构性矛盾突出

分品种看，谷物（主要是稻谷、小麦、玉米）供需基本平衡，进出口以调节结构性余缺为主，大豆供给高度依赖国际市场。从粮食进出口贸易来看，2000 – 2010 年，我国大米为净出口，2011 – 2012 年少量进口；2000 – 2009 年，玉米净出口，2010 – 2012 年为净进口，并且进口量逐年上升；2000 – 2008 年，其中 4 年小麦为净进口、5 年为净出

---

① 由于数据可获得性的原因，本处的粮食概念不同于传统的粮食范畴，仅包括谷物和大豆。

口，2009 年以来为净进口（见图 11）；大豆从 2000 年以来一直为净进口，并且进口量不断增加，自给率持续降低（见图 12）。

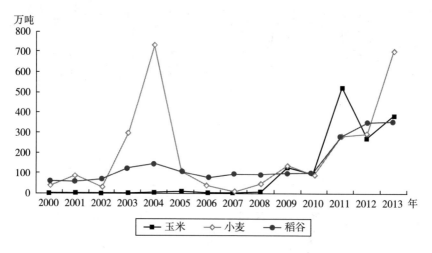

数据来源：Wind 资讯。

图 11　2000－2013 年我国主粮（稻谷、小麦和玉米）进口变动趋势

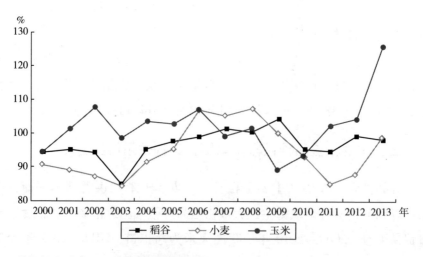

数据来源：根据 Wind 资讯数据库数据计算。

图 12　2000－2013 年我国稻谷、小麦和玉米自给率变化

四、农产品贸易大幅提高，对外依存度逐步上升

近十年来我国农产品贸易额增长迅速，贸易总额从 2001 年的 279.4

亿美元增加到2013年的1 867亿美元。按照全球农产品贸易总额统计，2011年，美国是全球最大的农产品净出口国，我国是全球最大的农产品净进口国，2013年农产品净进口额超过500亿美元（见图13），我国接近五分之一种植面积的农产品依靠国际市场进口来满足，尤其是大豆进口增长趋势最为显著（见图14）。

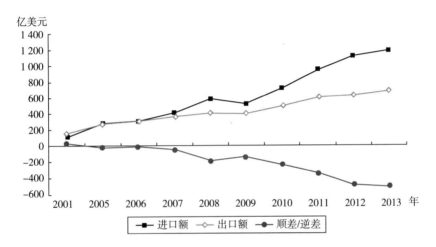

数据来源：Wind资讯。

图13 2001－2013年我国农产品贸易额

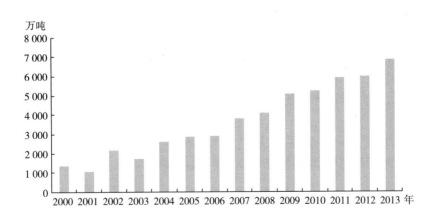

数据来源：Wind资讯。

图14 2000－2013年大豆进口量

表7 2003－2012年我国粮食产量与进口 单位：万吨

年份	产量	主粮进口	大豆进口	总进口量	总进口量/产量
2003	43 070	209	2 074	2 283	0.053
2004	46 947	275	2 023	2 298	0.049
2005	48 402	627	2 659	3 286	0.068
2006	49 804	362	2 824	3 186	0.064
2007	50 160	155	3 082	3 237	0.065
2008	52 871	399	3 744	4 143	0.078
2009	53 082	968	4 255	5 223	0.098
2010	54 648	1 215	5 480	6 695	0.123
2011	57 121	545	5 264	5 809	0.102
2012	58 958	1 297	5 838	7 135	0.121

数据来源：《中国农村统计年鉴》。

不过，除大豆外，我国谷物进出口数量较小，对国际、国内市场影响不大。例如，2012年进口谷物1 398.3万吨，为国内消费量的2.5%，占全球谷物贸易量的4.7%，仅相当于日本谷物进口量的60%。其中，大米进口231万吨，占国内产量的1.6%，占全球贸易量的6%左右；小麦进口369万吨，占国内产量的4.4%，占全球贸易量的2.7%左右；玉米进口521万吨，占国内产量的3.6%，占全球贸易量的4%左右；大豆进口5 835万吨，占国内需求总量的比例高达82%，占世界总出口的2/3左右，为全球最大的大豆进口国（见表7）。

五、与全球粮价联动性加强，大国效应不断弱化

近年来，由于农业生产资料、劳动力成本等价格快速上涨，带动粮食价格不断攀升，但在国家粮食调控政策的引导下，粮价波动基本可控，即使在2008年国际金融危机引发国际粮价剧烈波动的时期，我国粮价也基本保持稳定。在2001年1月至2012年10月期间，以吉林市场为代表的玉米价格累计上涨117.9%，年均上涨7.3%；以河南市场为代表的普通小麦价格累计上涨101.5%，年均上涨6.6%；以江西市

场为代表的籼米价格累计上涨 138.5%，年均上涨 8.2%；以黑龙江市场为代表的国产大豆价格累计上涨 127.3%，年均上涨 7.8%。总体来看，我国粮食市场价格的上涨呈温和性、合理性、可控性特点，为国家粮食安全提供了价格保障。

1. 国内粮价变动与国际市场联动性增强

我国加入 WTO 后，随着粮油市场对外开放速度的加快，粮油进出口数量快速增长，粮油价格涨跌与国际市场呈联动态势，但各品种粮食间由于开放程度与贸易数量的不同，国内外价格联动程度有一定差异。总体来看，由于进出口量较小，小麦和玉米的联动性较弱（见图 15）；大豆贸易占世界贸易量的三分之二以上，与世界市场的联动性较强（见图 16），例如，我国大豆进口量持续增长，2012 年全年进口规模较 2000 年高出 5.6 倍，已超过当年国内产量的 4.6 倍，国内大豆价格主要受国际市场价格变动所左右，所以国内大豆价格常常被称为美国大豆市场的影子价格。

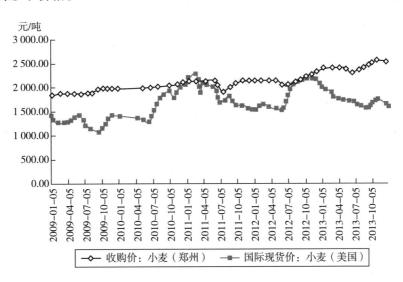

数据来源：根据 Wind 资讯数据库数据计算。

图 15　国内外小麦价格对比

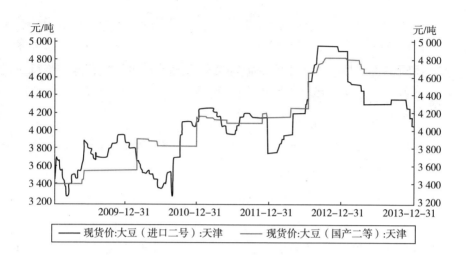

数据来源：美国农业部、Wind 资讯。

图16　国际国内大豆价格对比

由图15和图16可见，大豆、小麦和玉米价格与国际市场相应产品的价格涨跌节奏有一定的差异，大豆价格基本跟随国际价格起伏，主要原因是大豆进口数量巨大，在国内大豆消费市场占据了绝对主导地位；小麦价格涨幅高于国际市场，主要原因是国家对小麦实施保护性收购政策，且逐年提高收购价格，小麦价格的政策性因素强于市场性因素；国内玉米价格涨幅低于国际市场价格，其主要原因在于自 2007 年以来国家对玉米消费的控制力度加强，且政策集中于限制近年来快速兴起的玉米深加工业的发展。

2. 粮食进口的大国效应不断弱化

我国是人口大国、粮食消费大国，在我国粮食进口数量大幅增加的最初几年，由于国际市场对国内粮食（特别是大豆）进口政策、年度需求都不明确，国内粮食进口量与节奏变化对国际市场的供需与价格影响较大，大国效应特征明显。但近几年这种大国效应不断弱化，主要是因为市场对我国每年进口大豆规模已有了基本预期。所以，我国大豆净进口由 2000 年的 1 304.7 万吨增至 2013 年的 6 335 万吨，并没出现十年前市场普遍担心的国际市场供给不足和价格大幅上涨的问题，市场不但提供了稳定的大豆供给，而且价格也基本合理。

3. 国内市场粮食价格总体高于国际市场

近年来，由于农业经营规模小、生产资料价格上涨过快等原因，我国粮食生产成本较高，与国际价格相比，稻谷、小麦、玉米、大豆等大宗农产品价格均高于国际市场（见图 15 和图 16），虽然也有个别产品的价格低于国际市场，其主要原因在于品种和质量的差异，而不是生产成本的优势。通过对比研究，我们发现我国粮食价格高于国际市场的主要原因在于单个农户家庭粮食作物种植面积小，粮食生产不具备规模经济效益。例如，截至 2008 年末，我国每个农业经济活动人口人均耕地面积为 0.2 公顷，同期美国、英国、法国、日本、韩国、巴西该数值分别为 65.2 公顷、12.4 公顷、29.0 公顷、2.7 公顷、1.1 公顷和 5.2 公顷；从农业劳动效益来看，2010 年，我国农业劳动力的人均劳动增加值为 545 美元，同期美国、英国、法国、日本、韩国、巴西该数值分别为 51 370 美元、25 681 美元、57 973 美元、40 385 美元、19 807 美元和 4 182 美元。在耕地细碎化的小农经济发展模式下，国内粮食生产成本将长期高于国际市场，在缺乏有效国内政策支持和贸易保护的条件下，我国粮食产品缺乏国际竞争力。对粮食加工企业来说，从国外进口粮食较为经济。为保护国内粮食产业免遭冲击，需要继续加强对作为口粮的稻谷、小麦等主要粮食品种的国内支持和贸易保护，确保立足国内保障口粮需求。同时，通过土地流转提高经营规模、加快科技研发与推广提高农产品产量和质量管控能力等措施，加快推进农业产业化，降低农产品生产成本，提高农产品质量和农业产业的国际竞争力。

小　　结

近年来，虽然耕地数量不断减少和粮食作物播种面积逐步下降，但受科技进步、农田水利建设改善等促进粮食单产提高、国家补贴政策激发农户粮食生产积极性等影响，我国粮食产量实现了罕见的"十连增"；但是，随着工业化和城市化的推进，由于粮食生产比较效益低，经济较发达的沿海省份粮食产量持续减少，传统的粮食生产格局被打破，"东粮西运、南粮北运"演变为"西粮东运、北粮南运"，这与我国东部和南部省份水土资源丰富、西部与北部省份水土资源贫瘠的农业资源禀赋状况不相协调。从粮食消费来看，由于城市化和居民收入增长，居民饮食结构逐步升级，对以稻谷、小麦等为主的口粮消费不断减少，但对肉蛋奶、蔬菜水果、油脂、食糖和水产品等食品的消费需求大幅增长，引致饲料用粮需求快速增长。由于我国耕地数量不断减少，在国内农产品消费需求持续上升的条件下，有限的耕地资源承载不了快速增长的农产品消费需求，农产品进口大幅增长。从农产品贸易结构来看，作为主粮的稻谷、小麦和玉米进口较少，而大豆是油脂压榨的主要原料，其副产品豆粕是饲料蛋白的主要来源。由于我国大豆单产和出油率均比较低，与玉米相比不具备比较优势，在农作物的种植上表现为玉米种植面积大幅增长和大豆种植不断减少的趋势。在居民消费快速升级的条件下，大豆消费需求迅速增加，进口大幅增长，带动包括稻谷、小麦和玉米在内的粮食自给率持续降低。同时，受我国大豆需求的刺激，国际市场大豆供给也不断增加，价格也保持在较为合理的水平上，国际贸易的大国效应并不明显，在一定程度上也表明，国际市场农产品供给具有较大的增长空间，在有效的需求刺激下，国际市场农产品供给仍将持续增长。

第三章 未来我国粮食和主要农产品供需测算

粮食产量既受耕地、水热等自然资源禀赋的约束，也在一定程度上受国家产业政策、基础设施建设和技术研发等因素影响。我国农业生产的自然条件相对较差，农业生产设备和技术研发与农业发达国家也存在较大的差距，这在另一层意义上也表明未来粮食产量存在较大的上升空间。从需求端来看，随着城市化和居民收入增长水平的提高，对粮食需求量也大幅增长。在粮食需求总量增长的趋势下，不同消费结构间存在差异，作为居民直接消费的口粮有所下降，但作为间接消费的工业用粮和饲料用粮将快速增长。

第一节 我国粮食需求测算

对粮食需求的测算按照消费结构分成四个部分来考察，即口粮、饲料用粮、工业用粮和种子用粮。在测算中，工业用粮和饲料用粮主要同我国的经济发展整体水平相关，其动态变化比较稳定，可直接用 ARI-MA 或其他时间序列模型比较好地进行预测。对于口粮部分，有两个方面的因素会对其时间序列带来结构变化，一是随着经济的发展所带来的收入提高，人们的消费结构会不断升级，主要表现在人均口粮在食物消费中所占的比重以及绝对数量都会下降；二是随着我国城镇化的进一步发展，我国城乡人口的分布也会发生变化。由于城镇和乡村人口具有不同的消费结构，因此城镇化水平的提高也会带来粮食消费需求的变化。为考虑上述两个因素对粮食消费需求的影响，我们把口粮预测的任务分成了两步，首先预测我国农村和城镇人口的变化趋势，再分别预测农村居民和城镇居民人均消费的趋势，然后把两步的结果相乘加总，再加上家庭外消费的部分，得到口粮消费需求总量。种子是用来满足其他粮食需求的投入要素，可以根据之前得到的粮食需求数量和种子投入产出比例得到相应的种子用粮需求。把上述测算出的四部分数据进行加总，再参照已有的研究成果，对浪费部分进行估算，就可得到粮食总需求。

本部分所用关于口粮消费的数据，来源于国家统计年鉴；关于粮食消费的其他部分，由于数据可获得性以及时间序列连续性的原因，参考了吴青劭（2010）《我国粮食消费结构一般研究》中的推测。

一、口粮需求测算

预测未来的口粮需求，首先需要预测人口数量和人均口粮消费。

1. 人口预测

据国家统计局数据，2012 年我国总人口数为 13.54 亿，其中城镇居民为 7.12 亿，占比 52.6%。联合国开发计划署发布的《2013 中国人类发展报告》预测，到 2030 年，中国将新增 3.1 亿城市居民，城镇化水平将达到 70%。以总人口 13.90 亿、城市人口 10.3 亿计算，20 年后我国城镇人口所占比例将达到 74%。假设我国城乡总人口和城镇人口所占比例在此期间匀速增长，那么未来 20 年每年的城乡人口数量可以计算出来，如表 8 所示。

表 8　　　　　　　　　2013－2032 年中国人口增长预测

年份	总人口（亿）	城镇所占比例（%）	城镇人口（亿）	农村人口（亿）
2013	13.56	53.67	7.28	6.28
2014	13.58	54.74	7.43	6.14
2015	13.59	55.81	7.59	6.01
2016	13.61	56.88	7.74	5.87
2017	13.63	57.95	7.90	5.73
2018	13.65	59.02	8.06	5.59

续表

年份	总人口（亿）	城镇所占比例（%）	城镇人口（亿）	农村人口（亿）
2019	13.67	60.09	8.21	5.45
2020	13.68	61.16	8.37	5.31
2021	13.70	62.23	8.53	5.18
2022	13.72	63.3	8.68	5.04
2023	13.74	64.37	8.84	4.89
2024	13.76	65.44	9.00	4.75
2025	13.77	66.51	9.16	4.61
2026	13.79	67.58	9.32	4.47
2027	13.81	68.65	9.48	4.33
2028	13.83	69.72	9.64	4.19
2029	13.85	70.79	9.80	4.04
2030	13.86	71.86	9.96	3.90
2031	13.88	72.93	10.12	3.76
2032	13.90	74	10.29	3.61

数据来源：2012年数据来自《中国统计年鉴（2013）》、其他数据根据联合国开发计划署发布的《2013中国人类发展报告》计算。

2. 人均口粮消费预测

口粮是粮食消费中直接作为食物的部分。发达国家的经验表明，随着国民收入从较低水平逐步提高，口粮消费会先上升后下降，最终会稳定在一个较低的水平。现阶段，我国农村居民人均口粮需求为160千克左右，仍处在稳定下降的过程中；我国城镇居民人均口粮消费低于为农村居民，10年来一直稳定在100千克左右[①]。

随着我国经济发展和居民收入的继续提高，人们对食物的质量和营养均衡会更加重视，食物消费结构将更加多元化，因此，农村和城镇的人均口粮需求会继续下降。表9是在至2032年农村人均口粮下降到130

① 根据《中国统计年鉴》对统计指标的解释，城镇人均口粮统计的为精粮，本处参照文献一般做法按4/3的比例还原为原粮。

千克、城镇人均口粮下降到 80 千克的情景设定①下对未来 20 年城乡居民人均口粮需求的测算情况。

表9 城乡居民人均口粮需求估计 单位：千克

年份	农村人均口粮	城镇人均口粮
2013	168	108.5
2014	166	107
2015	164	105.5
2016	162	104
2017	160	102.5
2018	158	101
2019	156	99.5
2020	154	98
2021	152	96.5
2022	150	95
2023	148	93.5
2024	146	92
2025	144	90.5
2026	142	89
2027	140	87.5
2028	138	86
2029	136	84.5
2030	134	83
2031	132	81.5
2032	130	80

3. 家庭外消费测算

根据《中国统计年鉴》对统计指标的解释，所统计的口粮仅为城乡居民在家就餐的口粮消费量，但无论城镇还是农村居民，外出就餐都

---

① 在对 2032 年城乡居民人均口粮进行设定时，参照了部分欧洲和亚洲发达国家在消费稳定阶段的粮食消费情况，结合我国城乡居民的消费习惯，假定至 2032 年左右我国居民的消费结构将趋于稳定，在这一阶段，城乡居民每人年均粮食消费需求分别为 80 千克和 130 千克。

是生活的重要部分。全国居民外出消费的准确数据较不易获得，但专家学者对此作了估计，例如孙宝民（2012）的研究认为城镇人口与农村人口家庭之外的粮食消费分别约占 12% 和 4%，贾晋、周迪（2013）的研究认为该比例分别为 12.1% 和 4.2%，两篇研究的估计是基本一致的。因此，我们在此选取 12% 和 4% 作为家庭外消费比例。

4. 口粮需求预测

把对城乡人口的预测和城乡人均口粮的预测结果分别相乘，得出城乡居民总口粮消费需求，再考虑到家庭外消费部分，分别按 1.12 和 1.04 的比例进行调整，就可分别得到城镇和农村居民口粮需求的预测值，从而得出未来 20 年全国口粮需求的预测数据（最终结果见表9）。

二、工业用粮预测

类似于之前 ARIMA 模型的设定过程，对于工业用粮的预测模型，赤池信息准则（AIC）和施瓦茨信息准则（SBC）都建议选择 ARIMA（1，0，0）模型。基于此模型的预测结果如表10所示。

三、饲料用粮预测

同工业用粮预测模型类似，对于饲料用粮的预测模型，赤池信息准则（AIC）和施瓦茨信息准则（SBC）也都建议选择 ARIMA（1，0，0）模型。基于此模型的预测结果见表11。

四、种子用粮预测

从表面上看，种子用粮需求量由粮食播种面积和种植技术决定，但从需求的来源看，种子用粮需求来源于为满足口粮、饲料用粮和工业用粮需求的生产要素需求。粗略的估算表明，近年来我国粮食生产中种子投入和产出的比例平均约为 1:42，比 20 年前的投入产出效率提高了约 20%，平均每年提高 1 个百分点。我国的粮食生产效率同发达国家相比仍有较大的差距，假设未来 20 年仍然有相同的技术进步速度，则对每年的种子投入产出比例的预测如表 10 所示。根据每年粮食消费需求预测和种子投入产出效率预测，可以得到相关年度的种子用粮预测（结果见表 11）。

表 10　　　　　　　　　　种子投入产出比例预测

年份	种子投入产出比例
2013	42.4
2014	42.8
2015	43.3
2016	43.7
2017	44.1
2018	44.5
2019	44.9
2020	45.4
2021	45.8
2022	46.2
2023	46.6
2024	47.0
2025	47.5
2026	47.9
2027	48.3
2028	48.7
2029	49.1
2030	49.6
2031	50.0
2032	50.4

五、粮食损耗

对于我国粮食消费中的浪费或者损耗部分，学者们的估计差异较大，如李波等（2008）采用了 12% 的总损失率，骆建忠（2008）的估计为6%，而孙宝民（2012）在粮食需求预测中则按照损耗为2%进行计算。仔细研究发现，这些不同主要是由于各位学者对"损耗"界定的范围不同，或者说对粮食在种、收、运、储、加工、销售、消费等可能产生浪费的环节的考察存在差异。按国家统计局的统计指标解释，农作物产量是指晾干入库的数量，收获中的损失不应包括在内，而消费过程中的浪费已包括在口粮消费量中。因此，粮食需求测算中只应计算仓储和运输环节的损耗。根据以上文献的研究数据，我们认为同此范围比较一致的粮食损耗率应为6%左右。

六、未来 20 年我国粮食需求预测

我们对口粮、饲料用粮、工业用粮、种子用粮和粮食损耗分别进行了预测，把各部分加总即可得到总需求（见表11）。

表 11　　　　　　　　　　未来 20 年我国粮食需求量

年份	城镇人口	农村人口	农村人均口粮	城镇人均口粮	总口粮	饲料用粮	工业用粮	种子用粮	损耗	总需求
单位	亿	亿	千克	千克	万吨	万吨	万吨	万吨	万吨	万吨
2013	7.28	6.28	168	108.5	20 476	23 236	6 181	1 176	3 064	54 133
2014	7.43	6.14	166	107	20 160	24 340	6 399	1 188	3 125	55 213
2015	7.59	6.01	164	105.5	19 845	25 496	6 626	1 201	3 190	56 358
2016	7.74	5.87	162	104	19 529	26 707	6 861	1 216	3 259	57 571
2017	7.90	5.73	160	102.5	19 214	27 976	7 104	1 231	3 331	58 856
2018	8.06	5.59	158	101	18 900	29 305	7 355	1 248	3 408	60 216
2019	8.21	5.45	156	99.5	18 586	30 697	7 616	1 266	3 490	61 654
2020	8.37	5.31	154	98	18 272	32 155	7 885	1 286	3 576	63 173
2021	8.53	5.18	152	96.5	17 958	33 682	8 164	1 306	3 667	64 778
2022	8.68	5.04	150	95	17 645	35 282	8 454	1 329	3 763	66 472
2023	8.84	4.89	148	93.5	17 333	36 958	8 753	1 352	3 864	68 260
2024	9.00	4.75	146	92	17 020	38 714	9 063	1 377	3 970	70 145
2025	9.16	4.61	144	90.5	16 708	40 553	9 384	1 404	4 083	72 132
2026	9.32	4.47	142	89	16 397	42 479	9 716	1 433	4 201	74 226

续表

年份	城镇人口	农村人口	农村人均口粮	城镇人均口粮	总口粮	饲料用粮	工业用粮	种子用粮	损耗	总需求
2027	9.48	4.33	140	87.5	16 086	44 497	10 060	1 463	4 326	76 432
2028	9.64	4.19	138	86	15 775	46 611	10 416	1 494	4 458	78 755
2029	9.80	4.04	136	84.5	15 465	48 825	10 785	1 528	4 596	81 199
2030	9.96	3.90	134	83	15 155	51 144	11 167	1 563	4 742	83 772
2031	10.12	3.76	132	81.5	14 846	53 574	11 562	1 600	4 895	86 478
2032	10.29	3.61	130	80	14 537	56 119	11 972	1 639	5 056	89 323

注：本处所指的粮食仅包括稻谷、小麦和玉米三种主粮。其中，口粮数据根据统计年鉴中城乡人均粮食消费量和城乡人口计算；在饲料用粮与工业用粮上，目前国内很难获得权威统一的数据，多数研究者在数据缺乏的情况下，运用反推法根据工业产品和肉奶类产品生产数量测算工业用粮和饲料用粮数量。本报告根据吴青劼的硕士论文《我国粮食消费结构一般研究》中提供的饲料用粮与工业用粮数据进行测算，该数据仅提供至2008年，我们据此对2009－2032年的消费数据进行了测算。由于数据来源与统计口径问题，本处预测数与实际值会有一定的出入，但能反映粮食消费总量与结构变化的大致趋势。

从表11我们发现，未来10年，我国粮食需求将从5.41亿吨增长到6.83亿吨，按2013年末我国粮食产量突破6亿吨计算，为达供求平衡，需新增0.8亿吨粮食供给。未来20年，我国粮食需求将增长到8.93亿吨。其中，口粮需求呈稳步下降趋势，尽管总人口从2013年的13.56亿增长到13.9亿，但口粮消费需求却从2.05亿吨下降到1.45亿吨；但饲料用粮与工业用粮需求快速增长，分别从2.32亿吨与0.62亿吨提高到5.61亿吨和1.2亿吨；种子用粮从1 176万吨提高到1 639万吨。

第二节　我国粮食产量预测

在我国的粮食构成中，谷物占比在90%以上，而且人们的口粮也主要是由谷物构成，所以谷物对粮食安全影响巨大，为简便起见，我们主要进行谷物产量预测。

一、我国谷物产量预测

在粮食产量的预测中，多数学者使用粮食播种面积、单产变动等技术指标，从研究的结果来看，由于假定条件的不同，得出的结论存在较大的差异。由于我国粮食单产水平与农业发达国家差距较大，并且中低产田在耕地中占比较高，我们认为未来随着技术进步和农田改造的推进，我国粮食播种面积和单产均会逐步提高。在此假定条件下，我们使用 ARIMA 时间序列模型对我国未来稻谷、小麦和玉米的产量分别进行预测，预测结果见表12。

表12　　　　　　　未来20年我国谷物产量预测　　　单位：千吨

预测年份	稻谷	小麦	玉米	谷物
2013	206 651.8	123 940.7	205 120.2	535 712.7
2014	209 096.2	126 928.7	214 426.7	550 451.6
2015	211 569.4	129 988.8	226 367.3	567 925.5
2016	214 072	133 122.6	231 896	579 090.5
2017	216 604.1	136 332	240 234.6	593 170.7
2018	219 166.2	139 618.7	251 318.2	610 103.1
2019	221 758.6	142 984.7	259 973.6	624 716.9
2020	224 381.6	146 431.9	269 186.4	639 999.9
2021	227 035.7	149 962.1	280 238.8	657 236.6
2022	229 721.2	153 577.5	290 737.4	674 036
2023	232 438.4	157 280	301 335.5	691 053.9
2024	235 187.8	161 071.8	313 057.5	709 317.1
2025	237 969.7	164 955	324 984.8	727 909.5
2026	240 784.5	168 931.8	337 088.1	746 804.4

续表

预测年份	稻谷	小麦	玉米	谷物
2027	243 632. 6	173 004. 5	349 942	766 579. 1
2028	246 514. 4	177 175. 4	363 274. 9	786 964. 6
2029	249 430. 3	181 446. 8	376 951. 3	807 828. 4
2030	252 380. 6	185 821. 2	391 241. 9	829 443. 8
2031	255 365. 9	190 301. 1	406 111. 7	851 778. 7
2032	258 386. 5	194 889	421 468. 9	874 744. 3

预测结果表明我国粮食生产呈持续增长趋势，至 2032 年，我国稻谷、小麦和玉米产量将分别比 2012 年增加 25%、57% 和 105%，总量增长 63%。

二、预测结果与已有文献的比较

本报告对于粮食供给和需求的测算主要采用了时间序列模型的方法，估计与预测简单易行，并可避免复杂模型对数据的过度拟合。我们进一步将本报告的预测结果同几篇代表性文献进行对比。

程国强（2013）采用 GTAP8 模型对我国未来 20 年的粮食供需分品种进行了预测，董国新（2007）通过建立区域粮食供求分析模型（GS-DM）分情景对我国未来的粮食供求状况进行了分析，白美清（2013）在对粮食播种面积与单产、人口增长与粮食消费结构变化进行预测的基础上，测算了未来我国粮食生产与需求。这些文献同本报告测算结果的对比见表 13。

考虑到预测结果本身不可避免的误差，本报告的结果同程国强（2013）的预测比较接近，主要差别在于对玉米生产的预测上。这种差别主要来源于对最近四五年来我国扩大玉米种植面积带来玉米产量大幅增长的几个样本数据的处理不同。由于董国新（2007）和白美清（2013）的工作做得比较早，其结果没能考虑到 2007 年以来我国粮食产量持续增长的现实，因此其预测数值偏小。

表 13   预测结果对比   单位：亿吨

文献	预测项目	2017 年	2022 年	2027 年	2032 年
程国强（2013）	水稻供给	2.25	2.49	2.72	2.95
	小麦供给	1.33	1.44	1.53	1.61
	玉米供给	2.8	2.49	2.71	2.95
	谷物供给	5.86	6.42	6.96	7.51
	谷物需求	5.92	6.58	7.19	7.77
本文预测	水稻供给	2.17	2.30	2.44	2.58
	小麦供给	1.36	1.54	1.73	1.95
	玉米供给	2.40	2.91	3.50	4.21
	谷物供给	5.93	6.74	7.64	8.75
	谷物需求	5.89	6.65	7.07	8.93
董国新（2007）	粮食需求	4.42	4.67	4.77	—
	粮食产量	4.38	4.61	4.98	—
白美清（2013）	总产量	—	5.17	—	—
	消费总量	—	5.56	—	—

注：董国新（2007）的预测时段分别为 2015 年、2020 年和 2025 年；白美清（2013）的报告完成于 2004 年，预测时间段 2005 年、2010 年和 2020 年，表 13 仅报告了其对 2020 年的预测。

第三节 未来粮食供需平衡分析

结合前文对我国粮食供给与需求的预测，我们绘制了未来 20 年我国粮食供需变动趋势图（见图 17）。从供需演变来看，现阶段的粮食缺口是短暂的，2015－2027 年我国都会处于供需基本平衡、供给略有盈余的状态，但盈余额均不超过当年产量的 1.5%。2028－2032 年，粮食需求增长速度会超过供给增速，盈余逐渐消失，我国将进入供给缺口持续扩大的阶段，20 年后的供给缺口约为当年产量的 2%。

与一些文献的研究相比，本文的测算结果相对乐观。程国强（2013）采用 GTAP8 模型对未来 20 年我国的食物供需分品种进行了测

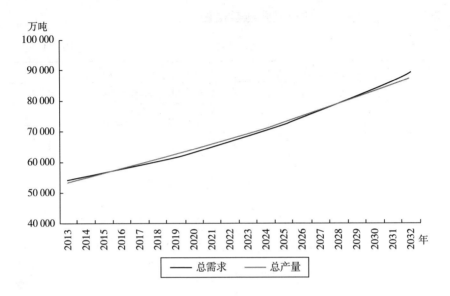

注：预测没有考虑自然条件、市场波动等因素的影响，只是在理想条件下粮食供需的大致变动趋势。

图17 未来我国粮食供需演变趋势

算，其结果显示未来我国将长期处于粮食供不应求的状态，20年后每年的粮食缺口从近年的1 000万吨左右增加到2 300万吨，占当年粮食产量的比例从1%增长到3.5%。考虑到模型测算的误差，我们并不认为两个模型测算结果的差异是显著的，两个研究的结果只是未来变化的趋势，并且均显示出未来我国粮食供需紧平衡的现实。从测算结果来看，仅就数量上来说，在不发生大的意外事件的情况下，未来20年我国粮食安全既不像境外学者与媒体预测的那样悲观，也不容乐观，供需紧平衡状态将持续较长一段时间。

再者，供需基本平衡的测算结果也不能令我们掉以轻心。我们对未来粮食生产的测算建立在耕地和水资源数量不减少与质量不下降、农业科技持续进步、基础设施建设不断完善、气象灾害不会明显增加、农户粮食生产的积极性不降低、农产品流通通畅等假设的基础上。从现实来看，每一个前提条件的实现都存在一定的难度，为实现本报告的测算结果，需要我们继续加强对耕地和水资源的保护、加大对农业科研和基础设施建设的投入、促进农业部门的市场化改革、提高农业资源的利用效率等。否则，任何一个环节出现偏差，或者一旦发生一些意外事件（如较为严重的自然灾害），我国粮食供求就会从基本平衡转为总量或结构性短缺。

同时还要看到，总量的平衡并不意味着结构上也平衡。在对需求进行测算的过程中，由于数据获取的困难，我们并没有对特定粮食品种（如稻谷或者玉米）的需求进行测算，这涉及不同粮食品种在食物消费和工业生产中的地位及相互间的替代性，这将是我们未来深入研究的方向。但从目前的发展趋势看，不同粮食品种的种植收益决定播种面积的增减，例如，近年来，玉米相对于小麦收益较高，其播种面积就迅速增长，小麦播种则比较稳定，只是在部分年份略有下降。

第四节　不同情景模式下的食物需求测算

随着经济社会发展和生产技术水平的提高，食物生产和供应能力持续增强，人们对食物的需求也由满足基本生理需求向更高层次的营养需求不断提升，农业产业结构也将随之发生转变。同时，在不同的社会环境条件下，人们对各种食品需求的优先顺序也将发生转变，例如，常规情形下，各种食物的可获得性较强，人们将根据不同的收入水平选择食物消费结构；但是一旦发生战争、气候或地质灾害等非常规情形，人们的食物获取渠道将受到影响，对食物的消费需要适当减少，但有一个最低限度，即维持基本生存。为此，参考发达国家食物消费演变历程，结合我国食物生产、消费的历史情况以及人们对营养科学的最新研究成果，我们把食物安全分为基本生命安全（常规、非常规）、基本营养安全和全面营养安全三个层次（见表14），对不同层次下食物需求与我国的生产与供应能力进行对比，客观评价当前和今后一段时期我国食物安全状况与变动趋势。

一、第一层次：基本生命安全

基本生命安全是指在经济社会发展以及生产力水平发展较低或者发生战争、自然灾害等非常规事件情形下，维持所有居民的基本生存对食物的最低需求，即人们都能够"吃饱"。贺德富和苏喜生（2003）综合了联合国粮农组织（FAO）和世界卫生组织（WHO）基于基础代谢率的计算方法、美国明尼苏达大学在 20 世纪开展的不完全饥饿试验、马先鹤等人（2000）的能量干预实验等研究成果，认为战时士兵每天的最低能量供给应该设为 1 600 大卡。在此标准下，"虽不能完全满足军人的生理需要，但能维持军人的生命安全，并有助于防止生理机能发生紊乱"，是"较长时间保持中度劳动和在特殊情况下保持较好的工作能力"的最低能量供应量。

热量（碳水化合物）并不是人体需要的唯一营养素，即使生产力发展水平不高，营养均衡协调也是长期维持生命健康的基础。中国营养学会所编的《中国居民膳食指南（2007）》结合中国居民的营养习惯制定了"平衡膳食宝塔"，设定的人均每天所需摄入能量的下限也是 1 600 大卡，并基于营养平衡和全面的原则，制订了各类食物的搭配方案，该方案设定了包括谷物、蔬菜、肉类、乳类等各类食品每人每天的建议食用数量。考虑到个体食物需求具有较大差异性，同年龄、性别、职业等因素均有很大关系，我们认为在其建议量的基础上，上下浮动 5% 给出一个数量范围更为合理。按照一年 365 天、我国现有 13.5 亿人口的情况，可以测算出保证全国居民基本生命安全的各类食物的需求量范围（见表 14 第 1 列数字）。在基本生命安全需求下，各类食物消费需求均比较少。从各消费区间的中间点来看，每人每年需要消费的谷物、牛奶

（包括乳制品）及蔬菜分别仅为 82 千克①、110 千克和 110 千克，全国总消费量分别为 1.1 亿吨、1.5 亿和 1.5 亿吨；每人每年还需要消费肉类、禽蛋、水产品分别为 18.3 千克、9.1 千克和 18.3 千克，全国总消费量分别为 2 470 万吨、1 240 万吨、2 470 万吨。

以上营养均衡条件下的食物消费量适合生产力发展水平较为低下的常规情形。但是，在战争或自然灾害等非常规情形下，保障基本生命安全对食物的需求也比较特殊。一般而言，非常规情形持续时间往往不会太长，但会对食物的生产和流通造成破坏，除主食之外的食物尤其是肉蛋奶等短期供给量可能会大幅下降，而主食的需求会相应上升。国内外研究和历史经验均表明，短期内减少一定的营养汲取不会对身体造成太大的影响，但必须满足维持身体正常活动的热量需求。在表 14 基本生命安全栏所提供的均衡膳食结构中，谷物所提供的热量占 51.9%，其他食物占 48.1%。我们无法预知战争造成多大的影响，但按常理推测，假设如果战争等非常规情形导致除谷物以外其他食物的供给下降 60%，由此带来的热量损失则需要增加 55.6% 的谷物消费来补足；如果其他食物下降 80%，则谷物消费需要增加 74.1%。表 14 第 2 列数字给出了除谷物以外其他食物的供给下降 60% 这一非常规情形下各类食物的需求量。

二、第二层次：基本营养安全

基本营养安全是指在经济社会发展到一定阶段时，人们都能获得保持身体基本健康所需的各种食物，即人们都能够基本"吃好"，彻底消除饥饿。基于参照国际经验的思路，我们选取了美、英、日、韩、德五国处于工业化、城市化中期与人均收入处于中等收入阶段时（选择标准详见附件 1）食物消费结构的平均水平上下浮动 5% 作为基本营养安

---

① 本处及本节以下部分，对于谷物需求仅包括直接的食物需求，即口粮；对饲料用粮的需求已经隐含在我们对于肉类、牛奶、禽蛋和水产品的供需分析中；工业用粮和种子用粮没有包括在本节考虑的范围内。

全的食物需求标准，结果如表 11 第 3 列数字所示。相对于基本生命安全下的常规需求，基本营养安全对各类食物的消费需求均有大幅增加。具体来说，平均每人每年肉类、牛奶的消费量分别达到 66 千克和 171 千克，分别增加 260% 和 56%；平均每人每年谷物消费 105 千克，提高了 28%。从全国总体来看，谷物、肉类、牛奶、禽蛋和水产品的总消费量分别达到 1.4 亿吨、0.9 亿吨、2.3 亿吨、0.2 亿吨和 0.4 亿吨。

三、第三层次：全面营养安全

全面营养安全是指在经济社会发展到较高级阶段时，在科学的膳食结构下每个人在任何时候都能满足自身全面均衡营养时的食物需求，即人们都能健康地生活，彻底消除了不良营养现象（包括营养缺乏与过剩）。作为一种哺乳动物，人类对于食物的需求是有一定上限的，随着收入的增加，人们的食物消费量将逐渐稳定，发达国家居民的食物消费历史也证实了这一点。美、英、日、韩、德五国[1]在 2004 - 2009 年的各种食物消费比较平稳，为我们估算全面营养安全食物消费需求提供了参考（见附件一）[2]。随着我国经济社会的进一步发展，未来的食物消费数量和结构将与这些发达国家逐渐趋同，我们将这五个发达国家在 2004 - 2009 年的平均消费上下浮动 5% 作为我国全面营养安全食物需求的标准。表 14 第 4 列数字的测算结果表明，全面营养安全需求只是对基本营养安全需求的微量调整，总量变化不大，但结构更加合理。其中，谷物需求继续增加，每人每年达到 120 千克；肉类和蔬菜消费大约各增加 10%，分别达到 71 千克和 111 千克；除植物油外其他食物消费略微减少或基本不变，每人每年植物油消费量由基本营养安全下的 10.9 千克增加到 16.7 千克，增幅达 53.5%，是调整幅度最大的食物类

---

[1]　考虑到东西方饮食习惯的不同和我国饮食结构的变化，我们选取了三个欧美国家（美国、英国和德国）和两个东亚国家（日本和韩国）。

[2]　由于数据的可获得性，我们没能获得 2009 年以后这些国家的食物消费数据。

别。总体来看，全国的口粮需求达到 1.6 亿吨，肉类、牛奶、禽蛋、水产和蔬菜分别为 1 亿吨、2.3 亿吨、0.2 亿吨、0.4 亿吨和 1.5 亿吨，全国植物油需求达 2 250 万吨。

表 14　　　　　　　　不同情景下各类食物的需求量①

需求层次		基本生命安全		基本营养安全	全面营养安全
		常规	非常规②		
平均每人消费（千克）	谷物③	78 – 86.2	121.4 – 134.2	100.1 – 110.7	114.2 – 126.2
	薯类	—	—	62.7 – 69.4	62.7 – 69.3
	肉类	17.3 – 19.2	6.9 – 7.7	63.1 – 69.7	67.6 – 74.7
	禽蛋	8.7 – 9.6	3.5 – 3.8	14.5 – 16	11.7 – 13
	牛奶	104 – 115	41.6 – 46	162.9 – 180.1	160.4 – 177.3
	水产品	17.3 – 19.2	6.9 – 7.7	25.8 – 28.5	24.9 – 27.5
	蔬菜	104 – 115	41.6 – 46	95.3 – 105.3	105.7 – 116.8
	油料	10.4 – 11.5	4.2 – 4.6	5 – 5.5	5 – 5.6
	植物油	6.9 – 7.7	2.8 – 3.1	10.3 – 11.4	15.8 – 17.5
全国消费总量⑤（百万吨）	谷物	105.6 – 116.8	164.4 – 181.7	135.6 – 149.8	154.6 – 170.8
	薯类	—	—	84.9 – 93.9	84.9 – 93.9
	肉类	23.5 – 25.9	9.4 – 10.4	85.4 – 94.4	91.5 – 101.1
	禽蛋	11.8 – 13	4.7 – 5.2	19.6 – 21.6	15.9 – 17.5
	牛奶	140.9 – 155.7	56.4 – 62.3	220.6 – 243.8	217.2 – 240
	水产品	23.5 – 25.9	9.4 – 10.4	34.9 – 38.5	33.7 – 37.3
	蔬菜	140.9 – 155.7	56.4 – 62.3	129 – 142.6	143.1 – 158.1
	油料	14.1 – 15.5	5.6 – 6.2	6.7 – 7.5	6.8 – 7.6
	植物油	9.4 – 10.4	3.8 – 4.2	14 – 15.4	21.4 – 23.6

注：①判断依据参阅附件：粮食安全层级判断依据。

②指相对常规情形，除谷物外其他食物消费下降60%。

③仅包括对谷物的直接食物需求，即口粮需求。

④《中国居民膳食指南（2007）》认为谷物和薯类可相互替代，在基本生命安全部分没有单独给出薯类的消费量建议。

⑤按照全国 13.54 亿人口进行计算。

第五节 未来我国主要农产品供求平衡分析

根据经合组织和粮农组织预测，未来十年我国谷物（小麦、粗粮和稻谷）会保持低速增长的趋势，在 2022 年将增至 5.2 亿吨。其中，预计小麦、粗粮产量在 2022 年将分别达到 1.3 亿吨和 2.6 亿吨，比基准年（2010－2012 年）分别增长 8 个和 28 个百分点。未来十年小麦单产增长率为 0.6%，远低于 2003－2012 年 2.3% 的增速，粗粮单产增长率（1.5%）也低于历史趋势；未来十年中国稻米单产预计每年仅增长 0.3%，而收获面积将年均下降 0.5%，将导致未来十年稻谷产量年均增长率为－0.2%，远低于过去十年 2.3% 的年均增长率，在 2022 年产量将达到 1.4 亿吨（见图 18）。由于预测方法的不同，经合组织的预测低于我们所做的测算值，结合实际来看，经合组织关于粮食产量的预测值有些偏低。长期以来，我国谷物产量大幅超过了口粮的需求，也大幅超过了全面营养安全对谷物直接消费的需求量。我国饲养牲畜的饲料中，很大一部分来自于粮食，用粮食喂养牲畜出现了种种问题，例如，

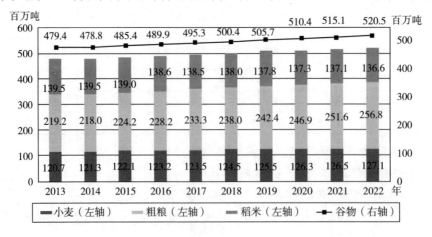

数据来源：OECD－FAO Agricultural Outlook。

图18 中国粮食产量展望（2013－2022 年）

饲养成本高昂、肉与奶类产品质量问题频发等，我国的种植与养殖结构亟须调整。

为满足快速增长的需求，我国肉类的总产量在2022年需要达到9 300万吨，未来十年年均增长率为1.5%，但低于前十年平均2.3%的增速。其中，预计猪肉、家禽、羊肉和牛肉的产量年均增长率分别为1.6%、1.9%、0.5%和1.7%。但肉类价格快速上涨抑制了消费的增长，各种肉类的增长速度均将低于过去十年。在肉类总产量中，按胴体重计算，猪肉、禽肉、牛肉和羊肉占比分别为65%、23%、8%和5%。我国三个层次的肉类消费需求分别为2 470万吨、8 990万吨和9 630万吨。根据预测（见图19），我们有望在2018年左右满足基本营养安全层次对肉类的需求，大约在2022年后基本满足全面营养安全层次对肉类的需求。

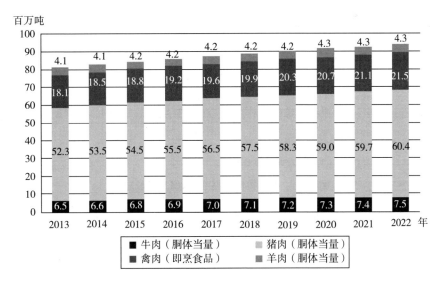

数据来源：OECD – FAO Agricultural Outlook。

图19 中国肉类产量展望（2013 – 2022年）

受2008 – 2009年三聚氰胺事件和奶牛存栏量增长放缓的影响，预计未来十年奶产品的年均增长率为2.4%，将低于过去十年6.9%的平均增速，总产量在 2022 年将达到 5 800 万吨（见图 20）。鲜奶制品的产量与基准期相比将增长 36%。奶制品中全脂奶粉（WMP）和奶酪产品产量将增长 32%，脱脂奶粉（SMP）和黄油将分别增长 3% 和 21%。根据前面的测算，我国三个层次食物安全水平对奶制品的需求量分别为 1.5 亿吨、2.3 亿吨和 2.3 亿吨，当前及未来十年存在很大的供需缺口，需要在从国际市场上进口的同时，鼓励发展鲜奶和制乳企业，并严把质量关，建立优秀的本土乳品品牌。

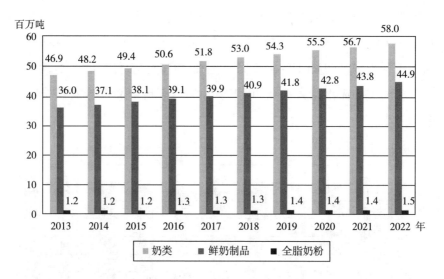

数据来源：OECD – FAO Agricultural Outlook。

图 20　中国奶类产量展望（2013 – 2022 年）

预计 2022 年我国油籽产量将超过 4 800 万吨（见图 21），比基准年年均增长约 8%。产量增长速度较过去十年稳步提高，油籽单产水平预计年均增长 1.1%，略低于过去十年的平均增长率（1.3%）。由于单产水平的提高，预计 2022 年我国大豆产量将提高到 1 350 万吨，比 2013 年增加 14%，相对于 2003 – 2012 年的下降趋势有所恢复。我国油菜籽种植面积预计下降到 690 万公顷，比当前的种植面积减少约 2%，主要是由于种植边际成本增加，在与其他作物的竞争中处于劣势。预计油菜

籽单产水平每年增加 1.3%，2022 年产量预计达到 1 370 万吨，增长约
11%。花生的产量预计在 2022 年将达到 1 900 万吨，比 2013 年增加
15%，延续过去十年的稳定增长趋势，但是单产的年均增长速度预计为
1%。按照基本营养安全和全面营养安全的消费需求，我国对油料作物
的直接消费需求分别为 710 万吨和 720 万吨；由于油料作物的直接食用
需求只占对油料作物总需求的一小部分，更多的油料被用于加工植物油
和生产饲料，按照 2009 年我国油料作物需求中直接需求仅占总需求的
8.8% 来看，未来我国油料作物供需缺口将会持续存在，需要依赖国际
市场进口解决。

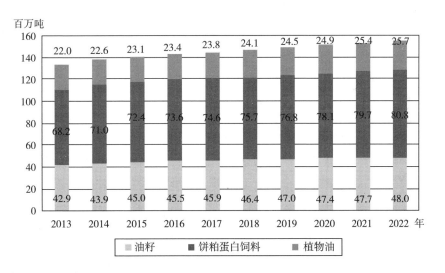

数据来源：OECD – FAO Agricultural Outlook。

图 21　中国油料作物产量展望（2013 – 2022 年）

计在 2022 年，我国捕捞和养殖水产品产量预将达到 6 860 万吨
（见图 22），比 2010 – 2012 年的平均水平高 26%。其中，水产养殖产量
5 330 万吨，增加 37%；捕捞产量为 1 530 万吨，下降 3%。但是受水土
资源和环境因素的制约，水产养殖的增长速度预计有所放缓，由过去十
年的年均增长 5.4% 下降到 2.4%，尽管产量增长速度放缓，但仍然快
于消费增速。根据前文测算，我国三个需求层次对水产品的需求量分别

为 2 470 万吨、3 670 万吨和 3 550 万吨，有大量的盈余可供出口。

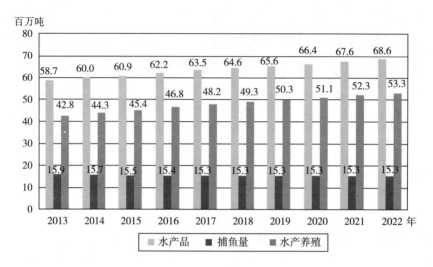

数据来源：OECD – FAO Agricultural Outlook。

图 22　中国鱼类和海产品产量展望（2013 – 2022 年）

综合以上分析，根据联合国粮农组织的预测，结合三个层次食物需求的测算，从总量来看，目前我国食物的产能已经远远超过基本生命安全需求，同基本营养安全和全面营养安全需求的总量差距也不大，但供给结构不平衡、结构性短缺问题突出，营养不良人数占比较高（FAO测算 2010 年占比为 12%）。尽管当前我国谷物、水产品可以自主供应，不久的将来肉类产量也可以满足全面营养需求，但是乳产品和油料作物缺口较大。另外，从食物需求与当前的生产和供给结构来看，我国需要合理调整国内产业结构，适当降调整作物播种面积，增加饲料（尤其是优质牧草），大幅提高节粮型草饲动物养殖比例，提高优质牛羊肉和奶类产品产量，降低食用植物油和饲料蛋白对国外的依赖度。同时，进一步提高对国外农产品市场的开拓力度，降低对国内水土资源的压榨式利用，促进农业生产的可持续发展，并且通过农产品进出口调节国内市场余缺，在提高农业生产比较收益的同时保障国民健康全面的营养需求。

小　结

通过时间序列模型测算，在农业资源禀赋状况逐步改善、农业科技持续进步、农户农业生产积极性不降低和不发生大的自然灾害等条件下，未来二十年我国谷物供需总量基本平衡，存在阶段性余缺，但总量较小；从食物需求测算来看，未来我国口粮需求逐步下降，饲料和工业用量大幅增长；未来十年，我国口粮供给充足，肉类生产与供给略有缺口，蔬菜供给稍有盈余，油料和油脂缺口较大，水产品供给有一定的盈余空间，奶产品缺口巨大，需要进一步调整产业结构，加快畜牧业发展，适当提高肉类产量和质量，同时大力发展奶制品行业、大幅提高奶类产品产量并加快优质品牌培育工作，改善奶类行业发展条件，提高奶类产品质量。

第四章 我国粮食安全状况

粮食安全的内涵较为丰富，既包括粮食数量安全，也包括质量和结构上的安全；既包括当期的粮食供需平衡，也包括粮食生产的生态环保与长期可持续。因此，评价粮食安全状况，需要从影响粮食供需的各个层面和维度来考量，才能得出较为全面可靠的结论。从数量指标来看，当前我国粮食连年增产，供给充足稳定，供需大体平衡，人均粮食占有量、粮食储备率、粮食生产波动率等指标均高于国际平均水平，粮食安全保障水平较高。但是，由于长期高强度、超负荷地利用，我国耕地和水资源污染与退化严重，农产品质量安全受到严重威胁，而且自然灾害频发，需要进一步加强水土资源防治和农田水利基础设施建设，降低农药化肥施用量，保护生态环境，提高农业发展的可持续性。

第一节 当前粮食供需基本平衡，安全保障水平较高

从短期和数量指标来看，衡量粮食安全保障水平，国际上一般使用四个指标，即粮食自给率、粮食储备率、人均粮食占有量和粮食生产波动率。从这四个指标来看，我国虽然与农业资源禀赋优越的农业发达国家有一定的差距，但四项指标均优于国际平均水平，粮食安全状况相对较好。

一、粮食自给率相对较高

在国际上，多数农业资源禀赋与现代化水平较高国家的粮食自给率均高于100%，如阿根廷、澳大利亚的自给率在200%以上，美国、加

拿大、法国等在 100% - 200%，这些国家也是世界主要粮食出口国。农业资源匮乏或人口稠密的国家粮食自给率相对较低，例如，日本近年来粮食自给率一直徘徊在 40% 左右，韩国粮食自给率不足 30%，2011年英国粮食自给率为 60%。虽然我国粮食自给率（按国际统计口径，即谷物）与美国、加拿大、澳大利亚等国家相比较低，但远高于日本、韩国与英国，基本在 97% 左右，在 90% 的国际粮食安全线之上（见表15）。

表15　　　　　1960 - 2012 年国内外粮食自给率水平比较　　　　单位:%

国家	1960 - 1969 年	1970 - 1979 年	1980 - 1989 年	1990 - 2001 年	2002 - 2004 年	2011 年
美国	123.9	145.9	147.3	134.3	—	—
加拿大	173.0	166.4	193.1	180.3	—	—
澳大利亚	280.1	308.2	333.7	284.1	—	—
法国	163.1	153.1	188.9	200.0	—	—
英国	—	—	—	—	—	60.0
日本	63.4	38.2	29.3	24.6	40.0	38.6
印度	93.0	97.2	99.9	103.3	—	—
中国	97.3	101.8	95.3	97.8	93.8	90.95
世界	100.3	100.6	99.9	100.8	—	—

注：这里的中国粮食自给率是按中国统计口径计算而得（即不仅包含了谷物，而且也将豆类与薯类计算在内）。如果仅按国际口径的谷物计算，我国 2009 年、2010 年、2011 年、2012 年的粮食自给率分别为 99.6%、99.1%、99.2% 与 97.7%，都在 95% 的基本自给线以上。

资料来源：1960 - 2004 年数据来自于王健、陆文聪的《市场化、国际背景下中国粮食安全分析及对策研究》；2011 年英国数据来自于其粮油市场部官方网站，2012 - 07 - 05；2011 年日本数据来自于新华网，2012 - 08 - 10。

二、粮食储备率高于国际平均水平

联合国粮农组织（FAO）建议各国粮食储备率[①]不要低于17% ~

---

① 粮食储备率是反映粮食安全水平的重要指标之一，其数值等于上年库存粮食储备量与下年粮食预计消费量之比，具有调节粮食余缺、稳定粮食价格、缓解粮食市场供求矛盾的功能。

18%。2010 年，作为世界主要粮食出口国，美国、法国的粮食储备率分别为 14.2% 和 15%，日本作为世界粮食紧缺国，其储备率为 14.8%，而同期我国粮食储备率约为 34%，远在粮农组织提出的安全线（17%～18%）之上，也远超美、法等粮食生产大国与日本等粮食进口国的储备水平。

三、人均粮食占有量超过世界平均水平

2004～2012 年，我国人均粮食占有量①持续上升，2012 年人均粮食占有量 436.5 千克（见图 23）。从国际比较来看，2010 年我国人均谷物占有量 372 千克，同期澳大利亚、美国、法国、加拿大等农业发达国家分别为 1 053 千克、1 289 千克、1 049 千克和 1 330 千克，而印度、日

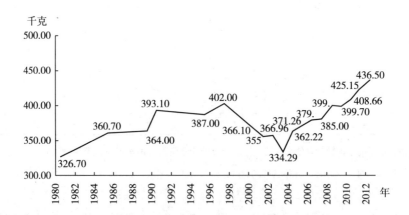

资料来源：Wind 数据库。

图 23　1980～2012 年我国人均粮食占有量变动情况

---

① 人均粮食占有量是一个从微观层次反映粮食安全的指标，其数值等于一定时期内，一国或地区的粮食总供给与人口总数之比。该指标在一定程度上反映一国粮食安全状况，人均粮食占有量越高，越表明粮食安全水平高，若该国或地区的人均粮食占有量低于个人生存所需最低水平，那么，就有可能出现粮食危机。

本、韩国等国分别为 222.4 千克、89.2 千克和 185.9 千克，世界平均水平为 356.5 千克，我国人均谷物占有量高于世界平均水平，也高于印度、日本和韩国。而且，我国肉类产量也大幅增加，自 1990 年以来，肉类与谷物总产量持续高居世界首位[1]，2012 年人均肉类占有量比 1978 年增长 460%，达 61 千克。

表 16   部分国家人均谷物占有量   单位：千克

国家	世界平均	中国	印度	法国	英国	俄罗斯	澳大利	美国	加拿大	日本	韩国
2000 年	336.7	322.0	222.9	1 079	407.3	439.7	1 799	1 214	1 660	100.9	159.6
2010 年	356.5	372.0	222.4	1 049	336.6	420.1	1 053	1 289	1 330	89.2	185.9

资料来源：世界银行 WDI 数据库、FAO 数据库。作者计算而得。

四、粮食生产较为稳定

从粮食生产波动系数[2]看，我国粮食生产较为稳定。据测算，1978－2012 年，我国粮食产量波动系数均值为 5.3%，最大波动值为 13.1%。根据相关研究，1970－1996 年，美国、澳大利亚、加拿大粮食产量波动较大，波动系数均值分别为 7.56%、9.81% 和 6.69%，最大波动系数绝对值分别高达 30%、54% 和 44%；同期，日本与法国的波动系数均值分别为 4.27% 和 4.14%；与以上国家相比，我国粮食生产波动系数绝对值并不高，并且总体呈现出平稳态势，表明粮食生产相对较为稳定。

---

[1] 数据来源：联合国 FAO 数据库，载《国家统计年鉴（2012）》。

[2] 粮食生产波动系数是指粮食实际总产量偏离趋势产量的程度，如果我们用 Z_t 表示一国第 t 年粮食总产量波动指数，用 Y_t 表示第 t 年的粮食实际总产量，用 $Y \times t$ 表示第 t 年粮食趋势总产量（即随着时间 t 推移而表现出潜在的产量趋势），那么，粮食生产波动系数可以表示为：$Z_t = (Y_t - Y \times t) / Y \times t$，显然，$Z_t$ 的绝对值大小反映了粮食实际总产量偏离趋势产量的程度，Z_t 的绝对值越大，说明该年度粮食供给越不稳定，反之亦然。

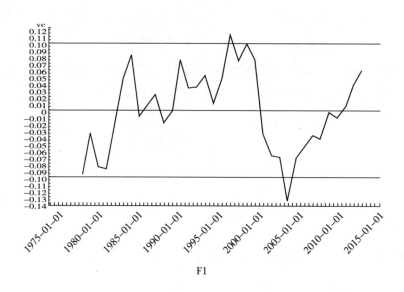

F1

资料来源：中国经济信息数据库数据计算

图 24　我国粮食生产波动趋势

第二节　粮食安全代价高昂，生产模式不可持续

从长期来看，评价粮食安全的指标不但要包括数量上的平衡，而且要考虑水土资源利用与保护、生态环境可持续和农业生产比较经济效益等方面。

一、耕地面积不断减少，土壤质量下降

粮食作物的产量与播种面积、单产的增减变化高度相关，尤其是与种植面积的相关性更强。但是，我国耕地面积有限，尤其是适宜种植水稻和小麦的高质量农田数量更少。近年来，由于工业化、城市化占用的耕地以城郊优质耕地为主，对稻谷和小麦的种植威胁更大。过去十多年来我国耕地面积持续下降，越来越接近 18 亿亩红线（见图 25）。第二次全国土地调查结果显示，截至 2009 年底，我国耕地总量约为 13 540

万公顷（约 20.31 亿亩），比前一次调查结果多出约 1 359 万公顷（约为 20 380 万亩），受调查设计标准、技术使用方法调整及农村有关政策实施等多方面因素的影响，调查结果的准确性、科学性、全面性、客观性等更接近实际。根据国土资源部的解释①，主要是一些隐性的、没有统计的耕地在这次统计中体现出来。从人均耕地来看，虽然 2009 年的耕地面积比上一次的总量多出 1 359 万多公顷（约为 2 亿亩），但这十多年，我国的人口也在不断的增加，增加的数量超过了 1 亿人，平均人均耕地面积不增反而还略有下降，从 1.59 亩减少到 1.52 亩。到 2012 年年底，我国耕地保有量不足 18.26 亿亩②。其中，中低产田 13 亿亩，占 70% 以上，人均耕地占有量不到世界平均水平的 40%。

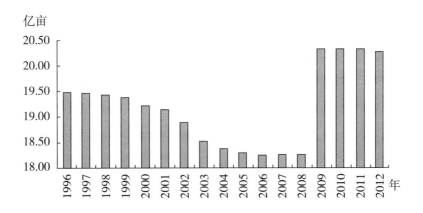

资料来源：Wind 数据库。

图 25　1996 – 2012 年我国耕地面积变化

由于耕地负荷逐年加大，我国区域性土壤退化问题严重。据第二次全国土地调查统计，我国土地中受到中度、重度污染的大约达到 5 000 万亩；同时，由于管理不到位，受到破坏、超采等的影响也占有一定的

①　"全国耕地总量增加 2 亿亩　人均面积降至 1.52 亩"，新华网（http：//news.xinhuanet.com），2013 – 12 – 31。

②　由于第二次全国土地调查数据没有耕地质量的分类统计，此处仍用第一次全国土地调查数据。

比例，肯定影响到正常的耕种。例如，东北黑土区耕地土壤有机质含量大幅下降、南方土壤酸化、华北耕作层变浅、西北耕地盐渍化等耕地质量下降问题严重[①]。化肥、农药、污水、工业废弃物排放使农业面源污染问题极为突出，环境保护部和国土资源部的调查发现，在耕地调查点位中，19.4%的土壤点位污染率超标，其中轻微污染点位比例为13.7%、轻度染点位比例为2.8%、中度染点位比例为1.8%、重度染点位比例为1.1%[②]。粮食产量70%~80%应靠基础地力，20%~30%靠水肥投入[③]。从20世纪80年代起，我国虽然粮食单产提高了56%，但化肥用量增加了225%。目前，我国单位土地的化肥用量远高于世界平均水平，但化肥利用率却很低，距发达国家还有很大差距。我国农药施用量在水稻生产中超过标准40%，导致70%的耕地因过量施用化肥、农药及工业污水排放等原因受到污染。当前，我国耕地基础地力对粮食生产的贡献率仅为50%[④]，"只耕不养"、"只用不休"的过度耕作与农业面源污染，威胁粮食安全。

二、水资源数量不足，水源污染严重

我国人均水资源量仅2 100立方米，为世界平均水平的28%，并且降水季节集中、水资源空间分布不均。据统计，我国平均每年旱灾面积高达1.3亿亩，由此造成粮食减产约300亿千克。随着工业化和城市化的推进，我国水土资源丰富而且水热同期的南部和东部地区耕地面积不断减少、粮食生产能力持续下降，粮食主产区从东、南部逐步向水土资源贫乏的西部和北部地区转移。为有效提高粮食产量，西部和北部地区大量抽取地下水进行灌溉，导致地下水超采严重，华北平原是中国乃至世界的重要粮食产区，但由于缺乏地表径流，大量抽取地下水进行灌

---

① 中国中低产田占70%以上 耕地质量下降不容忽视 [N]. 经济日报，2013 – 05 – 21.
② 全国土壤污染状况调查公报 [N]. 中国国土资源报，2014 – 04 – 17.
③ 中国中低产田占70%以上 耕地质量下降不容忽视 [N]. 经济日报，2013 – 05 – 21.
④ 引自农业部全国农业技术推广服务中心2012年公布的数据。

溉，尤其是 20 世纪 70 年代以来，随着灌溉技术的发展，农业产量得到大幅提升，但同时也引起地下水位下降、河道断流、湿地萎缩、地面沉降等一系列环境问题，由于地下水超采严重，目前已形成 160 余个地下水超采区，华北平原已经成为世界最大的地下水超采漏斗区[①]。

另外，我国淡水资源污染严重。数据显示，在水利部监测的 120 个开发利用程度比较高、面积比较大的湖泊当中，总体水质满足Ⅰ~Ⅲ类标准的只有 39 个，约占 32.5%。与此对应，在河流方面，水利部开展了 20.8 万公里的重要江河河段监测，其中Ⅰ~Ⅲ类水占 68.6%，比 2012 年提高了 1.6 个百分点，但Ⅴ类和劣Ⅴ类水的比例仍然很高，占 20% 左右。在水库方面，水利部监测了 667 座水库，水质Ⅰ~Ⅲ类的占 80.7%。在水利部开展评价的 5 134 个水功能区当中，满足水域功能目标的占 49.4%[②]。全国地下水资源符合Ⅰ~Ⅲ类水质标准的占 63%，符合Ⅳ~Ⅴ类水质标准的占 37%。南方大部分地区水质较好，符合Ⅰ~Ⅲ类水质标准的面积占地下水分布面积的 90% 以上，但部分平原地区的浅层地下水污染严重，水质较差。北方地区的丘陵山区及山前平原地区水质较好，中部平原区水质较差，滨海地区水质最差。地下水污染评价结果显示，华北平原浅层地下水污染较为严重，未受污染的地下水仅占采样点的 55.87%，遭受不同程度污染的地下水高达 44.13%。深层地下水污染较轻，遭受污染的深层地下水也以轻污染为主，未受污染的深层地下水达 87.14%[③]。

三、粮食单产增速下降，增产空间受到压缩

粮食产量增长主要靠耕地面积增加与单产的提高，在增加耕地面积

---

① 温阳东. 华北平原因地下水超采成为世界最大"漏斗区"[N]. 时代周报，2011 – 11 – 03.

② "水污染局部好转但整体仍严峻"[N]. 光明日报，2014 – 09 – 30.

③ "调查显示华北平原浅层地下水仅 22.2% 可直接饮用"，国土资源部网站（http://www.mlr.gov.cn)，2012 – 02 – 26.

难度较高的情况下，粮食产量的增长主要依靠科技进步提高单产。我国的主要粮食品种（主要包括稻谷、小麦和玉米）都具有较强的耕地约束性，其产量增减与播种面积高度相关（见图 26 和图 27），例如，1998 年，粮食作物播种面积达到 17.07 亿亩，为 1985－1998 年的最高点，粮食产量达到 5.12 亿吨，也是历史峰值；但从 1999 年开始，粮食播种面积逐渐下滑，至 2003 年下降至 14.91 亿亩，粮食产量也减少到 4.31 亿吨；2004 年之后，我国重新实施粮食生产激励政策，提高粮食生产补贴，激发地方政府抓粮和农民种粮的积极性，粮食播种面积逐年增加，产量也实现十连增。但是，随着工业化和城镇化的推进，大量优质耕地被占用，并且在居民食物消费需求日益多元化的背景下，其他农业生产占用耕地也逐渐增加，稻谷、小麦、玉米等主要粮食品种的播种面积很难有大的提高。

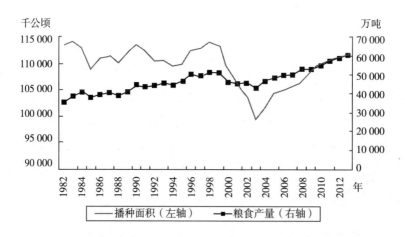

资料来源：Wind 数据库。

图 26　1982－2013 年粮食播种面积与产量变化趋势

从粮食单产来看，近 20 年来，我国谷物单产增速整体呈下降趋势（见图 28），除个别年份的极端情况外，以 2000 年为界，前十年的平均增速大于后十年，谷物单产增速逐步下降。与世界发达国家相比，我国粮食单产仍有较大的提升空间，但短期内大幅提高的可能性不大。就目

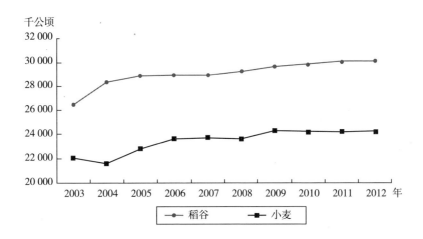

资料来源：Wind 数据库。

图 27　2003－2012 年我国稻谷与小麦播种面积

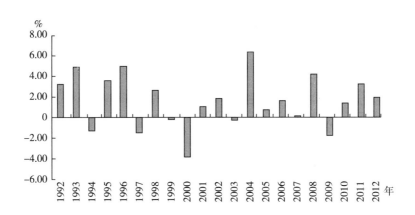

资料来源：Wind 数据库。

图 28　1992－2012 年谷物单位面积产量增速

前的技术水平而言，我国小麦平均亩产 800 斤左右、稻谷平均亩产
1 100斤左右已属高产。并且，从耕地质量来看，近年来城镇化占用了
大量城郊的稳产高产优质耕地，而补充的耕地多数为处于边缘地区的不
便耕作的中低产田，占用与补充的耕地在质量与生产能力上存在较大差
距，而且存在大量实占虚补的现象，影响总体粮食单产水平的提高。

四、地方政府和农户粮食生产积极性下降，粮食生产动力减弱

2002 年以来，国家连续 10 年中央一号文件都指向农业工作，在加强农田水利建设、实现主要粮食品种最低收购价、免除农业税、实施四项补贴（良种补贴、种粮直补、农机具购置补贴、农业生产资料补贴）等一系列支持粮食生产重大政策的帮助下，单位面积粮食生产的成本利润率已经相当高。例如，2011 年，小麦、玉米、早籼稻、粳稻的亩均净利润分别为 141 元、303 元、227 元和 547 元，成本利润率分别为 21%、41%、29% 和 53%。但是，由于由于我国人多地少，农户户均耕地仅 9 亩左右，与工业和第三产业相比，农业比较效益偏低。据统计，2011 年，外出农民工月均收入 2 049 元[①]，按一年平均外出务工 10 个月计算，年务工收入 20 490 元，远超过粮食生产收入。而且在农业产业结构中，粮食种植业也不具备比较优势。例如，2011 年，稻谷、小麦和玉米三种粮食亩均净利润为 250. 76 元，同期，苹果种植亩均净利润为 4 611. 99 元，为三种粮食亩均收益的 18. 39 倍。在粮食作物中，作为主要口粮品种的小麦在所有农产品中种植利润率较低（见图 29），影响农民种植积极性。由于土地流转成本较高，家庭农场、种粮大户和农业企业等新型农业经营主体倾向于种植苗木花卉、蔬菜水果等经济作物，农业非粮化趋势渐显。更为严重的是，由于粮食生产比较效益低，全国不少粮省主产省为财政穷省，产粮大县为财政穷县，多数地方政府抓粮食生产积极性不高，尤其是南方和沿海省份，粮食种植面积逐年下降，粮食供需不断趋紧。据统计，全国粮食调出地区和调出量呈"双减"趋势：原来 14 个净调出省，现在只剩下 7 个；原来产销基本平衡区 9 个，现在只剩下 3 个；广东、福建和浙江等沿海的调入区粮食自给

---

① 国家统计局 . 2011 年我国农民工调查监测报告，国家统计局网站（http：// www. stats. gov. cn），2012 – 04 – 27。

率已下降到 30% ~ 40%①。

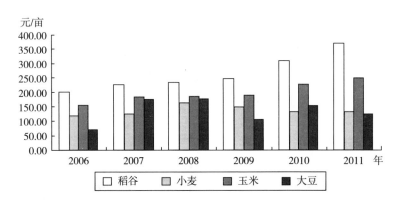

资料来源：Wind 数据库。

图 29 2006 - 2011 年主要粮食作物亩均收益

近年来，随着工业化和城市化的快速发展，城市劳动力需求大幅增长，并且由于人多地少，种粮收益大大低于务工收入，农村外出务工人员不断增长（见图 30），2012 年达到 2.63 亿，农村剩余劳动力以妇女老人为主，并且多数教育水平偏低，接收新知识速度慢，不利于新技术推广与利用。随着种粮大户和家庭农场的涌现，部分农户选择把耕地出租或委托代种。据调查，近年来，我国农村土地流转规模正在稳步扩大，农村耕地总体流转率已经超过 15%，江苏、浙江等经济发达省份在 50% 以上②。根据对河南省 2 659 家家庭农场的调查，土地流转期限在 10 年以下的占比约为 75%，由于租期较短③，并且农村地区土地租约随意性大，存在较大的不确定性，而且种粮大户与家庭农场资金规模有限，对耕地的投入也较少；部分青壮年劳动力选择在农忙季节回家收

① 国内粮食供给不足　调出地区和调出量"双减"，新华网（http：//www. xinhuanet. com），
2013 - 08 - 28。

② "社科院专家：我国农村耕地总体流转率已超 15%"，中国广播网（http：//www. cnr. cn），2014 - 07 - 25。

③ 中国人民银行郑州中心支行. 河南省家庭农场及金融供需情况的调查与思考［R］.
2013 - 10.

种，农业生产呈"兼业化"趋势，耕种粗放；还有一部分年轻人种粮意愿淡薄，大量农田被撂荒，这一现象在南方与沿海地区更为常见。

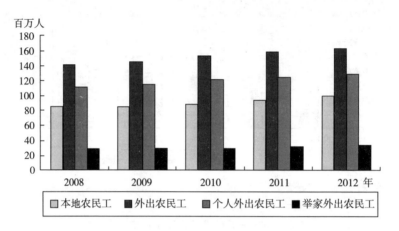

资料来源：中国经济信息数据库。

图30　2008－2012年农民工务工人员分类统计

五、粮食安全机会成本较高，制约农业产业效益的提升

在高度重视粮食生产的传统观念影响下，2000年以来，在我国农业播种面积中，粮食作物播种面积占比一直在三分之二以上。而随着我国居民收入增长，食物消费结构持续升级，口粮消费在饮食结构中占比不断降低，例如，2012年，在我国的粮食消费中，口粮消费仅占53%左右，大量粮食被用于饲料加工和工业用途。粮食作为饲料使用，固化了我国以食饲动物养殖为主的畜牧业结构，忽视了草食动物养殖与饲草种植业的发展，从农业生产的特点看，这种畜牧业结构，不但生产成本较高，而且不利于居民饮食健康。从资源禀赋来看，粮食作物种植属于高耕地要求、低劳动投入行业，在国际市场一体化的背景下，由于分散的小农种植，我国粮食生产成本高，不具备竞争优势。与之相反的是，牧草、蔬菜、水果等经济作物或者产值更高，或者需要更多的劳动力，与粮食生产相比，在国际上更具相对或绝对比较优势。如果过度追求高

粮食自给率，使农业资源要素向高效率、高效益的非粮产业转移受阻，必然会制约整体经济效率的提高。尤其是在我国农业生产资源禀赋差、约束高的条件下，如果继续以传统粮食安全观下的高自给战略来保障粮食安全，在经济全球化、贸易自由化进程日趋加深的今天，农业生产的机会成本将更高，对整体经济发展效率影响巨大。从国外进口耕地资源密集型农产品，等于进口了土地、水和能源等资源，将能在一定程度上弥补国内资源短缺的不足。例如，2012 年，我国进口农产品可折算为约 10 亿亩耕地产能，大大减轻了国内水土资源环境不足的压力。

六、部分农产品自给率不断降低，高度依赖国际市场

由于耕地面积有限，过去十多年来，我国主要实行"保主粮、弃大豆"的粮食安全战略，在粮食产量十连增的背景下，我国大豆的种植面积持续下降，大豆、油籽和油脂大量进口。2013 年我国净进口大豆 6 335 万吨，占国内消费量的 80% 以上，大豆进口量占国际贸易量的三分之二以上；进口棕榈油 557.3 吨，占国内消费总量的 96.9%。因此，我国居民的油籽油脂消费实际上已经形成高度依赖国际市场的局面。另外，大麦、棉花、食糖、奶制品等进口量也大幅增长，其中大麦几乎全部依靠进口，棉花国内消费量的 20% 左右需要进口，食糖自给率约为 80%，在三聚氰胺事件后，奶制品特别是婴幼儿奶粉进口比较增长较大。

七、粮食高储备代价较高，运营效率较低

因粮食的过量收购、过多收储导致的高损耗、高存储费用及其带来的财政负担巨大，以收储补贴为例，我国常年粮食储备在 2 亿吨以上，若按三年一轮换的惯例，每年要收储 7 000 多万吨粮食，以每吨收储补贴 500 元计算，仅财政补贴就高达 350 亿元，这还不包括对粮食收储企业的贷款贴息和历史债务豁免。高额的财政补贴，在一定程度上刺激粮

食收储企业加大粮食收储数量，不但容易导致粮食流通市场的垄断，而且极易引起通过虚假收购骗取国家补贴和多入库少出库等影响粮食市场流通的行为发生。另一方面，我国虽然高度重视粮食生产和储备，但对粮食流通重视不够，粮食产销尚未能形成协调发展的格局，导致粮食流通成本高、流通速度慢、流通效率低，不但推高了储备规模，而且降低了粮食安全保障的能力。例如，我国东北地区的粮食向南方沿海地区运送运力不足，一旦遇到紧急情况，运力短缺的弊端将会造成较大的影响。同时，由于粮食储备区域分布不合理，粮食主产区储备较多，而主销区储备少，也将降低处理极端情况下粮食供需调节的能力。

综上所述，从短期看，我国粮食基本安全，但代价较高；从中长期看，我国粮食安全存在隐忧，或者说我国粮食可持续安全存在风险。

第三节　我国粮食安全问题原因分析

上述分析表明，我国食物总量供需基本平衡，但存在结构性偏差；同时，水土资源等生态环境破坏严重，食物安全代价过高、不可持续。这种状况的形成，既有传统观念的影响，也有制度方面的根源。

一、传统粮食安全观念居于主导地位，耕地与水资源被过度利用

观念引导决策，政策指导实践。我国传统的粮食安全观形成于备战备荒的计划经济时期，当时国际形势对我国不利，无法获得国际市场的有效支持，并且由于国力贫弱，居民收入微薄，在消费结构上以粮食为主，属于温饱型消费，所以强调"双高"战略（即高粮食作物种植和高粮食储备率）。随着改革开放的推进和国际间冷战关系逐步淡化，我国的国力和国际地位不断提高，居民消费持续升级，粮食进出口的规模也大幅提升，农产品外贸依存度不断提高。虽然形势在发生转变，但传

统粮食安全观念仍居主导地位，政府和社会各界依然强调高粮食生产和高储备，不计成本地追求粮食高产量，使我国耕地被过度利用，农药与化肥污染严重，耕地质量退化。这种粗放式生产方式不但造成水土资源过度消耗与污染，粮食长期生产能力下降，直接威胁到我国的长期粮食安全，而且导致严重的食品质量问题，直接威胁到人们的身体健康，造成社会对食品质量的不信任。并且，高粮食储备率不但加重了政府财政负担，而且导致大量陈化粮，形成新的粮食浪费。

二、传统的城镇化模式过于粗放，挤占大量优质耕地资源

1. 土地利用粗放

传统城镇化表现为政府（特别是地方政府）主导下的粗放型城镇化，是"土地的城镇化"而非"人的城镇化"。在以经济增长为中心的前提下，政府过度依赖于投资，使过去我国的城镇化主要体现在投资的迅猛增长上，一些地方政府为招商引资低地价或零地价提供于企业，企业在土地升值预期下尽可能多占地，结果是建设用地效率低下。例如，全国工业用地的容积比率在 0.3 ~ 0.6，相比发达国高出很多。我国现行土地制度呈二元特点，即城市土地归国家所有，农村土地归集体所有。这为政府垄断土地供给，即政府完全掌控土地流转权力提供了基础，企业及个人必须向政府支付一定数额的土地出让金才能获得土地使用权，这为土地财政奠定了合法基础。地方政府通过"摊饼"式的土地开发与城镇规划使土地升值，实现低价征地、高价转让和拍卖，获得高额土地收入。这种土地财政的利益机制，驱动粗放扩张的城镇化模式在全国盛行。从每平方公里 GDP 指标看，2012 年，经济发达的深圳首次超过 1 亿美元，而新加坡为 3 亿美元，韩国首尔更是高达 4 亿美元[1]，北京、上海单位面积土地 GDP 仅约为东京、香港的 1/9 与 1/18，虽然有我国产业结构与发达国家或地区相比具有较大差距的原因，但土地利

---

[1]　2012 年深圳 GDP 全球城市排 27 位　迈入发展新时期［N］. 深圳特区报，2013 – 01 – 16.

用粗放也是一个不可忽视的因素。国内经济最为发达的城市尚且如此，其他规模较小的城市，土地使用就更加粗放，土地资源浪费现象更为严重。

2. 违法占用耕地问题严重

全国各地广泛存在"以租代征"、擅自调整规划、违法占用基本农田、未批先用等土地违法违规问题，例如，2013 年全年发现违法用地行为 6.2 万件，涉及土地面积 3.2 万公顷（耕地 1.1 万公顷），立案查处违法用地案件 3.7 万件，涉及土地面积 2.7 万公顷（耕地 0.9 万公顷）[①]。另外，除上述明显的土地违法问题外，还广泛存在隐性的损害耕地生产能力的行为，即耕地占补平衡制度实施过程中"占多补少"、"占优补劣"等现象。例如，2007 年，国土资源部对除西藏以外的 30 个省（区、市）和新疆生产建设兵团的耕地占补平衡进行了全面考核抽查，结果发现补充耕地的质量成为最突出的问题，许多地方补充的耕地分布在交通偏远、不便耕作、农田生态系统脆弱或有生态障碍的地方，农田基本条件较差，耕地质量不高，大多数补充耕地缺少后期管护，甚至出现抛荒现象[②]。

三、农业企业海外开拓不足，利用境外农业资源能力弱

1. 对粮食进口存在顾虑

长期以来，我国主张立足国内解决粮食供给，认为粮食自给率要保持在 95% 以上才能确保在粮食问题上不受制于他国。社会各界对进口粮食几乎一致地存在一些顾虑，例如，有些人认为如果粮食进口过多，对国际市场形成依赖，将来一旦发生国际冲突，有可能受制于他国的禁运或要挟，影响国家的战略腾挪空间；有些人担心由于国内外粮食生产

---

① 2012 年国土资源公报. 国土资源部网站（http：//www. mlr. gov. cn）。

② 为了真正的平衡——耕保司负责人谈占补平衡年度考核. 国土资源部网站（http：//www. mlr. gov. cn）。

成本存在较大差异，由于我国人多地少，单个农户种植规模小，缺乏规模效益，导致成本较高，与国外大规模粮食生产相比不具备价格竞争优势，过多地进口粮食，将有可能会冲击我国粮食产业，危及粮食安全基础；有些人担心一旦发生全球性的粮食减产，或者其他影响粮食生产与供应的事件，世界粮食出口国将首先满足国内粮食需求、停止或减少粮食出口，粮食进口将会变得困难；有些人认为由于新兴经济体巨大的人口基数带来的需求增长，以及生物能源的迅猛发展，全球粮食供求紧平衡将常态化，担心世界粮食市场供给增长空间有限，满足不了我国高速增长的粮食需求，还可能引起其他缺粮国家对我国的不满。

2. 粮食进口集中度过高

粮食进口多元化格局尚未形成，进口粮食来源地较为集中，风险集中度高。以大豆为例，2012 年我国大豆进口主要来源于美国与巴西，占 85.4%，一旦美国与巴西的大豆价格上涨，我国大豆进口成本必然骤升。

3. 境外农业投资水平低

当前我国利用境外农业资源的模式仍以直接进口农产品为主，农业与粮食企业海外农业投资少，投资的项目规模小，应对风险能力差。并且，农业企业境外投资缺乏规划，盈利与可持续能力不足，加之粮食具有政治敏感性，境外农业投资面临诸多不确定性风险。

4. 缺乏国际市场话语权

我国虽然是世界粮食进口大国，但进口粮食主要是通过跨国粮食集团进行采购，主动权不足，并且缺乏能够有效把握国际市场变化趋势和深谙农业国际贸易与投资规则的高端人才。

四、农业现代化发展迟缓，农业劳动生产率低

在工业化、城镇化加速发展和居民收入快速增长带动食物消费升级的同时，我国农业仍处于初等发达水平，现代化水平仍较低。何传启

（2012）指出，从2008年的情况看，该年我国农业劳动生产率仅为世界平均水平的47%，为发达国家平均劳动生产率的2%，仅为日本与美国的1%；若按农业劳动生产率、农业增加值比例与农业劳动力比例指标计算，我国农业水平滞后于英国150年，落后于美国108年，落后于德国86年，落后于法国64年，与日本相差60年，与韩国相差36年（何传启，2012）；从国内看，农业现代化远滞后于工业化与城镇化进程。我国农业现代化发展滞后有诸多原因。

1. 农业生产规模化、集约化水平低

当前，我国每个农业经济活动人口平均耕地为0.2公顷，美国为65.2公顷，法国为29公顷，日本和韩国分别为2.7公顷和1.1公顷，我国农业经济活动人口人均耕地不但远低于人少地多的国家，也少于人多地少的日本、韩国等国家。同时，因分散化经营，使我国农业科技推广与农业保险业务发展缓慢，并且当食物质量出现问题时追责较难，不利于从源头上遏制食品质量安全问题的出现。

2. 农业科研创新与技术转化滞后

我国农业科技贡献率[①]远低于发达国家，农业科技整体水平与发达国家相差20年左右。发达国家的农业科技转化率[②]高达60%左右，而我国低于40%。从科技对农业增产的贡献率看，我国仅为53%左右，欧洲为70%以上，美国高达80%，我国远低于发达国家。我国农业科技转化率低的一个重要原因是基层农业技术推广体系建设滞后，根据河南省统计局2013年对全省104个国家粮食大县基层农技推广体系建设情况所做的调查[③]，91.3%的被调查的乡（镇）农机推广机构主要负责

[①] 对农业科技进步贡献率估算的方法有以下几种：代数指数法、索洛余值法、隐性变量法及潜在产出法。其中，使用最多的索洛余值法，一般选用科柯布·道格拉斯C－D生产函数来估算各投入要素的弹性系数。

[②] 根据张雨（2006）的定义，农业科技成果转化率是指在一定时期内，已经在农业生产经营中被农民、农业企业应用的农业应用技术研究成果占总的农业应用技术研究成果的比例。

[③] 河南百家粮食大县基层农技推广体系建设状况调查报告，河南统计网（http://www.ha.stats.gov.cn）。

人认为"经费不足，功能难以有效发挥"。由于经费不足，多数基层农技推广站没有专门培训与示范场地，也没有测土配方、病虫害监测等专业设备，个别有少量专业设备的推广站由于经费短缺设备被闲置。调查发现，基层农技推广机构不但在专业技术人员总量上存在缺口，而且人才结构缺口问题也比较严重，调查结果显示，调查范围内的农技站要做好农技推广工作至少需要 728 名专业技术人员，与现有在岗人数比，缺口为 295 人。在样本调查中发现，农村专业技术人员匮乏成为实际工作中面临的重要问题。另外，从现有农技人员接受教育情况看，中专和高中及以下文化程度占 55.2%，非农专业出身占 57.4%，没有专业技术职称的占 30.2%，36.0% 的人员近两年来没有参加过业务培训，人员整体素质较差，呈现学历低、专业性不强、培训不足的特点。乡（镇）农技推广站在人员尤其是专业技术人才方面严重匮乏，制约了农业科技的推广。这种体制和管理方式容易导致农技人员行政化倾向突出，相当一部分时间和精力从事行政性工作，如参与乡镇建设、计划生育、治安综合治理、打扫卫生等，"在编不在岗，在岗不在位，姓农不务农"的现象突出。一些农技推广人员仅仅是挂个名，很少做实事。体制不顺，职责不清，影响了业务工作的正常开展；27.9% 的被调查者认为"技术推广缺乏有效手段"。从调查情况看，由于投入不足，大部分乡（镇）农技站没有独立的办公用房、设施落后、设备简陋或者没有，没有业务经费或者经费很少，不少乡镇农技人员，走村串户的交通工具为摩托车和电动自行车，靠一张嘴、一支笔、一个本搞服务，推广方式比较保守，农技推广服务功能弱化。相当一部分农技推广机构负责人反映，乡（镇）面积大，缺乏交通工具，跑不过来，服务很难跟上。

3. 农业基础设施薄弱且自然灾害频繁

粮食种植对自然条件依赖程度较高。我国气候条件复杂，生态环境脆弱。由于 70% 的耕地为中低产田，54% 的耕地缺少灌溉条件，加之我国雨水总量少且季节集中，旱涝经常交替发生，对农田基础设施的排涝与灌溉要求较高。但是，由于农田水利建设投入少、建设进展慢，农田水利基础设施不但数量少而且老化失修严重，排涝灌溉能力弱，每年因各种自然灾害导致粮食减产约 500 亿千克，对稳定粮食生产构成较大威胁。

五、农村金融市场发展滞后，金融支持不足

农村地区由于经济发展滞后、地区分散和以小农为主的经济主体，与现有的以大金融机构为主的金融服务体系不相适应。但是，金融监管部门出于风险的考虑，对农村地区新设小型金融机构持比较谨慎的态度，贴近基层、专注服务农村地区的小型金融机构发展缓慢。近年来，随着金融市场化改革的推进，追求风险与收益的有效平衡成为金融机构的首选。在风险与收益的权衡下，大型金融机构陆续撤出农村地区，造成农村地区普遍存在金融机构网点萎缩、金融服务缺乏的问题。不但银行信贷与支付服务滞后于农村经济发展，而且农业保险与期货发展滞后。保险覆盖面较低，风险保障能力弱；农产品期货市场品种少、农业生产者参与度低、价格发现和套期保值功能差，尚不能发挥稳定农业生产的功能。例如，根据我们对河南省家庭农场的调查①，发现普遍存在家庭农场的金融需求与金融机构的金融服务供给不匹配的问题。

1. 资金需求与金融机构的实际供给不匹配

由于多数家庭农场都缺乏有效的抵押担保品，并且农业经营自然风险和市场风险大，缺乏保险保障，信贷需求很难达到银行业金融机构的要求。在此次调查中，1 948 家有贷款需求的家庭农场资金总需求 22.5 亿元，而现有贷款余额仅为 2.95 亿元，供需缺口达 19.55 亿元，供需存在很大差距。从户均贷款看，目前金融机构对家庭农场的支持金额平均为 22 万元，但从调查来看，户均贷款需求 116 万元，贷款支持的满

---

① 中国人民银行郑州中心支行. 河南省金融农场发展及金融供需情况的调查与思考［M］.
2013－10.

足率不高，部分家庭农场只能进行民间融资。从调查情况看，家庭农场生产资金的主要来源是自有资金，占55.5%，向亲戚朋友借贷占比22.8%，向金融机构的贷款只占21.7%。

2. 贷款期限与农业生产周期不匹配

从事林木、瓜果等经济作物种植和畜牧养殖的家庭农场，一般投资回报周期较长，如种植林果、饲养奶牛等项目生产周期一般为3~5年，甚至更长。购买大型农用、运输、建筑机械等较大规模投资的资金需求期限一般为3年左右。养殖业（养猪、养鸡等）周期虽然较短，但长年需要流动性资金，其资金需求也可以说是长期性的。但金融机构出于资产负债期限匹配和防范风险的考虑，现有涉农贷款期限多为一年，与家庭农场生产周期不匹配。

3. 融资成本与承受能力不匹配

目前，各金融机构对规模较小的家庭农场贷款利率普遍上浮，而调查结果显示，自然条件顺利的情况下，种植业的利润率为10%~15%，养殖业为12%~16%。当然，新型农业主体还要面对自然天气、市场发展不确定性的生产、市场风险，在不确定性因素的影响下，没有收益或亏损的情况依然存在，如果还有外来融资，那成本将会更高。

4. 缺乏抵（质）押物与金融机构严苛的抵（质）押担保要求不匹配

很多金融机构在贷款时要求借款人必须提供相应抵押担保，特别是大型银行县域分支机构，无担保、抵押的贷款申请无法通过贷款审批。但当前家庭农场普遍缺乏有效的抵押担保资产，家庭农场所拥有土地为农村耕地，只是与农户签订了租赁合同，缺少相关的资产要素证明，同时，相关的评估、登记、交易等要素也很欠缺，不符合银行认可的抵押物条件，银行无法对其发放贷款。

5. 农业保险与农业承受的风险不匹配

由于农业生产风险较大，商业性保险公司不愿做农业保险业务。目前河南省除开办了小麦、玉米、奶牛和能繁母猪等政策性保险产品外，其他农业生产项目缺乏相应保险保障，农业保险深度广度不够。同时，保险产品设计不合理、赔付标准难认定，家庭农场不愿入保，入保率较低。例如，在调查时，部分家庭农场主反映，前几年也参加过小麦、玉米保险，但是在因灾造成农作物减产时，保险公司经常拒绝赔付，拒赔的理由是是否减产、减产多少等无法认定，只有在全部绝收的情况下才进行赔付，而农场主认为，在中原地区，粮食绝收的几率很低，加上理赔手续复杂，从村里到县城需要多次往返，赔付的金额也小，花费的时间、精力、费用等成本高，参加农业保险的积极性降低。在收回的2 659份调查问卷中，参加农业保险的只占31%。究其原因，在很大程度上是由于政策倾斜力度不够，政府保费补贴较低，保险公司承保动力不强，积极性不高。同时，受损农户获得的赔付金额与损失差距过大，农户参加农业保险的意愿不强。从农产品期货来看，我国上市交易的期货品种少，价格发现和套期保值功能未能得到有效发挥。农业生产存在较大的周期性波动风险，多数农产品价格存在一年高、一年低的价格波动，如果踏不准市场节奏，农户经营就会出现亏损。当前，我国农业部门的信息收集与发布滞后或缺乏，农业生产指导效能不足，农户对市场的判断信息来源有限，经常会出现去年什么品种行情好，蜂拥而上种养殖的现象，结果出现过剩，产品出售困难，农户经营亏损，一些地方政府的临时干预，也于事无补，反而有可能会加剧这一周期性波动问题。在美国，家庭农场和农业企业经营规模大，产品标准化程度高，几乎所有的家庭农场和农业企业都通过期货交易锁定价格，减少风险，而且美国农业部门的信息收集与发布功能强大，可以及时收集和发布国内外农产品种养殖、销售和价格信息，能够有效指导农业生产经营。对我国农业生产来说，由于农产品期货要求高，与分散小规模种养殖生产经营不相符，再加上期货知识匮乏，农户通过期货进行价格发现和套期保值的比率几乎为零。

从以上影响因素综合判断，我国粮食安全代价较高，未来增产潜力堪忧。其中，耕地与水资源的过度利用和农民从事农业生产积极性下降最为关键，需要国家及时调整政策措施，加强水土资源治理、促进休养生息，恢复耕地长期生产能力；通过改革土地管理制度、提高种植规模、调整农业产业结构和加快新农村建设等措施继续激发农民种粮积极性；改革农村金融管理体制，降低农村金融机构市场准入标准，允许社会资本在农村地区设立金融机构，提高农村金融市场竞争强度；加大金融知识宣传培训力度，提高农户与农业企业金融知识和运用金融产品的能力；同时，支持和鼓励农业企业加大海外市场开拓力度，增强统筹利用国内外两个市场两种资源的能力。

小　结

当前，从人均粮食占有量、粮食储备率和粮食生产波动性等数量指标来看，我国粮食安全性较高。但是，从生态环保与长期可持续的观点来看，由于水土资源消耗和污染严重、粮食生产比较效益低使地方政府和农户从事粮食生产积极性降低等原因，未来我国粮食安全形势不容乐观，需要我们及时转变粮食安全观念，通过转变农业发展方式、调整农业产业结构、进一步加强对农业的政策支持和扩大农业开放等途径提高农业比较效益、改善农业生态环境，提高农业发展和粮食与食品安全的可持续性。

下篇　战略篇

第五章　树立新型粮食安全观　构建粮食安全新战略

我国农业和粮食发展政策深受传统粮食安全观念的影响，由于传统观念形成于特定的历史时期，取决于当时的政治经济和社会发展环境。随着时代的变迁，我国面临的国际国内形势发生了巨大的变化，我国的综合国力、居民的消费能力与农业生产条件等都已截然不同，我们需要及时转变粮食安全观念，根据新的形势调整农业发展和粮食安全战略。

第一节　我国关于粮食安全问题观念演变

一、我国关于粮食安全问题的认识

对世界各国来说，粮食①安全②是事关经济发展、社会稳定和国家自立的全局性重大战略问题。粮食安全与金融、能源安全被称为三大经济安全，其中粮食安全最为基础，重要性居于首位。

历史上我国就高度重视粮食安全问题，春秋时期齐国政治家管仲对粮食重要性的认识已经达到了国家战略的高度，他认为"不生粟之国，亡；粟生而死者，霸；粟生而不死者，王"。③ 意思是说：不生产粮食

---

① 粮食有广义和狭义的概念，广义的概念是指谷物、豆类和薯类的统称，谷物主要有麦类（包括大麦、小麦、燕麦等）、稻类和粗粮（包括玉米、高粱、粟、黍等），豆类包括大豆、绿豆等，薯类包括马铃薯、番薯、木薯等；狭义的粮食概念专指谷物，主要包括麦类、稻类和粗粮。我国使用广义的粮食概念，国外一般使用狭义的粮食概念。

② 我们所指的粮食安全包括粮食供需在总量和结构上大体平衡，价格基本稳定。

③ 黎翔凤：《管子校注》卷15《治国》，中华书局，2004。

的国家就会亡国；粮食生产仅能自足的国家，只能称霸；粮食生产富足并有结余的国家，才能够统治天下。这一认识与美国前国务卿基辛格"如果控制了粮食，就控制了所有人"的观点如出一辙。

根据邹华斌（2010）的研究，1958 年毛泽东提出"以粮为纲，全面发展"的农业发展思路，1960 年中共中央转发农业部的《关于全国农业工作会议的报告》指出我国农业发展应当是以粮为纲，"粮、棉、油、菜、糖、果、烟、茶、丝、麻、药、杂"12 个字统一安排，全面发展多种经营。毛泽东提出的"以粮为纲，全面发展"强调了农业生产的综合平衡，是一种超越了单纯粮食生产的"大农业"思想，在 1965 年之前得到了较好的贯彻，粮食和各种农产品生产均有了大幅度的提高。但是在文化大革命期间，由于阶级斗争扩大化和对资本主义复辟的警惕，各地对"以粮为纲，全面发展"方针的贯彻变成了不顾当地实际情况，一味地以粮食生产为主，完全放弃了因地制宜均衡发展农林牧副渔的客观规律。"以粮为纲"方针政策的曲解和误用，加上科层式的行政管理制度，以及人多地少、粮食需求量大的现实压力，使基层政府官员面临着稳定和增加粮食生产的巨大压力，在科技进步缓慢的条件下，为增加粮食生产，扩大耕地面积成为当时的快捷途径，导致森林和草地被乱砍滥伐、过度开垦，耕地被掠夺式开发利用，造成土地退化、土壤沙化日趋严重。

改革开放的总设计师邓小平同志也高度关心农业和粮食问题，他于 1979 年提出"谈农业，只抓粮食不行，还是要因地制宜，农林牧副渔并举"。在邓小平大农业思想的指导下，我国农业走过了多年"单打一抓粮食"的曲折道路之后，朝着"绝不放松粮食生产，积极发展多种经营"的方向转变。1983 年邓小平同志在黑龙江垦区视察又指出"农场不仅要搞粮食，要变成农工商联合企业，基本是农业加工，农业的技术改造，它可以搞种子基地，可以搞种子加工厂，搞肥料工厂，农业最终是要工业化的"。关于粮食进出口问题，邓小平同志也有清楚的论述，在 1963 年，当粮食比较紧张、需要发展经济作物时，他提出"今后几年宁肯继续进口粮食，也要加快发展经济作物"；在 1986 年前后粮食生产有所放松时，他又提出"要避免过几年又出现大量进口粮食的局面"，体现了他农林牧副渔均衡发展的思想。在这一时期，我国在广大农村地区推行了家庭联产承包责任制，这一制度变革极大地调动了农户农业生产的积极性，农业生产得到了恢复性发展。

二、关于我国粮食安全问题的争论

鉴于粮食问题的重要性，对粮食安全问题，理论与实务界做了大量深入细致的研究。一些研究侧重于我国粮食供求总量均衡性，有些重点研究粮食贸易问题，还有学者提出了新的粮食安全观念。

1. 关于我国粮食供求均衡性的研究

一些学者致力于我国粮食生产能力与需求总量的预测，讨论未来我国粮食供需是否存在缺口以及缺口大小，其中有悲观论和乐观论。一些学者重点分析了我国粮食需求结构，认为应当根据粮食不同用途的重要性确定相应的保障级别，并据此提出政府仅应确保口粮安全，饲料用粮和工业用粮需求由市场进行调节；一些学者对我国粮食自给率的高低持不同的立场；还有的学者提出了转"粮食安全观"为"食物安全观"的观点。

莱斯特·布朗（1995）是我国粮食缺口论者的典型代表，他认为到 2030 年我国粮食供需缺口将高达 3.78 亿吨，远超全球粮食贸易量。2013 年 8 月 22 日美国科技博客 Quartz 网站发表题为《中国的农业为何正在衰退》的文章，该文认为中国粮食需求正加速增长，然而由于农田萎缩、水土资源污染与退化，粮食自给自足的局面很难维持。黄季焜（2013）的研究表明，到 2020 年我国的粮食自给率将下降到 88% 左右，结构性短缺问题会更加突出。

也有不少学者对我国粮食增长前景持比较乐观的态度，林毅夫

（1998）认为，布朗假定粮食单产提高有限的缺陷导致其结论并不正确，他认为世界尤其是中国粮食单产仍有很大的提升空间；樊胜根等（1997）发现在布朗的模型中需求过度而供给不足引起的价格上涨并未引起生产者、消费者、研究机构和政府的反应，只是描述了在其他所有因素都不能对环境变化作出反应的情况下最黯淡的中国粮食供需前景。姜长云（2013）认为，到 2020 年若能有 1/2 的中低产田获得改造，我国粮食增长将超 5 173 万吨，同时指出，2006 年全国宜农荒地 3 535 万公顷（约 5.3 亿亩），相当于当年耕地面积的 27.2%，若到 2020 年能通过现有土地后备资源开发利用，将其中的 20% 转化为耕地，按现有粮食平均亩产的一半计算，又可增产粮食约 2 000 万吨；农业科技进步也是未来提高我国粮食产量的战略要素，何昌垂（2013）认为，科技进步对我国农业增产的贡献虽然已由 1949 年的 15% 稳步上升至 2012 年的 53.5%，但上升空间仍然巨大，这是因为，发达国家农业科技对农业生产的贡献率都在 75% 以上，德国、法国等甚至达到 90%，加之中国农业科研成果转化率不足 50%，远低于发达国家 80% 以上的农业科研成果转化率。

2. 关于解决粮食供需不均衡路径问题的争论

在解决我国粮食供需不平衡的路径选择上，也存在较大争议。一是自足论或生产论。该论点强调了我国粮食自给自足的重要性。姜长云认为，我国粮食进口要适量，国际贸易无法保障我国粮食安全[①]。陈洁（2012）、宋伟良和方梦佳（2012）认为，粮食进口起到重要的资源替代和福利增进作用，但短时期内大量进口会对国内粮食产业带来冲击。二是贸易论。持该观点的学者认为解决中国粮食供求平衡问题必须通过贸易来解决。肖俊彦（2012）、程国强（2013）认为，由于我国农产品需求刚性增长、水土资源约束不断加大，需要进口国外农产品、利用国

_____

① 如何看待中国粮食自给率——访姜长云，中国粮食信息网（http：//www.grain.gov.cn），2013 - 02 - 04。

外农业资源。黄少安和郭艳茹（2006）认为，粮食安全并不意味着粮食的绝对自给自足，在保持一定自给比例前提下适当的进口不会构成威胁。李国祥（2013）认为，中国应有选择地扩大部分粮食品种的进口，这非但不会损害全球粮食安全和世界经济增长，反而有助于粮食国际贸易和合作共赢①。王燕玲（2005）认为，无论从近期还是从长期来看，我国没必要保持很高的粮食自给率，应根据农业比较优势将一部分粮食供给问题通过国际贸易解决。三是制度论。美国经济学家 D. G. 约翰逊（1996）认为，影响中国未来粮食供需的诸多因素中，恐怕最难预料而影响最大的因素是政府政策的一贯性问题；露瑟·特威腾（2000）认为消除贫困与粮食危机需要通过自然资源、制度以及态度的综合运作，强调了制度变迁的作用；樊胜根（2013）认为土地所有权改革是制度创新的核心，允许农民出租土地使用权以及增大他们的土地经营空间都非常重要，应该有一个法律框架来确保这一切的运行。农业生产中水资源和能源节约方面的创新是应对自然资源限制和气候变化的基本措施。而将小农户与大市场的连接创新能确保给逐渐增加的富裕城市人口提供稳定、营养和安全的食物。

3. 关于粮食安全观念的争议

一些文献重点分析了我国粮食需求结构，认为应当根据粮食不同用途的重要性确定相应的保障级别，并据此提出政府仅应确保口粮安全，饲料用粮和工业用粮需求由市场进行调节；一些文献对我国粮食自给率的高低持不同的立场；还有学者提出了转粮食安全观为食物安全观的观点。苗齐和钟甫宁（2001）、曹荣湘（2005）认为粮食安全的核心是口粮安全；李孟刚（2009）提出以谷物为中心、粮食为重点、国际化协同保障的新粮食安全观；丁声俊（2006）、王汉中（2006）提出应以食物安全观取代粮食安全观；任继周（2005）认为应转变粮食观念和以

---

① 李国祥. 中国粮食安全问题之我见，求是理论网（http://www.qstheory.cn），2013 - 09 - 04。

粮为纲的政策导向，大力发展草地农业，调整种养殖结构，减少粮食播种面积、增加牧草种植，减少粮饲动物养殖、提高草饲动物养殖比例，充分发挥农业系统内部的食物生产潜力，以增加食物生产和供应，修复和保护生态环境，提高食物质量安全保证。

第二节　改革开放以来我国农业与粮食政策的演变

在 20 世纪 80 年代初至 90 年代中期，我国农业生产快速增长，粮食产量大幅提高，居民基本解决了温饱问题。但是，由于居民收入较低，消费结构单一，口粮占比较高，肉蛋奶、蔬菜水果和水产品的消费量较少。受当时特殊的国际环境限制，政府延续工业优先发展战略，通过工农产品价格剪刀差、农业税费等渠道，农业为工业积累提供了大量支持；在农业领域的对外开放上，实施自给自足的粮食安全政策，粮食国际贸易数量较少，粮食贸易主要为出口换取外汇。

20 世纪 90 年代中期以来，随着市场化改革的快速推进，我国居民收入增长较快，消费结构逐步升级，口粮占比逐渐下降，动物性食品消费逐步增加。受市场需求的驱动，畜牧、园艺和水产养殖业快速发展，农业产业结构升级较快，但是粮食在农业产业结构中的占比仍居绝对地位。在这一时期，我国农业政策上也作出了重大调整，为进一步激发地方政府重粮抓粮和农民种粮的积极性，中央政府相继实施了耕地保护、税费减免和种粮直补等一系列制度变迁政策。例如，20 世纪 80 年代中期至 90 年代末，取消了粮食统购统销政策，实行合同订购、市场购销双轨并存并逐步向市场化过渡；1998 年、2004 年两次修订《土地管理法》，严格耕地保护；2003 年开展农村税费改革试点，2006 年全面取消农业税，在此基础上，国家对农民实施种粮直补、农资综合补贴、良种补贴、农机具购置补贴、主要粮食品种保护价收购和产粮大县奖励等政策；2008 年国家又制定并颁布了《国家粮食安全中长期规划纲要

(2008－2020 年)》，提出了耕地保有面积不低于 18 亿亩、谷物播种面积稳定在 12.6 亿亩以上、粮食自给率稳定在 95% 以上等硬性指标，努力提高粮食安全保障水平。这些政策措施的实施有效地激发了地方政府和农民粮食生产的积极性，大大提高了全国粮食生产水平，2004 年以来我国粮食产量实现十连增，主要粮食品种已由短缺转变为供需大体平衡、丰年有余，彻底解决了 13 亿人的温饱问题，并且 1996－2008 年的多数年份稻谷、小麦和玉米等主粮有余粮可供出口。同时，畜牧、园艺、林业和渔业也得到了较为全面的发展，我国居民膳食结构逐渐改善，营养结构更为全面。2012 年，我国粮食、油料、猪牛羊肉、水产品和牛奶的人均占有量分别为 437 公斤、25.4 公斤、47.4 公斤、43.7 公斤和 27.7 公斤，分别是 1978 年的 1.4 倍、4.6 倍、5.2 倍、8.9 倍和 23.1 倍。从营养角度来看，我国居民人均热量消耗已经超过了世界平均水平，部分指标达到发达国家的标准。我国人均耕地和水资源虽然仅占世界平均水平的 40% 和 25%，多年来粮食总产量却高居世界首位，保障了国家粮食安全和占世界 22% 国民的丰衣足食，为社会经济稳定运行提供了坚强的基础与保障，有效化解了世界各国对我国粮食安全问题的担忧，取得了举世瞩目的成就，赢得广泛的尊重和赞誉。

在粮食和主要农产品贸易问题上，我国也经历了一个逐渐开放的过程。由于我国为世界人口第一大国，粮食需求量巨大，新中国成立以来，我国确立了立足国内确保粮食自给的基本方针。随着改革开放的推进和我国国际地位的提高，以及居民收入增长和消费结构日益多元化，对粮食和主要农产品的需求更多，我国有限的农业资源无法满足居民日益增加的需求，我国逐渐放宽对粮食国际贸易的限制。在农产品进出口政策选择上，我国政策比较务实，采取了"保主粮（大米、小麦、玉米）舍经济作物"的政策，主粮进出口实行配额管理，进出口主要是为了解决结构余缺，非主粮的粮食品种与经济作物则基本放开。加入 WTO 以来，我国农业对外开放的力度进一步加大，粮食进出口量迅速上升，尤其是近年来粮食进口量大幅提高，逐步成为主要粮食进口国。例如，2011 年我国超过美国成为世界最大的农产品进口国，2012 年我国农产品贸易依存度达到了 21.2%，其中进口依存度为 13.6%；大豆贸易最为典型，我国于 2006 年放开大豆市场，之后进口逐年增加，2012 年进口总量达到 5 838 万吨，占世界总出口量的 2/3，进口依存度高达 82%。

近年来，由于长期高负荷利用，我国耕地与水资源退化和污染严重，农产品质量安全问题频发，农业可持续发展面临重大挑战。因此，要考虑我国作为世界人口最多的国家也是世界最大的粮食生产国和消费国的现实，庞大的人口与消费总量决定我们既要立足国内，做好主要粮食品种的基本自给，又要放眼全球，充分利用国际农业资源和农产品市场，弥补国内农业资源禀赋的不足，并有效提高农业生产的组织化水平。党和政府高度重视我国粮食安全和农业可持续发展问题，党的十八大报告提出要确保国家粮食安全和重要农产品有效供给；党的十八届三中全会对严格耕地保护、实施耕地与河湖休养生息、发展多种形式的农业规模化经营、改革农业补贴制度、完善粮食主产区利益补偿机制和农产品价格形成机制等涉及粮食安全的问题进一步指明了发展方向；2013 年末召开的中央经济工作会议把"切实保障国家粮食安全"作为首要任务，并且确立了"以我为主、立足国内、确保产能、适度进口、科技支撑"的国家粮食安全战略，指出要依靠自己保口粮，集中国内资源保重点，做到谷物基本自给、口粮绝对安全，并且高度重视粮食和食品质量安全。

第三节　树立粮食安全新理念

随着工业化、城市化和国际化的推进，我国粮食生产、消费和贸易条件与环境已经发生了巨大的变化，粮食生产制约因素增多、消费需求持续增加，供需紧平衡将成为常态，并且国际国内市场相互渗透和价格联动将显著增强。我国粮食安全的内涵、影响因素和环境已经发生了显著的变化，而传统粮食安全观由于其粗放、高成本、不可持续性，不符合新时期我国和世界社会经济发展形势的要求。为提高我国粮食长期生产能力和粮食安全保障的可持续性，我们亟须适应形势发展变化，转变传统的粮食安全观念，树立全面可持续的新型粮食安全观。

一、转变单一的粮食安全观，树立综合化的食物安全观

我国高度重视粮食安全，而国际上并没有粮食安全的概念，强调的是食物安全。1974 年 11 月联合国粮农组织于罗马召开的第一次世界粮食首脑会议上首次提出 Food Security 的概念，而我国从国内传统的观念理解，翻译成了粮食安全，Food and Agriculture Organization（FAO）也被翻译为粮农组织，"食物"概念被曲解为"粮食"。其实，粮食和食物概念的内涵与外延均有较大的差别。食物安全的内涵和外延都比较丰富，不仅强调数量充足，尤其重视质量和营养。从外延上来看，我国的粮食主要是谷物、豆类和薯类，范围较窄；而国际上强调的食物概念内容广泛，既包括谷物，又包括肉蛋奶、蔬菜、水果、水产品和其他所有可以食用的产品。在内涵上，粮食营养成分较为单一，主要是为生命活动提供基本热量的碳水化合物；食物内涵丰富，既包括碳水化合物，也包括油脂、蛋白质、纤维素和多种微量元素，符合人类健康生活的需要，使人们的营养更加均衡，有利于减少营养不良（包括"三高"和肥胖等）人数。从生产上来看，粮食严格依赖于耕地和水资源，我国人均耕地与水资源都比较少，在传统工业化、城镇化和粗放的农业生产模式下，水土资源被过度开发利用，生产能力降低，农药、化肥和重金属污染严重，生态环境遭到破坏，引发大量食物安全问题，也使人们对食物质量安全产生普遍的焦虑和担忧。食物种类繁多，空间分布广泛，耕地、草地、林地、水域甚至戈壁荒漠均可以用于生产，对阳光、空气

和水土资源利用充分，前景广阔，生产空间巨大，更符合可持续和生态环保的发展理念。

国际学术界和相关管理部门对粮食安全内涵的理解和诠释随着社会经济条件的发展不断拓展与深化，由数量安全到质量安全，由国家粮食安全到家庭粮食安全，由营养安全深化到生态环境可持续。1983 年 4 月，国际粮农组织总干事爱德华·萨乌马提出了粮食安全的新概念，即粮食安全的最终目标应该是确保所有人在任何时候都能买得到又能买得起所需要的基本食品。1996 年 11 月，第二次世界粮食首脑会议对粮食安全概念作出了第三次表述：让所有人在任何时候都享受充足的食物，过上健康、富有朝气的生活。2001 年 9 月，世界可持续食物安全（重点是发展中国家的食物安全）会议上，提出"食物可持续安全"的概念，这是以粮食安全为重点的食物安全观念的新发展，其内涵在于既满足当代人对食物的需求，又不损害食物生产能力和生态环境，保持食物生产的可持续性，不威胁后代人的食物生产能力。综上可见，20 余年以来，随着社会经济条件的变化，食物安全概念一直处于发展演变之中，但是最基本的内容仍是保证全世界的人在任何时候都能获得足够安全和富有营养的食物。

粮食消费和粮食安全内涵具有时代性，不同的社会经济发展阶段和农业生产现代化水平决定着粮食消费重要性和内涵的演变。在新中国成立以来至 20 世纪 80 年代末期，我国经济发展水平相对较低，居民的食物消费结构比较单一，主粮占较大比重，肉、蛋、奶和水果供给不足，消费占比较低，粮食安全的内涵是以主粮为主的数量安全，要求农业生产以粮食为重心，全力保障居民的生存需求，即口粮消费需求。受当时的环境影响，我国把国际上通行的食物安全概念翻译为粮食安全，具有鲜明的时代烙印。进入 20 世纪 90 年代之后，随着市场经济的发展，多数年份粮食生产大于需求，产量存在过剩，我国基本摆脱了粮食短缺的困扰。同时，肉、蛋、奶、水产品、蔬菜、水果等食品生产日益丰富，并且随着我国综合国力增强和居民收入提高，居民消费结构不断升级，以稻谷、小麦为主的口粮消费逐渐减少，对肉、蛋、奶、蔬菜、水果和水产品等的消费需求增加，即居民的消费结构已经从碳水化合物为主转向了碳水化合物、油脂、蛋白质和微量元素的多元化食物组合，更加注重营养均衡和质量安全，粮食安全的内涵也应从单一的主粮安全转向更加综合化的食品安全。并且，未来随着城镇化水平不断提高、人口老龄化趋势日益明显和农业机械化推广降低农业劳动力强度等因素影响，人均口粮消费将持续减少，对肉蛋奶、果蔬与水产品的需求将相应增加。因此，我们应当顺应经济社会发展和人们多层次生活需求的发展变化，突破传统粮食安全观仅拘泥于粮食范畴的局限，树立全面综合的食物安全新观念，并依此指导农业生产规划、产业结构调整和产业化经营，充分利用我国广阔的耕地、草原、水面、山地、林地和荒地资源，发展多元化、立体式种养殖产业，为居民提供充足、多样化和高质量的食物产品，改善居民的营养结构，修复生态环境，增强食物安全保障能力。根据任继周、南志标等（2005）的研究，如果从"粮食安全观"转为"食物安全观"，调整农业产业结构，逐步减少土地密集型的粮食作物播种面积、扩大牧草和劳动力密集型的经济作物种植，提高草饲动物养殖比例，至2020年，在保证现有1.1亿公顷基本农田的基础上，我国的食物生产能力可以增加农田当量[①]0.8亿公顷，农田当量与实体农田之和为1.9亿公顷。假定未来15年内单产逐步提高，由目前的每公顷大约4 332千克提高到4 500千克，可生产8.4亿吨食物当量，而口粮只需要约1.9亿吨，去除间接粮食消费约4.9亿吨，不但能够基本满足21世纪20年代全国粮食与饲料的总需求，还有约1.5亿吨的机动食物当量，相当全球谷物贸易量的60%。这些食物当量参与国际粮食贸易，

---

　　① 农田当量是把单位面积种植一年一熟水稻的食物产出作为标尺，来衡量一切农业用地单元的相对食物生产潜力的计量单位。见任继周、林慧龙. 农田当量的含义及其所揭示的我国土地资源的食物生产潜力——一个土地资源的食物生产能力评价的新量纲及其在我国的应用［J］. 草业学报，2006（15）：5.

可用来调剂食物品种，调控国家储备，届时我国将进入一个粮食生产稳定并有余粮和饲料出口的新时代。

在第三章不同情境模式下的食物需求测算中，我们根据《中国居民膳食指南（2007）》和英美日韩等国家食品消费进入稳定时期的食品消费结构，测算出我国居民为达到全面营养需求的食品消费结构，从测算结果看，每人每年需要消费的口粮、肉类、禽蛋、牛奶、水产品、蔬菜、油料、植物油大约分别为 120 千克、70 千克、12 千克、170 千克、26 千克、110 千克、5 千克和 16 千克。从上述测算看，居民食品消费结构日益多元化，粮食消费所占比例不断降低，需要我们及时从单一的粮食安全观转向综合化的食物安全观，不但要重视粮食生产以满足居民的基本消费需求，而且要重视促进种养殖结构均衡发展，满足居民不断提高的对肉蛋奶菜油等食物的消费需求。

二、确定粮食安全保障重点，树立分层次的粮食安全观

粮食是人类生存的必需品，长期以来我国社会各界已经形成一个广泛共识，即为了人类的生存和发展，把对粮食安全的重视提高到任何程度均不过分，并且对所有用途的粮食不加区分，均给予同等的重视与保障。这一认识在早期具有积极意义，正是由于全国上下高度重视粮食安全，我国才在世界各国普遍不看好的情况下解决了全国人民的吃饭问题，也是我国社会经济稳定运行和快速发展的基础。但是，在当前我们的粮食消费结构中，并不是所有的粮食均为生活必需品，其中，口粮是关乎人类生存的基本需求，种子用粮是粮食再生产的基础，这两类粮食属于必需品的范畴，应纳入政府粮食安全保障范围。饲料用粮和工业用粮属于粮食的奢侈性消费，例如，用粮食作为饲料喂养牲畜和生产酒精，其最终产品不再属于人类生活的必需品，而应该划为奢侈性消费范畴。对于属于奢侈性用途的粮食消费需求，不应由政府确保供应，而应根据经济效益原则由市场进行调节，通过价格机制的作用调节供求，或

者促进消费者寻找替代品及通过进口满足其需求，政府职能在于提供信息服务，引导农户和农业企业生产经营与市场交易，并根据市场变化做好宏观调控。

根据我们的预测，在保持当前消费和种养殖结构不变的条件下，至2032年，我国粮食需求约为8.93亿吨，其中，口粮消费需求约1.5亿吨，饲料用粮需求约5.6亿吨，工业用粮约1.2亿吨，种子用粮约0.2亿吨，损耗约0.5亿吨。与目前粮食消费结构相比，口粮需求持续下降，饲料用粮需求大幅提高，工业用粮也快速增长，口粮消费占比从2011年的52%下降到2032年的16.3%，饲料用粮从30.3%上升到62.8%，工业用粮从15.7%降低到13.4%。从我国土地结构来看，截至2012年底，耕地资源约18.26亿亩，草地资源约43亿亩，林地资源约38亿亩。从土地使用来看，耕地被过度开发与利用，未来其数量与质量仍可能继续减少，而草地和林地资源开发利用不足。因此，未来粮食增产空间有限，而牧草与其他经济作物生产空间巨大，应及时转变以粮为纲的指导思想，在确保口粮与种子用粮供给的基础上，转变农业种养殖结构，用牧草或其他经济作物替代部分粮食作为养殖业的饲料来源和工业能源的原材料，对饲料用粮和工业用粮不再由政府提供强力保障。

因此，我们应根据各类粮食产品在人类生存与发展中的作用和重要性，划分出不同的保障级别。首先，稻谷和小麦是我国居民的主要口粮，为人们提供生存必需的热量，应当划为第一层级；玉米作为畜牧业的主要原料，生产出的畜禽产品和水产品是优质动物蛋白的主要来源，可以划分为第二层级；豆类主要为人类提供油脂和动物蛋白饲料来源，可以划分为第三层级；其他杂粮与薯类是人类食品的有效补充，可以划分为第四层级。根据上述层级划分，我们应强化稻谷和小麦在国家粮食安全战略中的核心地位，通过政府补贴、信贷支持和贸易保护等措施，保障包括种子研发、粮食生产和加工的国内自主地位，这也符合习近平总书记 2015 年 7 月在湖北调研时强调的"自力更生任何时候都不能少，我们自己的饭碗主要要装自己生产的粮食"① 的指示精神，也与农业部门的"13 亿中国人的饭碗牢牢端在自己手里"② 的观点相一致。政府农业管理部门，可以根据城市化进程和口粮需求变化情况，在粮食主产区内划定稻谷与小麦等主粮品种的生产区域，确定基本口粮田，确保其用途长期不变，并由国家财政及产业政策给予特殊的支持和保护，确保其种植的有效收益，保护农民与农业企业种粮的积极性。逐步引导其他区域农户调整农业产业结构，扩大牧草和经济作物种植，或者粮草轮作，提高农业的比较效益，激发农民从事农业生产的积极性，并改善农业生态环境，提高食品质量安全保障能力。对基本口粮之外的农产品的生产与供应，政府应逐步放松对其的管制与调控，主要由市场通过价格机制调节供求，由供需双方自主决定种植与进出口决策，逐步形成具有较强自主调节能力的农业产业结构和农产品市场。

三、转变对短期粮食产量的过分关注，树立长期可持续的粮食安全观

由于长期追求粮食高种植和高产量，我国耕地与水资源被过度利用和污染，粮食生产的生态环境脆弱，可持续发展能力不强。我们应增强历史和责任意识，为子孙后代留下青山绿水和良好的生态环境，要及时转变过分重视短期粮食产量的观念，树立旨在涵养水土资源、培育粮食长期生产能力的新型粮食安全观，提高粮食生产与安全保障的代际传承能力。借鉴世界农业发达国家发展可持续性农业的经验，采取诸如推行以"生态工程"为主的农牧种养平衡一体化建设、强制休耕、严格落实农药与化肥施用量规定等措施，维护耕地的有机质含量，保护水土资

---

① 习近平：饭碗主要要装自己生产的粮食，新华网（http：//www. xinhuanet. com），2013 - 07 - 21。

② 韩长赋：中国人的饭碗牢牢端在自己手里，中国新闻网（http：//politics. people. com. cn），2013 - 04 - 08。

源，提高农业可持续发展能力。具体措施为：一是把经济社会发展内涵扩大为经济社会与生态环境协调发展，转变以经济总量为单一目标的发展模式，在社会经济发展规划中提高生态环保在总体目标中的地位，优化农业生产环境。二是把以追求粮食产量与产值为中心的目标转变为提高粮食可持续发展能力，降低对粮食产量的过高追求，在和平时期，加大对国际农业资源和粮食市场的利用力度，多渠道开辟粮食来源，减轻国内生产压力，促进生态环境恢复。三是平衡农牧种养产业结构，减少粮食播种面积，把腾出的耕地种植经济作物、进行轮休或者种植有利于涵养耕地肥力的牧草等，促进水土资源休养生息，并有效提高农业经济效益。四是大力推动农牧业社会中介服务组织建设、建立全产业链的质量监督检验和标签认证制度，协调发挥政府监管和市场选择力量，促使农户和农业生产企业减少农药和化肥施用，从源头上控制食品质量，提高粮食长期生产能力和粮食安全的可持续保障能力。

四、转变封闭的粮食安全观，树立开放的粮食安全观

当前，和平与发展仍是世界的主题，我国的国际地位与经济实力快速提升，国际购买力大幅增强，但耕地与水资源污染严重，粮食长期生产能力遭到破坏。如果继续坚持高自给率战略，继续对国内耕地与水资源进行过度利用，未来我国粮食安全将面临较大风险。在此背景下，我们应当把视野更多地投向国际市场，通过进口与海外种植来满足国内多样化的粮食和主要农产品消费需求，给国内耕地和淡水资源一定的休养生息机会。同时，建设多元化的粮食生产与供给渠道，将提高我国粮食供给的灵活性和安全保障能力。

1. 我国农业资源禀赋特征决定需要开拓国际农业市场

2010 年以来，在大豆、棉花、植物油进口持续高位增长的同时，玉米、小麦和大麦三大粮食品种全部转为净进口，食糖、乳制品和肉类产品净进口大幅增加，净进口产品范围已经扩大到粮棉油糖等所有主要

大宗农产品，农业对外依存度进一步提高。尽管今后进出口贸易随着国内外农业生产条件和需求结构的演变会有起伏波动，但是随着居民收入增长、消费需求提高和水土资源进一步紧缺，净进口产品范围扩大、数量增加将是基本趋势。在需求持续增长和水土资源匮乏的条件下，如果说某项农产品短缺还能通过调整产业结构、减少其他农作物种植把腾出的耕地扩大该项农产品种植来解决，但在大宗农产品呈全面呈现缺口的情形下，在相当长的一段时间内，通过调整国内产业结构来解决的空间十分有限。因此，在国内农业生产能力提高缓慢的情况下，我们就需要把目光投向国际市场，通过加强对国际市场的开拓，提高对国外农业资源的利用能力，缓解国内农业资源禀赋不足的压力。同时，充分利用好我国农业劳动力资源丰富的优势，大力发展劳动密集型的蔬菜、水果等农产品出口，不但能够提高对农业劳动力的吸纳能力，而且可以增加农业收入、提高农业比较效益。

从全球的视野来看，任何国家都不可能单独消除饥饿，实现可持续的粮食与食品安全。当今国际经济一体化为国家间加强合作、互通有无、提高资源配置和利用效率提供了前所未有的机遇，也为粮食与食品的生产、供应提供了更好的保障，对单个国家来说，增加了食品来源渠道，增强了应对资源禀赋不足压力和抵御自然灾害的能力。从可持续发展的角度来说，粮食生产需要大量的耕地、水资源和能源，水土资源不足的国家过分强调高自给率而大量生产不具备比较优势的粮食会造成水土资源过度消耗，破坏生态环境。进口粮食就等于进口水资源和耕地资源（Allan，2003；成丽，2008），这一观念越来越得到广大水土资源短缺国家的认可。目前，虚拟水、虚拟耕地贸易已成为解决国家或地区粮食安全问题的有效手段之一，例如，以色列、约旦等水土资源短缺国家已经实施了粮食贸易的"虚拟水战略"和"虚拟耕地战略"，即通过贸易的方式从富水国家和地区购买水或耕地密集型农产品（尤其是粮食）来弥补本国水土资源的缺口。我国属于典型的水土资源短缺国家，尤其是人均占有量远低于世界平均水平。根据陈锡文（2012）的研究，如果我国不进口农产品，完全依靠国内生产保证农产品供给，需要 30 亿亩以上的农作物播种面积，而我国现有农作物播种面积只有 24 亿亩左右，即大约有 20% 的缺口①。现在我们进口大豆、油脂、糖和棉花；等等，都是为了弥补我国耕地不足的现状。因此，为了保障农产品供应，我国应及早制定并实施粮食安全全球战略，通过扩大进口，以弥补国内水土资源不足。另外，现代化的农业生产离不了化肥、农药和农业机械，这些农业生产物资都离不开能源，特别是石油，因此，进口粮食也相当于进口了石油，既可以减少能源进口，又可以减少碳排放。

2. 多元化粮食供给渠道是粮食安全的重要保障

当前，持粮食自给自足论点的人不在少数，主要的理由是担心国际粮食市场供给不足，或者担心一旦发生国际冲突，存在粮食禁运风险。从国际经验来看，自给率高低并不是衡量粮食安全的必要条件，粮食供应组织能力、经济实力和相应的购买力、农业产业结构和食品消费结构调整能力同样是粮食安全的重要保障，如"二战"前低粮食自给率的英国战胜了高自给率的德国②，以及现代的日本、韩国、荷兰等国家粮食自给率都很低但从未发生过粮食危机。与粮食同等重要的能源也有类

---

① 陈锡文：农产品要全部自给将有 20% 播种面积缺口，中国新闻网（http：//www. chinanews. com），2012 - 11 - 29。

② 根据 Mancur Olson, Jr.（1963）的观点，由于崇尚自由主义政策，拿破仑时期的英法战争时期、"一战"和"二战"前，英国政府均没有干预国内的农业生产，也没有为战争储备粮食，"一战"前其粮食自给率仅 35%；而德国却实施广泛的农业干预政策，设置了重重壁垒阻止国外廉价粮食进入国内市场，粮食自给率在 80% 以上。然而，在战时，英国采取了包括公平食物分配、限制更耗费粮食的畜牧业、更多种植粮食作物、限制浪费粮食的食物生产与供应等措施，渡过了战时食物供给困难；相反，德国虽然战前大力发展农业生产、增加粮食储备，但由于在战时没有调整农业结构、没有实行食物配给制，也没有对食物生产和居民消费进行限制，其结果是国内粮食供给出现问题，引发大面积饥荒，最终输掉了战争。

似的情况①。粮食对外依存度高从另一个角度理解是具备大量利用国外农业资源的能力，为国内粮食供给提供多元化选择的渠道，将在一定程度上提高国内粮食安全的保障能力。近年来，我国国家综合实力迅速增强，成长为世界第二大经济体，截至 2013 年末，国家外汇储备高达 3.82 万亿美元，国际地位和购买力显著提升，并且随着对国际粮食市场参与度的提高，应对世界粮食价格上涨的能力也得到明显改善。卢锋（2008）指出，从粮食贸易历史来看，所有粮食禁运事件几乎全部失败。在当前经济一体化背景下国际分工协作更加精细，国际性的粮食禁运几乎不可能发生，就我国的国际地位和多元化贸易渠道来看，也不会因为个别国家或地区的禁运影响到粮食安全。并且，从实际情况来看，常规情况下，美国、加拿大等国家农业生产能力过剩，存在出口粮食的压力，国内粮食生产企业对政府的粮食出口政策具有较大的影响力，政府很难贸然采取禁运措施。

3. 全球粮食生产潜力巨大

对国际粮食供给不足的担心虽然是必要的，全球粮食增产的巨大潜力可以打消这一顾虑。据联合国粮农组织统计，1972 年世界谷物贸易量只有 1.3 亿多吨，到 2013 年，全球谷物贸易量增加到约 2.8 亿吨，40 年增加了 1 倍多。根据我们的测算，至 2032 年，我国谷物产需缺口约为 1 850 万吨，程国强（2013）的预测值为 2 600 万吨，预计届时在需求增加的刺激下，粮食国际贸易供给量仍将进一步增长，我国粮食进口在国际贸易中的占比有可能进一步下降。另外，根据程国强（2013）

---

① 2011 年上半年，我国能源对外依存度为 55.2%，首次超过美国。按照国际标准，50% 为石油对外依存度的"安全警戒线"，我国能源对外依存度已经超过了粮食，但是国内对能源安全问题的关注度仍比不上对粮食的重视程度，并且我国也没有发生能源危机。从国际经验看，由于各国的国情各异，发展阶段和自身需求不同使得该国际标准并非一定是一条不可逾越的红线。例如，2000 年，美国石油对外依存度一度达到 63.66%，近年来，由于技术进步，美国加大了页岩气等非常规天然气的开采，石油对外依存度自 2008 年开始缓慢下降，2009 年为 55.69%，2010 年为 53.7%。当前，印度石油对外依存度约为 70%，其石油净进口量大约是 8 700 万吨，但专家普遍认为该国石油进口量并不高，石油安全风险还不大。此外，韩国、日本的石油对外依存度接近 100%，能源运行依然比较平稳。

的研究，判断未来粮食供给，不仅要考虑耕地和水等有形资源，更要考虑科技进步带来的单产提高等无形的产能增长潜力。全球潜在耕地资源有 14 亿公顷，根据 FAO 测算，适合种植稻谷、小麦、玉米和大豆的面积均超过 10 亿公顷（不同品种之间存在重复计算），增产潜力达 8% ~ 10% 。如果再加上科技进步对单产提高的贡献[1]，全球粮食增产的潜力巨大。在适度的价格刺激下，这些资源潜力将能够不断释放出来变成现实的生产力，未来全球粮食供给完全能够满足需求增长。并且，世界各地自然资源禀赋差异显著，由于天气灾害发生局部粮食减产是常态，但发生全球性自然灾害并引发粮食危机的概率并不高。因此，从历次全球粮食危机来看，一些国家遭受饥荒的根源不是粮食供给不足，而是粮价上涨背景下贫困国家购买力不足的问题。另外，联合国粮农组织、世界粮食安全委、世界粮食计划署、国际农业发展基金和 G20 集团等国际组织均认识到加强粮食与食品安全国际合作的重要性，不断加强全球范围内粮食与食品生产、生态环境保护、粮食贸易等领域的磋商与协作，将能够有效增强处理全球性或区域性粮食安全事件的能力。

4. 树立全球化的粮食安全视野

从全球和长远的视野来看，谋划我国粮食安全战略要立足于两个基本情况：一方面，我国人口基数庞大，不同于日本、韩国、荷兰等人口较少的国家，粮食自给率不能过低，稻谷、小麦等主粮要立足国内生产，确保自给；另一方面，我国农业资源禀赋匮乏，随着居民收入增长和需求增加，国内农业资源难以有效满足不断增长的消费需求。因此，随着我国国内粮食需求的不断增长和供给的刚性约束，要充分利用我国不断增强的综合国力和国际影响力，大胆开展农产品国际贸易，加快国际粮食市场开拓步伐，拓宽我国粮食供给渠道，培育稳定的粮食来源，

---

① 1960 年以来的 50 年间，单产增加是几大粮食品种增产的主要贡献者，三大谷物增产的 80% 以上来自单产提高，其中稻谷单产提高对增产的贡献为 83.9%，小麦单产提高对增产的贡献为 95.4%，玉米单产提高对增产的贡献为 80.7%，单产提高对大豆增产的贡献也超过 50%。

提高保持国内粮食供需平衡的能力。同时，依靠我国在全球范围内不断提升的维护国家利益的能力，逐步增强在国际粮食市场的话语权，降低粮食进口成本，拓宽未来应对粮食安全事件的回旋余地。

综上所述，在国际经济一体化、贸易自由化和我国粮食供需趋紧以及耕地与水资源约束加剧的背景下，立足国内解决我国粮食基本自给，同时充分利用国际国内两个市场和两种农业资源是正确选择。在粮食自给和进口比例的把握上，需要根据不同时期国际国内粮食供需状况与前景进行综合判断，适时调节进出口政策和数量，在确保国内主要农业产业不受过大的冲击和居民需求有效保障的基础上，加大对稻谷和小麦之外农产品的进口，有效提高对国际粮食市场和全球农业资源的利用率，通过国际市场竞争促进国内农业结构调整和农业资源休养生息，提高粮食安全保障的可持续性。同时，通过进口粮食，可以腾出种粮的耕地与水资源用于发展劳动需求量大、科技含量高的种养殖业，不但能够有效吸纳农村剩余劳动力，而且可以提高我国农业的比较优势，增强农产品的国际竞争力，提高农业生产比较效益，激发农户和农业企业从事农业生产的积极性，在更高层次上提高我国粮食与食物安全的保障水平。

第四节　构建粮食安全新战略

在新的社会经济背景下，我国农业发展与粮食安全战略也应当及时进行转变，通过调整农业产业结构、加快农业产业化步伐、加快农业"走出去"等途径提高农业产业的经济效益、生态效益，进而提高我国农业发展和粮食安全的可持续性。

一、调整与优化农业产业结构

随着收入提高，我国居民消费结构日益多元化和高级化，对肉蛋奶、油脂、食糖、蔬菜水果、水产品等食品的需求相应增加，尤其是肉蛋奶类高蛋白食品需求增幅更快，供给存在很大的缺口，其中奶类产品缺口最大。而在我国的畜牧产业中，猪饲养占比在 60% 以上，肉鸡养殖也快速增长，牛羊肉和奶类发展不足，其根源在于我国草产业发展滞后。猪、鸡养殖需要耗费大量粮食，粮食用于饲料加工的比例不断提高，"人畜争粮"问题严重。在农业发达国家，畜牧业养殖主体是食草动物（如牛和羊），并且大多用优质牧草进行饲养；而在我国畜牧业中饲料喂养动物占相当大比例（主要是猪和鸡），即使是草食动物的养殖，也往往添加较多的粮食饲料，成本较高。饲料用粮的快速增长，进一步提高了对粮食的消费需求。由于过分重视粮食种植和产量增长，造成耕地与水资源过度利用、污染和退化严重。其实，包括玉米在内的饲料用粮的饲用价值远低于人工牧草。我国有约 43 亿亩草原，因长期不注意建设与保护，大部分草原沙化严重，生产能力退化，如果能够加以有效保护和利用，将能够大大节约粮食的饲料使用。根据相关研究，粮食与牧草间种可以有效提高土壤的有机质含量，减少化肥与农药使用，恢复耕地肥力与生态水平。因此，我国应仿照 18 亿亩耕地红线政策，制订草原保护战略和目标，加强草原保护和有效利用，鼓励农牧结合地带实施粮草轮耕；鼓励和引导农户调整养殖结构和养殖方法，提高草饲动物养殖比例，用人工牧草和青贮玉米取代粮食饲料，逐步解决"人畜争粮"问题；同时，政府应加强饮食健康和节粮知识宣传，引导居民改变饮食结构，减少肉类尤其是粮饲动物肉类（主要是猪肉）的食用，提高牧草饲养动物肉类（主要是牛羊肉）、水产品和蔬菜与水果摄取比例。

二、加快农业产业化经营

由于地少人多和城市化发展迟缓，分散小规模经营是我国农业的典型特征。在工业化快速发展和对外开放迅速推进的背景下，农业比较收益低的问题逐渐凸显，土地、劳动力持续外流。为了应对居民不断增长的农产品需求压力，提高单位面积产出是现实的选择。于是，化肥、农药等施用量大幅增加，大大超过世界平均水平。大量施用化肥和农药造成两方面的后果，一方面是农地、水资源受到严重污染，农产品质量问题频发；另一方面是导致农业生产成本居高不下，降低农业生产效益。以上两方面的问题，不但影响以粮食为主的农产品数量安全，也造成不容忽视的质量安全问题。因此，借鉴发达国家农业生产经验，为实现我国农产品的数量、质量安全和可持续发展，需要通过土地流转、劳动力转移和农业科技创新等措施加快农业产业化经营，通过对农业生产的产前、产中和产后各环节进行有机管理，有效降低农业生产成本，并切实加强对产品质量的管控。

三、加强农地保护与综合利用

土地是最基本的农业生产资料，由于城市化、生态保护、基础设施建设和农业结构调整等原因，我国耕地数量逐年下降，并且由于高强度利用，耕地质量也快速降低，农产品数量和质量安全面临威胁。同时，我国草地、林地、山地、水域、滩涂资源丰富，生产潜力巨大，为有效增强我国农业的生产能力和提高食品安全的保障能力，需要将耕地保护拓展为包括耕地、草地、林地、水域等在内的农地保护，同时通过完善耕地占补平衡制度、建设多层次土地流转市场、加强草地与林地管理制度改革等途径构建耕地保护和利用新机制，提高农地保护与利用效率，有效保护和提高我国农业生产力。

四、加大海外农业资源开拓力度

我国是一个人口和经济大国，食品供给数量和质量安全始终是关系经济发展、社会稳定和民族自立的全局性重大问题。改革开放以来，随着农村和农业改革的推进，我国粮食生产持续增长，解决了粮食短缺和人们的吃饭问题。但是，由于收入增长和城镇化发展，人们的消费结构不断升级，食品需求日益多样化，粮食供需一直处于紧平衡的状态。同时，我国耕地数量却逐渐减少、质量大幅度下降，国内农业资源承载消费需求的能力大为削弱。为满足人们日益增长的多样化消费需求，农业对外开放速度加快，尤其是加入 WTO 之后，我国农业对外开放力度进一步加大，至 2011 年，我国已经成为农产品进口第一大国，也是农业最为开放的国家之一。但是，从十多年来我国农业对外开放经验来看，既要顺应国内需求扩大与资源约束增强的大势，加快对国际农业资源和市场的开发与利用力度，也要注意农业开放的方式，即应加大对国内大型农业生产、加工和贸易集团的培育，支持国内农业企业加快海外农业资源开发，降低对跨国农产品贸易集团的依赖。同时，既要根据国内农业生产条件、合理安排对非口粮土地密集型农产品的进口，又要注意支持劳动密集型农业产业发展，提高出口竞争力，实现满足国内需求、加强生态环境保护和提高农业综合效益的多元目标。

小　　结

　　我国传统的粮食安全观高度重视粮食产量和高自给率，在科层制的行政管理体制下这一观念得以强化，虽然保持了较高的粮食自给率、维护了我国的粮食安全，但从长远来看，在传统的农业发展模式下，我国的水土资源的长期生产能力遭到削弱、农产品质量安全问题频发、农业比较效益下降和农业资源外流等问题日益严重，进一步降低了我国农业发展和粮食安全的可持续性。我国粮食安全问题时不我待，亟须改变传统的粮食安全观念，从单一的粮食安全观转向综合化的食物安全观、从笼统的粮食安全观转向根据粮食不同消费用途给予不同层级安全保护的分层次的粮食安全观、从短期的粮食安全观转向长期可持续的粮食安全观、从过分强调自给自足的粮食安全观转向开放的粮食安全观。同时，适应国内外粮食市场形势的发展变化，从国家层面、立足全球视野、以战略眼光、开放的思维谋划国家粮食安全新战略，即把耕地保护扩大到包括耕地、草地和林地等土地范围的农地保护，通过更加重视草地农业发展转变农业产业结构，通过加强科技研发与适度扩大经营规模加快推进农业现代化，通过农业"走出去"加强国外农业资源开发。

第六章　调整与优化农业产业结构

　　随着城市化快速发展和居民收入持续提高，我国居民消费结构日益多元化和高级化，对农产品的需求在数量和质量上都提出了更高的要求。从我国的农业资源禀赋来看，耕地与水资源匮乏，草地、林地和劳动力资源丰富。相应地，为适应居民消费结构变化，应充分利用我国农业劳动力、草地和林业资源丰富的优势，大力发展养殖业，提高经济作物种植比例，在满足国内居民消费需求的基础上，增加出口，提高农业比较效益，增强农业的吸引力。同时，改善农业生态环境，提高农业生产发展的可持续性。

第一节　居民消费结构升级加快，农业结构亟须调整

　　农业结构是指农业内部各生产部门间的组合与比例关系，反映了农业总产出的部门构成与相关资源转移的关系。农业结构是一个多层级的复合体，由多个部门、多个类别构成，对其研究的侧重点不同，农业结构的分类与内容也不尽相同。农业结构可以界定为农、林、牧、渔业的组合及其比例关系，也可以按狭义划分，将农业结构界定为种植业、养殖业的组合及其比例关系。根据托达罗（2010）的观点，从农业结构演进方向看，其总是随着经济社会发展从总产出偏低的结构向总产出更高的结构演变，这种结构演变从宏观上表现为不同产业之间的替代与组合，从微观上则表现为农业生产者对各种资源分配与要素投入之间的替代与重新组合及生产经营体制的变化。从国际经验看，在农业现代化过

程中，农业结构变化呈现几个特点：一是粮食播种面积在农业总播种面积中的比重不断降低，畜牧业在产业结构中的地位逐渐上升，农业内部结构发生巨大变化；二是农产品市场结构和产业组织发生变化，新型农业组织不断在农业发展中发挥支撑作用，农业生产组织效率提高；三是按照平原、山地、丘陵、水田、旱地等进行农业功能分区与布局，农业形态分化重组，注重农业的"生活、生产、生态"并举发展。王勇（2007）认为，决定农业结构变化的因素也随着经济发展阶段不同而变化，环境、气候等自然生态因素是自然经济阶段农业结构变化的主导因素；市场、政策等社会经济因素是商品经济阶段农业结构变化的主导因素；而在环境、资源压力下农业生态价值是农业结构调整的重要指导原则。当前我国农业发展环境资源压力巨大，急需依据农业生态价值原则优化农业结构。

一、农产品产量大幅增长，基本满足居民的消费需求

我国在将粮食当作主食、将粮食等同于食物、将粮食安全等同于食物安全的思维定式下，粮食生产一直是农业发展的重中之重。José Graziano da Silva[1]（2013）认为，中国仅用占全球6%的淡水和9%的耕地养活了占全球21%的人口。过去9年，中国粮食生产保持稳增态势，很多农产品产量位列世界第一。这不仅仅是中国取得的骄人成绩，也是对世界粮食安全作出的巨大贡献[2]。2013年，我国粮食总产量6.02亿吨，成功实现"十连增"，人均粮食占有量442.4千克，人均谷物占有量超过世界平均水平，主要粮食品种已由短缺转为供需大体平衡、丰年有余，13亿多人的温饱问题得以彻底解决。

同时，农牧林渔业得到了较为全面的发展。2012年，我国油料、

---

[1] 中文名为若泽·格拉齐亚诺·达席尔瓦，是联合国粮食及农业总干事。
[2] 《联合国粮农组织向温家宝颁发"农民"奖章》，新华网（http://news.xinhuanet.com），2012 – 10 – 02。

猪牛羊肉、水产品和牛奶的人均占有量分别为 25.4 千克、47.4 千克、43.7 千克和 27.7 千克，分别是 1978 年的 4.6 倍、5.2 倍、8.9 倍和 23.1 倍。其中，肉类与谷物总产量自 1990 年以来持续高居世界第一位[①]，2012 年人均肉类占有量比 1978 年增长了 460%，达到 61 千克。居民膳食结构逐渐改善，营养更为均衡。

二、居民食物消费明显升级，动物性食品需求快速增长

随着生活水平提高与城镇化发展，我国居民膳食总量持续增长、结构不断升级，人均热量消耗已超过了世界平均水平，部分指标达到发达国家的标准。值得关注的是，近年来，我国食物需求结构发生了巨大变化：动物性食品需求一路攀升，而口粮消费量逐年减少。

数据表明，用于居民直接消费的口粮已由 1986 年的人均 207.1 千克降至 2010 年的 148 千克，降幅达 28.5%，其中，城镇居民人均口粮消费仅为农村的一半左右。2012 年，我国农村居民人均口粮消费降至 164.2 千克，城镇居民人均口粮降至 78.7 千克，无论是城镇还是农村居民，口粮消费逐年减少。与此同时，人们消费偏好发生巨大变化，植物油、畜产品及水产品消费出现大幅增长。2000－2012 年，中国植物油消费增长迅速，人均消费量从 12.5 千克增加到 22.7 千克，超过世界人均 16 千克水平，接近发达国家 25 千克的人均水平；饮食结构向摄取更多蛋白质与脂肪转变，人均水产品与肉蛋奶消费量增长较快，1990－2010 年的 20 年，水产品增长 3.7 倍、蛋类增长 3 倍、肉类增长 2.4 倍、奶类增长 7.6 倍（见图 31 和图 32）。

2013 年 6 月公布的经合组织—联合国粮农组织农业展望报告指出，未来 10 年我国肉类需求将增长 20%。黄季焜等（2012）指出，当前我国食物消费结构与日本 20 世纪 60 年代、韩国 20 世纪 80 年代的水平相当，日本与韩国进入该阶段后，人均食物能量、蛋白质与脂肪等从谷物

[①] 联合国 FAO 数据库，载《中国统计年鉴（2013）》。

中摄取的比重急速减少，从植物油、动物性食品中摄取的比重迅速上升。依据现阶段我国与日韩食物消费的结构差异，未来十五年，我国人均动物性产品消费将维持迅速增长，然后进入较长时期的人均动物性食物消费缓慢增长期。

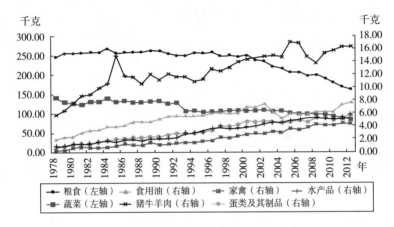

数据来源：Wind 资讯。

图31　我国农村居民食物消费结构变化

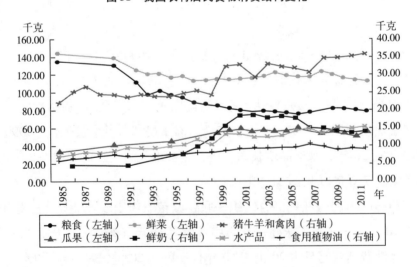

数据来源：Wind 资讯。

图32　我国城镇居民食物消费结构变化

三、农业结构性问题突出，产业结构亟待升级

我国农业资源的禀赋特征为耕地与水资源匮乏，草地、林地与劳动力资源丰富。而在以粮为纲的传统思想影响下，我国高度重视粮食自给自足，在农业种植结构上，强调高粮食作物种植比率，不计社会成本地追求粮食高产量。从我国农业生产实践来看，过分偏重发展耕地与水资源密集的粮食作物种植不但造成水土资源污染与消耗，农业比较效益低下，农业资源外流严重，而且与居民动物性食品需求不断攀升的需求结构转变不相适应，动物性食品不但在数量上供给不足，而且在质量上也存在不少问题。

1. 粮食作物种植占比过高

在传统的"以粮为纲"与近年来"弃油保粮"战略导向下，我国粮食作物播种面积一直占较高比例，而油料作物播种面积持续下降，饲用草播种面积则始终处于低水平（见图33）。总体上来看，我国谷物的基本自给在一定程度上是靠牺牲豆类、青饲料等农作物的生产获得的。对粮食生产的片面追逐，使我国谷物播种面积占农作物总播种面积一半以上，蔬菜播种面积占比有所提高，青饲料播种面积则一直较低，而粮油作物（如豆类、油料）呈现出逐年下降的趋势，其中萎缩最严重的是大豆生产，2008 - 2012 年，我国大豆播种面积与产量连续下降，2012 年大豆种植面积为 675 万公顷，较 2008 年减少 537 万公顷，导致该年我国植物油自给率仅为 36%。而近年来国内植物油产需缺口大，消费主要通过从国际市场进口大豆、油籽、成品植物油来满足。根据程国强（2013）的测算，2010 年我国进口植物油和油籽折油共 2 035 万吨，按当前国内大豆亩产 118 千克的来测算，等于利用国外 9.6 亿亩的种植面积，与国内水稻与玉米种植面积之和相当。若全部由国内生产，则意味着需要国内超过一半的耕地用于种植大豆，会使食总产减少 68%。

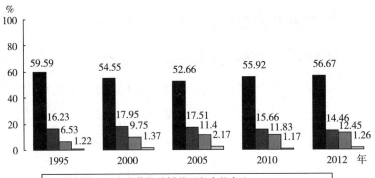

资料来源：《中国统计年鉴（2013）》，有整理。

图33　我国谷物、豆类与油料作物、蔬菜、青饲料种植结构

2. 油料与动物饲料缺口较大

2004年以来，虽然我国粮食产量实现十连增，但粮食进口却也持续增长。从粮食进口数量看，2004年我国净进口粮食（包括大豆）1 784万吨，2009年增至4 894万吨，到2011年我国农产品进口超过美国，成为全球最大的农产品进口国。海关总署数据显示，2012年，我国进口粮食超过7 000万吨，粮食自给率跌破90%，其中，谷物类农产品进口同比增长156%，达1 398.3万吨，出口101.6万吨，谷物净进口1 296.7万吨，净进口比2011年增加3.1倍。我国大豆进口量从1998年的385万吨，增至2012年的5 828万吨，年均增长21.4%。2012年，全球大豆出口总量为9 023万吨，而我国进口占世界总出口的2/3，大豆进口依存度高达82%，成为全球最大的大豆进口国，大豆占我国整个粮食进口总量的八成，主要用于榨油消费，榨油的副产品豆粕是养殖业饲料的重要原料。

除了国际市场粮价低于国内市场外①，饲料用粮激增是推动国内粮食需求和进口快速增长的重要原因。在我国，谷物产量占粮食总产量的90%以上②。我们以谷物消费结构为例来分析我国饲料用粮情况，2007－2011年，在我国谷物消费中，口粮消费占一半左右，并呈逐年下降趋势；而饲料用粮占比从27.8%升至30.3%，消费量仅次于口粮，并呈加速增长趋势；工业用粮占比从14.1%提高至15.7%（见图6）。饲料用粮与工业用粮快速增长的原因在于人们对肉蛋奶等高端消费品需求的增长，使粮食的"引致需求"增加。据测算，随着食物消费结构改变与畜牧业规模化养殖比例提高，到2020年若满足居民对动物性食品的需求，饲料用粮需求将增至4亿吨左右，在粮食总需求中的占比将超过45%③，成为粮食消费刚性增长的主要原因（见图34），粮食缺口也将主要表现为饲料用粮不足。

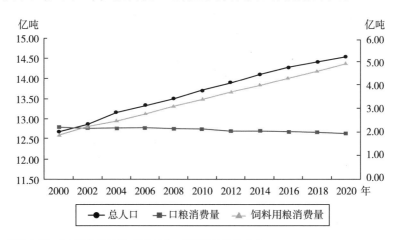

资料来源：《中国统计年鉴（2012）》、国家粮油信息中心。

图34 2000－2020年我国人口、口粮与饲料用粮变化

---

① 与国际价格相比，剔除产品质量等级差别的影响，我国国内稻谷、小麦、玉米、大豆、油料等大宗农产品价格均高于国际市场。

② 我国粮食生产一直以谷物为主，1991年我国首次公布了较完整的谷物统计资料，该年谷物产量占全国粮食产量的90.9%，随后，谷物产量在粮食总产量中的占比大都在90%以上，2003年该比例最低值（为86.9%），2012年最高，达91.5%。

③ 引自"饲料用粮短缺是影响我国粮食安全的重要因素"，博亚和讯网（http：//www.boyar.cn），2012－09－11。

3. 粮饲动物养殖比例过高

饲料用粮主要用于肉禽蛋奶转化用粮消费，我国饲料用粮激增的原因在于养殖结构中粮饲动物占比过高，即使是草饲动物的饲料中粮食添加比例也较高。随着居民消费需求多样化、畜牧业与食品加工业发展，饲料需求也随之上升，带来饲料用粮以年均超过 2% 的增速发展，"人畜争粮"问题严重。1990 – 2000 年，饲料用粮在总用粮需求中占比的年均增速超过 1%，2000 年后，该比值的年均增速上升为 2% 左右（王明华，2006）。近年来，我国饲料用粮增速明显高于粮食总产量增速，2010 年我国饲料用粮比 2005 年增长 700 多亿斤，增长 20% 以上，在国内粮食消费增量中的占比超过 2/3 以上，同期我国生猪、蛋鸡、奶牛规模养殖率分别上升至 66%、82% 和 47%。

目前我国畜牧业分为农区畜牧业、牧区畜牧业、草地畜牧业、半农畜牧业与城郊畜牧业，但以农区畜牧业为主，主要包括猪、牛、羊、鸡、鸭、鹅、兔等家畜家禽饲养业。虽然随着农业发展，我国畜牧业生产已由家庭副业转变为专业大户、合作社、养殖公司共同发展。特别是 21 世纪以来，畜牧业发展极为迅速，但依然是以农区畜牧业为主，牧区畜牧业与草地畜牧业发展缓慢，导致我国"草食型"牲畜产量远低于世界平均水平，而"耗粮型"牲畜产量却远高于世界平均水平。

而从国际经验看，美国畜禽等肉食动物饲料约 70% 来自于草产业，新西兰为 100%，我国仅 8%，饲料主要靠主粮，"粮饲不分"的种植结构引发"人畜争粮"。我国是世界生猪养殖大国，2006 年出栏生猪 6.81 亿头，世界每 10 头生猪中我国占头，猪肉产量达 5 000 多万吨，居世界第一位。2007 年，与全球平均值相比，我国牛羊肉类占低 13.2%，而猪肉却高出 22.19%（见表 17）。到 2010 年，我国猪肉、牛肉、羊肉、禽肉、杂畜肉产出比重为 63.9∶8.2∶5∶20.9∶2，耗粮较高的猪肉占比仍偏高，优化肉类产品结构任务艰巨（见表 18）。

表 17　　　　2007 年世界部分国家与地区牛羊肉产量与猪肉产量比①

地区	中国	印度	美国	日本	韩国	英国	新西兰	俄罗斯	南非	世界平均
比值	0.23	7.15	1.22	0.42	0.26	2.21	23.67	1.11	6.4	0.69

资料来源：《新中国农业 60 年统计资料汇编》，中国农业出版社，2009。

表 18　　　　　　　近年来我国猪牛羊肉产量情况

年份	2005	2006	2007	2008	2009	2010	2011	2012
猪肉产量占全部肉类的比例（%）	64.71	64.55	62.45	63.48	63.93	65.17	63.5	63.7
牛羊肉产量占全部肉类的比例（%）	14.81	15.15	14.5	13.65	13.4	13.51	13.1	12.7
猪肉产量与牛羊肉之比（倍数）	4.37	4.25	4.31	4.65	4.77	4.82	4.99	5.02

资料来源：各年《中国统计年鉴》。

第二节　农业结构不合理，制约农业可持续发展

当前，我国过于偏重粮食种植的农业结构引发了诸如"人畜争粮"、水土污染和农业效益低下等一系列问题，这些问题的存在，不但在当前影响居民对丰富多样、安全健康的农产品的需求，而且决定着农业长期内能否实现可持续发展。

一、畜牧业结构不合理，农业资源利用低效

在农业发达国家，畜牧业养殖的主体是草食动物（如牛和羊），并且大多用优质牧草进行饲养；而在我国畜牧业中饲料喂养动物占相当大比例（主要是猪和鸡），即使是草食动物的养殖，也往往添加较多的粮食饲料，成本较高。Brown（2001）认为，因畜牧业发展缓慢，造成我国农业资源不堪重负。畜产品饲料消耗量巨大，维持一个足够数量肥育

① 这里的比值为 2007 年该国或地区牛羊肉产量之和与猪肉产量的比值。

猪的群体，其肉料比约为 1:3.5，以此计算，2012 年我国猪肉总产量 5 342.7 万吨，则需消耗 5 342.7 × 3.5 = 18 699.5 万吨的"食物当量"，若全部用粮食饲料，那么仅此一项就消化当年 31.7% 的粮食总产量。若再考虑到 2012 年我国生产牛羊肉 1 063.3 万吨、牛奶 3 743.6 万吨、禽蛋 2 861.2 万吨，饲料用的"食物当量"将更高。

与粮食饲料相比，用牧草（含饲用植物）做动物饲料较为经济。任继周（1986）的研究表明，植物变成粮食（籽粒）再拿来喂牲畜不经济，主要由于在充分利用的情况下，饲用植物资源除籽实产品外，植物营养体也能加以利用，而营养体的养分产量比仅用籽实高 2~3 倍。用草来饲养奶牛、肉兔、肉鸡，营养物质转化率可达 50%，且随着生产科技发展，草地的生产能力将进一步提升。任继周（2013）认为，优质牧草粗蛋白含量约达 20%，而小麦蛋白质含量仅 12%，大米蛋白质含量仅 8%。用 1 亩地的优质牧草做饲料，相当于 3~5 亩地的小麦营养源，而蛋白质却高出 4~8 倍。以草食动物为主的畜产品耗能通常仅为舍饲型的 1/3~1/4。任继周（2005）认为，若我国改变畜牧业结构，将养猪数量减少至现有数量的三分之二，用草食动物（如牛、羊等反刍动物）替代减少的猪肉数量，我国可节约 6 700 万吨谷物，相当于 2.25 亿亩农田当量，粮食生产压力将大为缓解。国际经验看，Wedin WF, Fales SL.（2009）指出，美国中西部缺水地区，水浇地不是种苜蓿就是种饲用玉米，而麦田仅用免耕法等保墒措施，主要是考虑到每一方水的生产效益，牧草比小麦高许多倍。人均耕地比我国还低的荷兰（仅 0.86 亩/人），也重视良田种草，其农产品不但可满足本国需求，而且也是全球十大农产品出口国之一。

二、牧草业发展滞后，影响肉奶产品质量安全

贾荣利（2010）认为草饲牲畜的肉、奶产品质量往往比谷饲牲畜

更好，以草饲牛肉①为例，相比于谷饲牛肉具有几个优点：

一是草饲牛肉低脂肪、低能量。草饲牛肉产品脂肪含量低，外脊脂肪含量只有谷饲牛外脊的1/3（见图35）。按西方标准，如果一个人一年消费30千克草饲牛肉，则可少摄入17 733千卡热量，在不改变任何饮食习惯的条件下就可在一年内轻松减掉约2.7千克体重。

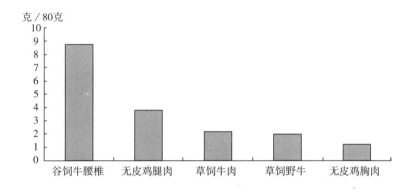

资料来源：Rule，D. C.，Broughton K. S.，Shellito S. M.，et al. Comparison of muscle fatty acid profiles and cholesterol concentrations of Bison，Beef Cattle，ELK，and Chicken. J Anim Sci 80，2002，5：1202 – 1211.

图35 动物肉产品中脂肪含量对比图

二是草饲牛产品安全性更高。谷饲牛比草饲牛应激反应大，需大量使用抗菌素和添加剂，而草饲牛的饲粮主要是天然牧草，不使用抗生素、杀虫剂、肉骨粉等外源物质，草饲动物产品更安全。在奶制品的提供上，由于我国过分偏重种植业，忽视了草原农业发展，缺乏高质量牧草的生产与供给，导致了部分国产牛奶达不到蛋白质含量的要求，甚至出现为提高蛋白质检测指标数据而添加三聚氰胺的毒奶粉事件。

三是草饲牛肉营养更高。Siscovick，D. C.，Taghunathan. E. R.，et

---

① 草饲牛是指犊牛断奶后一直以牧草和草料作为食物的来源，其饲粮应完全由牧草、绿叶、禾本植物以及未出的谷物植株组成，不能喂养淀粉和蛋白质源的谷物或者谷物副产品而饲养出的肉牛。

al. (1995) 认为，尽管草饲牛脂肪含量低，但富含 $\omega-3$ 脂肪酸（为谷饲牛的 6 倍多），$\omega-3$ 脂肪酸与 $\omega-6$ 脂肪酸比例均衡，有助于防治心血管疾病；French P., Stanton C., Lawless F., et al. (2000) 草饲牛肉富含脂溶性多维生素 E（为普通谷饲牛肉的 4 倍，为饲料中添加高剂量维生素 E 牛肉的 2 倍）与 $\beta-$ 胡萝卜素，具有抗氧化、抗衰老等作用；草饲牛肉富含共轭亚油酸，草饲反刍动物脂肪中共轭亚油酸含量比普通谷饲（舍饲）动物高 2 倍以上，有益于防治癌症等疾病。

三、农作物种植结构不合理，进一步强化了农业比较效益低下的状况

表 19 反映了 2011 年我国部分种植作物纯收益状况，我们发现花生、蔬菜、苹果等经济作物的亩均收益都比粮食高，特别是苹果的亩均纯收益是粮食的 18.4 倍，片面强调种植粮食影响农业比较效益的提高。而且经济作物能够吸纳更多的农业劳动力，从表 20 可以看出，2011 年我国种植油料、蔬菜、苹果等作物的亩均用工量都明显高于粮食作物，在当前我国第二、第三产业尚不能完全支撑农村剩余劳动力转移的情况下，借鉴韩国、中国台湾经验，大力发展园艺农业，提高蔬菜、果类种植比例，将能有效吸纳更多劳动力就业，如果继续片面追求粮食生产，将进一步制约农业对农村剩余劳动力的吸纳能力。

表 19   **2011 年我国部分种植作物纯收益比较**

	粮食	花生	长绒棉	甘蔗	蔬菜	苹果
亩均纯收益（元）	250.8	722.8	579.3	700.5	2 106.5	4 612.0
倍数（亩均纯收益与粮食纯收益之比）	—	2.9	2.3	2.8	8.4	18.4

资料来源：《全国农产品成本收益资料汇编（2012）》，中国统计出版社。

表 20   **2011 年我国部分种植作物每亩用工量比较表**

作物类别	粮食作物	油料	花生	烤烟	甘蔗	桑蚕茧	蔬菜	苹果
亩均用工量（日）	6.79	8.79	9.91	32.38	15.97	48.62	35.46	40.32

资料来源：《全国农产品成本收益资料汇编（2012）》，中国统计出版社。

四、农业资源禀赋不足和过度利用制约农业可持续发展

新中国成立后，我国"精耕细作"的传统农业模式逐渐被现代高要素投入模式所替代，早在1982年前后我国农业亩均石油当量消耗量就已接近发达国家水平，机械、化肥、农药、农用塑料薄膜的大量使用在大幅提高农业劳动生产率与农业总产出的同时，也导致了农业生产污染严重、产品质量急剧下降、生态环境退化等问题，加之耕地、水等农业资源本就稀缺的国情，严重制约农业可持续发展，阻碍农业现代化进程。因此，当前我国农业发展所面临的问题一方面是刚性的食物需求与已发生显著变化的食物结构；另一方面是与食物结构不匹配的农业结构，使农业发展依靠高投入维持农业总产出的常规路径，如果不及时调整农业结构，过度依靠大量要素投入来支撑粮食总产量的趋势将"不可逆转"。这种粗放式粮食生产方式将造成水土资源过度消耗与污染，长期生产能力下降。

1. 我国耕地与水资源短缺并且分布不均

耕地是农业生产最根本的物质条件，其数量多寡与质量高低将直接影响到粮食供给与安全水平。段玉婉等（2012）指出，我国是世界上人均耕地面积较小的国家之一，随着工业化、城镇化进程加快，耕地面积减少压力加大。1996 – 2008年，我国耕地减少了1.25亿亩，特别是在1999 – 2003年的4年内，耕地急剧减少了约0.87亿亩，2003年耕地面积减少量达到峰值（当年净减少0.38亿亩）。从2004年起，耕地减少趋势逐渐平缓，到2008年全国耕地减至18.26亿亩，人均不足世界平均水平的40%，其中9个省区人均耕地不足1亩，3个省区人均耕地不足半亩，在全球26个人口超5 000万的国家中，中国人均耕地量排倒数第3位，仅略多于孟加拉国与日本。① 2009年以来，中国耕地保有量一路下滑。截至2011年末，总耕地面积减少至18.25亿亩，当年减

① 中国打响18亿亩耕地保卫战［N］. 中国青年报，2010 – 12 – 06.

少49万亩①，加之耕地后备资源有限，我国耕地资源十分紧缺。

我国是全球13个贫水国之一，人均可再生淡水资源2 134立方米，仅为世界平均水平的32.7%②，加之人多水少、水资源空间分布不均问题严重，农业平均每年旱灾面积达1.3亿亩。国际水资源管理学会研究表明，到2025年，世界约14亿人口严重缺水，中国与印度将有三分之一的人口生活在绝对缺水地区。在用水结构上，我国农业用水量占总用水量的73.4%，如果加上农村生活用水，那么占比将达到81.7%。以秦岭—淮河—昆仑山—祁连山为界，我国南北面积基本相等，但耕地与水资源拥有量却差异明显：南部耕地占全国耕地总面积的38%，但河川净流量占全国的81%；北方耕地占全国总面积的62%，但河川净流量仅占19%。以大兴安岭—阴山—阿尔金山—冈底斯山为界划分东西，东西面积也大致相当，东部耕地占全国总耕地面积的94.2%，水资源占95.4%，而西部耕地与水资源仅分别占全国总量的5.8%和4.6%。此外，虽然当前我国灌溉面积占总耕地面积的46.4%，远高于16%的世界平均值，但我国灌溉用水的利用系数③仅为0.5左右，与发达国家的0.7~0.9相差很大，农作物水分生产率平均约1千克/立方米，不到同样水资源稀缺的以色列的2.32千克/平方米的一半，用水效率较低。

2. 水土资源污染严重

动物性食物产量的提高过度依赖粮食作为饲料使用，因耕地、水资源紧缺，粮食生产又过度依赖农药、化肥、农用地膜的过量使用，导致耕地质量下降，农业生产污染严重，生态环境退化。我国是世界农药生产和使用第一大国，化肥施用量同样位列世界第一，亩均化学农药施用量是世界平均水平的2.5~5倍，因农药残留导致每年有12亿亩耕地污

---

① 我国耕地连续3年保持在18.24亿亩以上 牢牢守住耕地红线［N］. 中华合作时报，2013 - 01 - 11.

② 数据来自于世界银行 WRI 数据库，详见《2012 国际统计年鉴》。

③ 灌溉用水的利用系数是指，灌入田间可被作物利用的水量与灌溉系统取用的灌溉总水量之比，它反映灌溉用水效率。

染。过度施用化肥，特别是氮肥的过量施用，使部分化肥随灌溉、降雨、地表径流进入河、湖等水域，污染水体。同时长期过量施用化肥，导致耕地土壤结构变差，土壤板结，地力下降，农作物减产，从土地粮食产出率上看，我国虽然高于世界平均水平，但远低于发达国家的效率水平①。

第三节　从草地农业入手，发展"粮草经兼顾"农业

当前我国农业的发展状况是，一方面，通过牺牲农业可持续发展能力而过度依赖高要素投入来维持农业总产出，实现粮食生产持续增长；另一方面，粮食供需紧平衡格局日益突出，这其中的根本原因是食物结构改变引致饲料用粮激增。随着人口刚性增长、城镇人口比重上升、居民收入水平增加，对动物性产品需求将继续快速增加，若继续过度依赖粮饲动物养殖，势必引致对饲料用粮的需求大幅增长，使我国粮食供需紧平衡态势进一步加剧。在新形势下，必须树立"大食物"概念，树立新型食物安全观，适应我国食物需求结构的重大改变，建立与之匹配的农业结构，通过适当缩减粮食生产、鼓励发展草地农业来解决饲料问题，从"片面追求粮食生产"逐步向"粮、草、果、蔬等农作物合理布局"转变，推动农业资源配置与利用效率逐步优化，有效缓解资源环境压力，推动农业可持续发展，加快农业现代化进程。

一、草地农业内涵及优点

"草地农业"的概念在我国并不新鲜，早在 20 世纪 50 年代，在任继周等学者的著作中就已有所论述。概括地说，草地农业是指把牧草（包含饲用作物）与草食家畜引入农业系统，将耕地与非耕地的农业用

---

① 当前，世界平均土地粮食产出率约 1 500 千克/公顷，发达国家平均土地粮食产出率约 6 000千克/公顷。

地科学统一规划，以牧草为基质，除了天然草地外，在耕地上实施草粮结合、草菜结合、草棉结合、草林结合等，以田间轮作、间作、套种等技术系统，充分发挥各种农用土地的生产潜力，在满足包括粮食在内的基本农产品需求的同时，更多地生产青饲料，提高动物性产品生产的经济效益，缓解土地过度耕种带来的环境恶化、长期生产能力受损等问题。任继周（2013）认为，草地农业包括四个生产层，即前植物生产层（景观旅游、水土保持等）、植物生产层（菜蔬花卉、林木、作物、牧草等）、动物生产层（畜禽产品等）与后生物生产层（产品加工、流通等）。草地农业也可以简单总结为由土地—农作物（包括牧草）—家畜组成的大农业系统。草地农业具备一些独特优点。

1. 草地农业能充分利用气候资源潜力，尤其是能节约水资源

研究显示，饲用植物（包含牧草）生长期较大部分农作物长 1~2 个月，能多利用 20%~40% 的气温，节省 15%~20% 的水分。

2. 人工草地牧草品质较好，经济效益更高

任继周、南志标等（2005）指出，人工草地产草量比天然草地可提高 3~5 倍或更高，若以 20% 的耕地种植牧草做填闲作物，能在保证谷物生产的前提下增加收益，并且人工牧草比包括玉米在内的饲料用粮的饲用价值更高，例如，每亩人工牧草（紫花苜蓿等）产量的蛋白质含量超过 300 千克，甚至高达 500~600 千克，而每亩玉米产量中蛋白质含量不超过 50 千克。

3. 牧草能保持水土，有益于培肥地力

我国 70% 的水土流失，来自于耕地，而草地比农田能减少水分流失七成左右。在黄土高坡的实验表明，草田轮作一个周期能提升土壤有机质四分之一左右，加之牧草有休眠芽，耐严酷，一旦环境适宜，即可萌生，不易成灾，加之能多种牧草混种，抗病力大大提升。另外，种植牧草特别是豆科牧草，能有效改善土壤物理性质，如种一茬箭筈豌豆草、木樨或毛苕子等，可使土壤团粒结构提升 40% 左右。豆科牧草还

能加快风沙成土速度，改善土壤结构，增加土壤的保水力。夏闲地复种牧草能降低土壤表面60%左右的蒸发率，不但提高了土壤水分利用率，还抑制了土壤表面盐分的积累，具有改良盐碱地的作用。例如，种植紫花苜蓿四年后，浅层土壤盐分能有效降低。牧草还能改良土壤化学组成，种植苜蓿与草木樨等豆科牧草可使土壤有机质含量提升40%左右，其根瘤菌每公顷能提供氮素75～225千克。小麦田复种毛苕子，在收获后，浅层土壤含氮量将提升21%。若将毛苕子作绿肥压青，半个月后即可腐熟，浅层土壤层内速效氮含量平均提升100%。草田轮作一个周期（3～4年），可以提高土壤有机质23%～24%。草地农业还能增加有机肥来源，减少化肥投入，例如，1头黄牛1年可积粪9 000千克左右、积尿3 900千克左右，与300千克的复合化肥相当，如果每公顷施37 500千克有机肥，土壤中有机物至少提升21%、速效氮提升15%左右、速效磷增加4.7毫克/千克，土壤有机结构能得到改变，土壤水、肥、气、热状态能得以协调，土壤蓄水与保水能力得以提升。

4. 实行草田轮作，可以藏粮于草，减少面源污染

根据相关技术研究，牧草根系发达、固氮和吸碳能力强大，粮食与牧草间种可以有效提高土壤的有机质含量，减少化肥与农药使用，恢复耕地肥力与生态水平，推行草田轮作，腾出部分农田种草，能提高粮食产量。任继周（2002）认为，草田轮作中生产的牧草、饲料可以用来发展畜牧业，生产肉蛋奶等畜产品，若一旦需要增加粮食生产，根据粮食需求结构调整种植结构，再让草于粮，来年就能生产出粮食，既经济又安全。显然草地农业能实现生产与生态二者兼顾，是可持续农业与生态农业的重要组成部分。

二、我国发展草地农业的可行性

我国草原面积广阔，与北美草原处于同一纬度，水热条件、草原生产力与北美草原也基本相似，我国发展草地农业潜力巨大。

1. 我国天然草地资源丰富

我国首次进行的草地资源调查显示，20 世纪 80 年代初我国天然草地面积为 49.7 亿亩，大于美国的 36.2 亿亩，小于澳大利亚的 65.6 亿亩，为世界第二草地大国。我国有近 4 亿人口在草原分布区生活，其中生活在天然草原区的人口超过 2 亿，全国 1.2 亿少数民族人口中 70% 以上集中生活在草原区（张立中、潘建伟等，2012）。我国天然草地主要集中在大兴安岭—阴山—贺兰山—青藏高原东缘一线的北部与西部的高纬度、高海拔地区，但在全国各地均有分布，主要分布在广西、云南、甘肃、四川、青海、西藏、新疆、内蒙古等省区。分省区看，西藏草地面积最大，其次是内蒙古、新疆、青海省，该四省区草地面积之和占全国草地面积的 64.7%。截至 2012 年末，我国草原总面积为 58.92 亿亩，占国土总面积的 40.92%，为耕地总面积的 2.24 倍、森林总面积 1.49 倍，其中可利用草原面积为 49.65 亿亩，占国土总面积的 34.47%[①]，同期适宜农耕的土地在国土总面积中的占比不过 10% 左右。另外，我国较为丰产的草地面积为农田的两倍，仅南方可利用草地面积就达到 3 亿亩，与 2.5 个新西兰相当。按目前条件，若南方草地生产水平能达到新西兰的一半，再加上与农区的耦合效应，将能获得 600 万个畜产品单位，大约折合 0.49 亿吨粮食，相当于增加了 1 亿多亩耕地（任继周、南志标等，2005）。

2. 我国发展人工草地潜力较大

当前，美国人工草地占天然草地的 15%，俄罗斯占 10%，新西兰、英国、荷兰、德国、丹麦等国占 60% ~70%，而我国仅为 2% 左右。当前累计种草保留面积 2.3 亿亩，这其中包括人工种草、改良天然草地、飞机补播牧草三项，若将后两项看作半人工草地，即我国人工和半人工草地面积之和也仅占全国天然草地面积的 4.68%，在全国各省区都有分布，以内蒙古最大，有 0.67 亿亩。另外，在缩小谷物播种面积与科

---

① 作者根据《中国统计年鉴》（2013）相关数据计算而得。

学发展天然草地的前提下，可以在保证"口粮的完全自给、谷物的基本自给"以及果蔬等农作物种植的耕地之外，科学规划发展人工草地或粮草轮作。近年来，每年我国人均口粮消费约 150 千克，粮食产量比口粮消费量超出约 250 千克，若按谷物 90% 的基本自给线以及现有农业种植结构调整来粗略计算，我国谷物播种面积能减少约 1 亿亩来种植人工草地。若考虑草地农业全面发展后的牧草对饲料用粮的"替代效应"，能节省出用于人工草地的耕地将更多。

3. 发展草地农业能缓解目前水资源紧缺状况

研究表明，在耗水量上，一些牧草（如苜蓿）与粮食作物相比具有优势，由于其根系较农作物发达，可分布到 2 米以下，根系吸水力数倍于农作物，灌溉需水量更低（见表 21）。而且苜蓿收获的是营养体而不是对水分较敏感的籽实，大旱年也不会明显减产，太阳能转化率与营养价值远高于农作物，是极干荒漠区高产、稳产的优良栽培植物。

表 21　　　　　　　**不同作物与牧草灌溉量与耗水系数**

作物	灌水次数	灌溉定额（立方米/公顷）	耗水系数（千克/克干物质）	地上总产量（千克/公顷）
春小麦	7	6 300	0.53	12 000
玉米	11	9 300	0.42	22 500
苜蓿	5	3 750	0.28	13 500
籽瓜	6	3 600	1.2	3 000
毛苕子	4	3 000	0.40	7 500
沙打旺	3	2 250	0.33	6 750

资料来源：师尚礼等. 甘肃省极干荒漠区草地农业现状及前景分析［J］. 甘肃农业大学学报，2002（3）：351－355.

4. 草地农业对环境适应能力较强

师尚礼、吴劲锋（2002）等通过对甘肃极干荒漠地区农业生产进行研究发现，即便该地区水资源稀缺，自然条件严酷，但种草养畜潜力很大，牧草与农作物的轮作倒茬和间作套种等技术，在极干荒漠区具有良好的推广应用前景。同时，该研究表明，在甘肃极干荒漠农区也完全具备种草养畜的有利条件，如极干荒漠区光线充足，海拔 1 300 ~ 2 300米，年均气温 8℃左右，无霜期 160 天左右，在荒地与耕地种植牧草，既可改良土壤又能控制地面风蚀，利用夏闲地填闲的办法，可在夏收后 70 ~ 100 天的正常生长期，种植短生育期或抗寒性绿肥或豆类作物、牧草与青饲料作物，发展极干荒漠区畜牧业。研究进一步指出，在极干荒漠区发展畜牧业的经济与生态效益良好，例如，每公顷产小麦籽实与秸秆产量的消化能是每公顷产紫花苜蓿产量的 75%，粗蛋白产量仅为后者的 25 %。以玉米为例，玉米每公顷产量按 6 000 千克计算，秸秆籽实的蛋白质产量为 750 千克左右，而苜蓿按每公顷产青草量 37 500 千克计算，蛋白质产量可达 1 650 千克；此外苜蓿的胡萝卜素比玉米高出百倍，维生素种类也多达 12 种以上。在极干荒漠区种植太阳能转化率与营养价值远高于农作物的牧草，将比种植用作饲料的粮食能够产生更高的效益。

三、我国草地农业发展面临的主要问题

草原农业作为草地农业的一部分，其发展状况会影响到整个草地农业发展。当前，我国草原农业发展严重滞后。每公顷草原生产力仅为 10.7 个畜产品单位，单位面积草原产肉量仅为世界平均水平的 30%，单位面积草原产值仅相当于澳大利亚的 1/10、美国的 1/20、荷兰的 1/50（张立中、潘建伟等，2012）。导致这种状况的主要原因除草原退化引起的草原承载能力低外，还有草原畜牧业经营规模小、技术落后等因素导致的草地农业比较效益低下。各种因素综合交织，使草地农业的经济效应、生态效益冲突加剧。

从全国草原利用来看，虽然近年来国家陆续启动实施一系列重大草原生态保护建设工程，建立健全草原生态保护补助奖励机制，推行草原承包经营、草畜平衡、基本草原保护和禁牧休牧轮牧等基本制度，我国

草原生态发生了一些积极变化，但草原农业发展仍面临诸多问题。

1. 草地破坏与退化严重，草原生态环境治理面临着严峻挑战

我国草原类型复杂多样（见表22），草原生态系统自身的特点也决定了一旦草原遭到破坏，其生态状况的改善需要一个长期的过程，甚至需要借助系统外能量输入，才能实现生态系统的良性循环。1986－1999年，我国西部地区因草地开垦而增加的耕地面积占到了新增耕地面积的69.5%，因开垦林地或果园而增加的耕地占到了新增耕地面积的22.4%。与此同时，每年各地又有大量的耕地因产量低、成本高等原因而被弃耕，加剧了土地的水蚀、风蚀。在西北绿洲地区，耕地面积虽然不大，但对水资源的消耗量非常大，造成水资源大量浪费。由于滥垦、过度利用和缺乏维护等原因，我国草地面积持续减少，质量不断下降（李春芳，2006）。

表22 我国草原分布基本情况

草原区名称	主要分布区域	基本状况
北方干旱半干旱草原区	位于西北、华北北部以及东北西部地区，涉及河北、山西、内蒙古、辽宁、吉林、黑龙江、陕西、甘肃、宁夏、新疆等省份。	全区域有草原面积15 995万公顷，占全国草原总面积的40.7%。该区域气候干旱少雨、多风，冷季寒冷漫长，草原类型以荒漠化草原为主，生态系统十分脆弱。
青藏高寒草原区	位于我国青藏高原，涉及西藏、青海全境及四川、甘肃和云南部分地区。	全区域有草原面积13 908万公顷，占全国草原总面积的35.4%。区域内大部分草原在海拔3 000米以上，气候寒冷，牧草生长期短，草层低矮，产草量低，草原类型以高寒草原为主，生态系统脆弱。
东北、华北湿润半湿润草原区	位于我国东北和华北地区，涉及北京、天津、河北、山西、辽宁、吉林、黑龙江、山东、河南、陕西等省份。	全区域有草原面积2 961万公顷，占全国草原总面积的7.5%。该区域是我国草原植被覆盖度较高，天然草原品质较好，产量较高的地区，也是草地畜牧业较为发达的地区，发展人工种草和草产品加工业潜力很大。

续表

草原区名称	主要分布区域	基本状况
南方草地区	位于我国南部，涉及上海、江苏、浙江、安徽、福建、江西、湖南、湖北、广东、广西、海南、重庆、四川、贵州和云南等省份。	全区域有草原面积6 419万公顷，占全国草原总面积的16.3%。区域内水热资源丰富，牧草生长期长，产草量高，但草资源开发利用不足，部分地区面临石漠化威胁，水土流失严重。

资料来源：李春芳．近现代美国西部开发中的生态环境问题及对中国西北开发的借鉴意义[J]．甘肃理论学刊，2006（2）．

2. 我国大部分草原没有实现适度规模经营，超载过牧状态严重

张立中、潘建伟等（2012）结合不同类型草原户均占用草地承载力、草原面积、市场需求等因素，测定分析了典型草原区、温性草甸草原区、荒漠草原区牧户绵羊、山羊或肉牛的适度饲养规模与草地适度经营规模，得出了我国草原畜牧业经营规模过小的结论。同时，我国草原超载过牧状态严重，2010年全国重点天然草原的牲畜超载率为30%，其中，西藏、内蒙古、新疆、青海、四川、甘肃的牲畜超载率分别为38%、23%、33%、25%、37%和36%。全国264个牧区、半牧区县（旗）天然草原的牲畜超载率为44%，其中，牧区牲畜超载率为42%，半牧区牲畜超载率为47%。

3. 草地基础设施落后，草地农业经营效益较差

我国多数地区在草地的利用上，只注重产出，而不重视保护，资源消耗严重；基础设施建设与维护跟不上生产需要，牧区退化、草地沙化面积较大，草地生产力极度下降。目前，我国平均4亩草地才能养活1头牛，如果通过改良，种植人工牧草，按照国际经验，平均1亩地可以养活4头牛，可以大大节约粮的饲料使用。草原建设治理速度低于沙化、退化速度，北方牧区植被遭受严重破坏，生态条件恶化，自然灾害频繁，使许多地区陷入恶性循环，严重影响到畜牧业生产与人类生存环境。因此，对草原进行施肥、补播、灌溉，恢复草原生态，提高草原可持续生产能力，意义重大。

四、发展草地农业，推动农业结构战略性调整

1. 转变单一的粮食安全观，树立综合化的食物安全观

顺应经济社会发展和人们多层次生活需求形势的发展变化，摒弃传统上"以粮为纲"的指导思想，突破传统粮食安全观仅拘泥于粮食范畴的误区，树立全面综合的食物安全新观念，并依此指导农业产业结构规划、调整和产业化经营。牢牢树立农业自然资源整体化观念，注重农业资源的合理利用，充分利用我国广阔的耕地、草原、水面、山地、林地和荒地资源，发展多元化、立体式种养殖产业，为居民提供充足、多样化和高质量的食物产品，改善居民的营养结构，修复生态环境，增强食物安全保障能力。

2. 加强技术研发推广，发展新型草地农业

建立与食物结构相匹配的农业结构，从"重生产"向生活、生产、生态并举转型。鼓励和引导农户调整养殖结构和养殖方法，提高草饲动物养殖比例，用人工牧草取代粮食饲料，逐步解决"人畜争粮"问题。逐步通过调整种植结构，减少粮食播种面积，对腾出的耕地进行轮休或者种植有利于涵养耕地肥力的牧草。利用中低产田、季节性撂荒以及采取草粮轮作、间作等技术，退耕还草、发展草地农业，促进水土资源休养生息，提高食物长期生产能力和食物安全的可持续保障能力。

3. 科学规划草地农业生产布局，优化耕地和草地资源的综合利用

建议仿照18亿亩耕地红线政策，加强草原保护，在保持口粮安全的前提下，根据不同地区的气候与土壤特征，科学规划草地农业生产布局。在西部、北部纯牧区发展天然草地畜牧业；在北方农牧交错带，以多年生牧草为主、一年生饲草生产为辅，发展以草食家畜为主体的养殖业；在黄土高原地区，以多年生牧草为主、谷物生产为辅，粮草轮作、带状相间种植，发展以草食家畜为主体的养殖业；西北绿洲地区要以谷物和经济作物为主，开展草田轮作，依托人工草地、谷物秸秆发展草食

家畜生产；东北、华北平原地区，以谷物生产为主，养殖业以猪、禽为主，同时利用谷物秸秆资源，发展秸秆养牛、养羊；南方亚热带草山、草坡区，要发展多年生混播草地，放牧养殖草食家畜（孙洪任、武瑞鑫等，2008）。

4. 发挥财税激励作用，引导、扶持草地农业发展

积极实行种草补贴、牧草机械购置补贴、设立草食家畜购置及建舍圈补贴、为草地农业发展提供财政贴息贷款、对牧草和畜产品加工业减免税收等政策，推动草地农业发展。

5. 加强饮食健康和节粮知识宣传，引导居民改变饮食结构

通过对健康饮食知识的宣传，引导居民减少肉类尤其是粮饲动物肉类（主要是猪肉）的食用，提高牧草饲养动物肉类（主要是牛羊肉）、水产品和蔬菜与水果摄取比例。

五、充分发挥我国资源比较优势，大力发展劳动密集型作物

我国农业资源的禀赋特征为水土资源短缺、人力资源丰富，为充分发挥资源禀赋优势，提高农业生产比较效益，我国应大力发展劳动密集型的园艺业，在解决农业剩余劳动力就业问题的同时，提高农业比较效益。

1. 从劳动力资源来看，我国是世界第一人口大国

按国际流行的衡量农业现代化的一个重要指标，即农业就业占社会就业比重来看，国际上农业现代化的最低标准为农业就业人口占社会就业的比例在10%以下，我国离这一目标尚有较大的距离。从国际比较来看，2010年美国该比例为1.6%、法国为2.9%、荷兰为3.2%、日本为3.7%、韩国为6.6%，而我国这一比例为36.7%（见表23）。截至2013年末，我国人口为13.6亿人，其中，乡村人口6.3亿人，占比46.3%；2013年我国"人户分离人口"达到2.89亿人，其中流动人口为2.45亿人，"户籍城镇化率"仅为35.7%左右，即实际农村人口数

为约 9.2 亿人，占总人口的比例为 64.3%（见表 24）。

表 23 　　　　　2010 年部分国家按三次产业就业人员构成情况表

国家	按三次产业就业人员构成（%）
中国	36.7:28.7:34.6
印度	51.1:22.4:26.6
日本	3.7:25.3:69.7
韩国	6.6:17.0:76.4
美国	1.6:16.7:81.2
法国	2.9:22.2:74.4
荷兰	3.2:15.9:71.6
俄罗斯	9.7:27.9:62.3

资料来源：世界银行数据库。

从农民外出务工人数变化来看，2010 年以来，该增加值呈下降趋势，2010－2013 年，分别新增 1 245 万人、1 055 万人、983 万人和 633 万人（见表 24）；由于劳动力转移趋势的减缓，第一产业就业人数在相当长的时间内仍将保持在较高的水平。

表 24 　　　　　　　2008－2013 年我国农民工规模和变化 　　　　　单位：万人

指标	2008 年	2009 年	2010 年	2011 年	2012 年	2013 年
1. 农民工总量	22 542	22 978	24 223	25 278	26 261	26 894
外出农民工	14 041	14 533	15 335	15 863	16 336	16 610
（1）住户中外出农民工	11 182	11 567	12 264	12 584	12 961	13 085
（2）举家外出农民工	2 859	2 966	3 071	3 279	3 375	3 525
2. 本地农民工	8 501	8 445	8 888	9 415	9 925	10 284

数据来源：国家统计局，《2013 年全国农民工监测调查报告》。

2. 我国耕地资源缺乏，人均耕地少

2009 年，我国人均耕地面积 0.09 公顷，同期，美国、英国、法国、日本、韩国、日本、巴西、印度该数值分别为 0.53 公顷、0.1 公顷、0.28 公顷、0.03 公顷、0.03 公顷、0.32 公顷和 0.13 公顷；由于我国农业人口占比偏高，从农业经济活动人口人均耕地面积来看，我国为0.2公顷，美国、英国、法国、日本、韩国、巴西、印度该数值分别为65.2公顷、12.4公顷、29.0公顷、2.7公顷、1.1公顷、5.2公顷和0.6公顷，我国为最低水平（见表25）。我国不但耕地面积少，而且地区分布极不均衡，东部地区占19.4%，中部地区占22.7%，西部地区占37.3%，东北地区占20.6%，与人口分布基本呈相反态势。

表25　　　　　　　　　主要农业国家农业基本情况

国家		人均收入（美元，Estimated by PPP，2010年）	人均可耕地面积（公顷，2009年）	农业经济活动人口人均耕地面积（公顷，2008年）	每公顷谷物产量（千克，2010年）	农业劳动增加值（美元，2010年）	制造业劳动增加值（美元，2010年）	农业劳动增加值与制造业劳动增加值之比
高收入国家	美国	47 310	0.53	65.2	6 988	51 370	110 360	0.466
	英国	35 840	0.1	12.4	6 957	25 681	61 333	0.419
	法国	34 760	0.28	29.0	7 093	57 973	78 999	0.734
	日本	34 780	0.03	2.7	5 852	40 385	78 628	0.514
	韩国	28 830	0.03	1.1	6 196	19 807	59 220	0.334
中高收入国家	巴西	11 000	0.32	5.2	4 055	4 182	16 247	0.257
	墨西哥	14 400	0.22	3.1	3 499	3 302	27 588	0.12
中低收入国家	中国	7 600	0.09	0.2	5 521	545	42 933	0.013
	印度	3 340	0.13	0.6	2 537	507	14 152	0.036
	印度尼西亚	4 190	0.10	0.4	4 876	730	11 343	0.064

资料来源：世界银行网站数据库、联合国国际劳工组织网站数据库、中国统计年鉴。

3. 水资源总量丰富，但人均水资源占有量偏低

我国人均水资源占有量仅相当于世界人均水资源占有量的1/4，位列世界第121位，是联合国认定的水资源紧缺国家。不仅如此，水资源在全国范围的分布严重不均。占全国面积三分之一的长江以南地区拥有全国五分之四的水量，而面积广大的北方地区只拥有不足五分之一的水量，其中西北内陆的水资源量仅占全国的4.6%。

我国多年平均降水量约6万亿立方米，其中54%即3.2万亿立方米

左右通过土壤蒸发和植物散发又回到大气中，余下的约有2.8万亿立方米绝大部分形成了地面径流和极少数渗入地下。我国拥有的淡水资源总量低于巴西、俄罗斯、加拿大、美国和印度尼西亚，居世界第六位。但因人口基数大，人均拥有水资源量仅为2 200立方米，占世界人均占有量的四分之一。专家预测，我国人口在2030年将进入高峰期，届时人均水资源量大约只有1 750立方米，我国将成为严重缺水的国家。

4. 适应农业资源禀赋特征，大力发展园艺产业

从农业生产经营特征来看，粮食作物季节性较强，并且适于机械化耕作，对劳动力的吸纳能力较低；以蔬菜、水果为主的经济作物以分散种植为主，需要较多的劳动力投入，能够吸纳大量劳动力，可以发挥我国劳动力资源禀赋的优势。例如，据统计，2011年粮食作物、烤烟、甘蔗、桑蚕茧、蔬菜、苹果亩均用工需求分别为6.79日、32.38日、48.62日、35.46日和40.32日，苹果用工需求是粮食作物的5.94倍（见表26）。增加蔬菜、水果等产品生产也符合国内居民消费升级和需求多元化的实际，而且能够出口创汇，提高农业的比较收益，增强对社会资源的吸引力。例如，2013年，我国农产品贸易实现逆差510.4亿美元，其中谷物贸易逆差44亿美元、棉花和食糖逆差87.2亿美元、食用油籽和植物油逆差398.3亿美元、畜产品逆差129.9亿美元，而蔬菜实现顺差115.8亿美元、水果实现顺差21.6亿美元，体现了我国水土资源缺乏和劳动力资源丰富的资源禀赋特征。

表26　　　　　　　　　**2011年我国部分种植作物每亩用工量比较表**

作物类别	粮食作物	油料	花生	烤烟	甘蔗	桑蚕茧	蔬菜	苹果
亩均用工量（日）	6.79	8.79	9.91	32.38	15.97	48.62	35.46	40.32

资料来源：《全国农产品成本收益资料汇编（2012）》，中国统计出版社。

粮食作物属于高耗水型作物，大规模种植粮食作物的水利用效益较低（具体各农作物的水资源利用效率见图36）。根据世界银行的测算（Luc Christiaensen，2014），生产1吨大豆需要耗用约3 200立方米水，

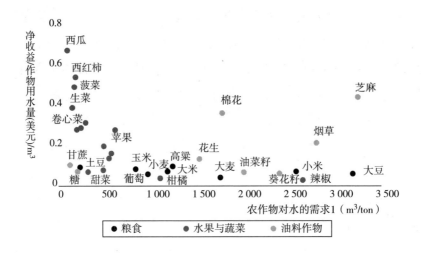

注：转引自 Luc Christiaensen，《The Role of Agriculture in a Modernizing Society Food, Farmsand Fields in China 2030》，The World Bank。

图36　各类谷物与水果和蔬菜耗水量、经济效益比较

按此标准，2013 年我国净进口 6 835 万吨大豆计算，相当于进口 2 187.2亿立方米的淡水，约占我国淡水资源总量的 7.8%。因此，减少国内种植面积，增加大豆、其他大宗农产品和需要耗用大量饲料的畜产品进口，能够有效弥补国内水土资源的不足。而水果、蔬菜等园艺作物水利用效率与经济效益也比较高，应当充分发挥比较效益原则，进一步扩大种植面积，既适应国内居民消费升级的需求，也能够出口创汇，提高农业比较效益，增强农业产业的吸引力。

小　结

随着城镇化推进和居民收入增长，城乡居民消费结构逐步升级，口粮消费占比持续下降，而肉蛋奶、水产品等高蛋白食物和蔬菜水果需求不断增加。在我国农业产业结构中，以小麦、水稻和玉米为主的谷物种植业仍占绝对比重，畜牧业尤其是奶产业占比仍比较低，与居民快速增长的消费需求不相适应。另外，在我国畜牧业中，粮饲料动物占比偏高，畜牧业与人争粮问题突出。而且，在草饲动物养殖中，粮食添加比例也很高，不但造成粮食的低效利用，而且不符合动物饮食习性，引发了严重的畜产品质量问题。为有效改变上述现状，需要我们及时调整农业产业结构，一方面鼓励畜牧业和蔬菜水果等园艺业加快发展；另一方面降低畜牧业粮饲料动物养殖比例，加快发展草饲动物养殖。为有效提高草饲动物养殖比较效益，应大力发展牧草种植、加工产业，通过扩大优质牧草的种植加工比例，有效提高畜产品产量和质量，进一步适应居民对高品质畜产品的消费需求，并提高农业生产的比较效益。

第七章　大力发展农业产业化经营 提高农业生产比较效益

由于地少人多和城市化发展迟缓，分散小规模经营是我国农业的典型特征。在工业化快速发展和对外开放迅速推进的背景下，农业比较效益低的问题逐渐凸显，土地、劳动力持续外流。为了应对居民不断增长的农产品需求压力，提高单位面积产出是现实的选择。于是，化肥、农药单位面积施用量大幅增加，大大超过世界平均水平。大量施用化肥和农药造成两方面的后果，一方面是农地、水资源受到严重污染，农产品质量问题频发；另一方面是导致农业生产成本居高不下，农业生产效益低下。以上两方面的问题，不但影响以粮食为主的农产品数量安全，也造成不容忽视的质量安全问题。因此，借鉴发达国家农业生产经验，为实现我国农产品的数量和质量安全，需要加快农业产业化经营，通过加强对农业生产产前、产中和产后各环节的有机管理，有效降低农业生产成本，并切实加强对产品质量的管控。

第一节　当前我国农业产业化经营现状

农业产业化经营其实质就是用现代管理理念、方法和科技手段从事农业生产和经营，生产经营决策以市场需求为导向，以降低经营成本、提高经济效益为中心，加快利用先进管理方法和科技产品，在全国或区域范围内，实行区域化布局、专业化生产、科学化管理和产供销一条龙的农业生产模式。

一、我国农业产业化发展水平

改革开放以来，随着农业领域的改革与发展，市场逐渐在农业生产经营中取得了主导地位，一些地方尤其是沿海地区的农业企业慢慢发展壮大。在农业企业带动下，我国农业开始走向产业化发展的道路。尤其是近年来，我国农产品加工业逐渐摆脱了粗放经营的局面，农产品深加工、精细化生产的产品和产业链条越来越长。随着我国农产品总量持续增加、品种不断丰富和消费需求逐步升级，农产品加工业进入了快速发展的新阶段，主要表现在四个方面[1]。一是发展速度快。2013 年规模以上农产品加工企业实现主营业务收入约 17 万亿元，利润超过 1.2 万亿元，同比分别增长 14% 和 16%；固定资产投资达到 3.4 万亿元，同比增长 23%，增速高于同期制造业的增长。二是产业集聚快。农产品加工业加速向优势农产品主产区和大城市郊区集聚。2013 年，山东、河南、四川等 10 个畜禽养殖大省，肉类加工企业主营业务收入占到全国总量的 80%，初步形成了一批农产品加工产业聚集区，涌现出一批名牌产品和驰名商标。三是生产集中度提高快。2013 年，规模以上农产品加工企业达 7 万多家，大中型加工企业主营收入占到全行业的 50% 以上。年收入超过百亿元的农产品加工企业超过 20 家。四是技术创新能力提升快。科企对接、产学研结合加快了技术创新的步伐，攻克了一批核心技术难题，形成了一批具有自主知识产权的新技术、新装备，制定和修订了一批标准和技术规程，产业的自主创新能力和核心竞争力得到全面提升。谷物、肉类、乳制品和植物油等农产品加工行业的部分高端成套设备正在逐步由进口为主向自主研发和生产转变。

总的来看，我国农产品加工业从小到大，已发展成为产业关联

---

[1]　杨绍品党组成员在全国农产品加工业工作会议上的讲话（农业部网站，http：//www. moa. gov. cn）。

度高、行业覆盖面广、带动作用强的基础性、支柱性产业，成为延长农业产业链、就业链和效益链、拉动农业农村经济和县域经济发展新的增长极。随着城乡居民收入水平的提高和消费结构的不断变化，我国农产品加工业在今后相当长的时间内将继续保持快速发展的势头。但也要清醒地看到，我国农产品加工业仍然存在不少突出困难和问题。

1. 加工能力严重不足

与发达国家相比，我国农产品加工业发展还比较滞后，行业规模小、技术水平相对落后，农产品加工率仍比较低。现阶段，发达国家农产品加工业的总产值已经超过农业总产值的 2～4 倍，而我国仍在 50% 左右。据有关方面调查，由于初加工设施简陋、方法原始，粮食、马铃薯、水果和蔬菜的产后损失率分别高达 7%～11%、15%～20%、15%～20% 和 20%～25%。

2. 技术装备水平落后

突出表现在农产品加工装备制造业落后，大量精深加工技术装备和环保设备依赖进口。大部分农产品加工企业没有建立研发机构，而且受工资待遇、生活条件、人文环境等因素影响，企业很难吸引和留住高素质的专业技术人才。

3. 税负负担过重

从调研情况看，农产品加工企业平均税负占销售收入的 8%～10%，而利润仅为销售收入的 3%～5%。多数企业负重运行，发展后劲不足。

4. 融资难融资贵问题突出

据调查，规模以上农产品加工企业年均需要周转资金 5 000 万元以上，按照利率在国家基准利率的基础上一般会再上浮一定比例，加上贷款抵押物评估费等，年利息等支出占比过高，财务费用沉重。

5. 生产成本持续快速上升

据统计，与 2005 年相比，2012 年粮食、生猪、蔬菜、水果等原料价格上涨了 47%～168%，能源、动力价格上涨了 45%，劳动力成本涨了 1 倍多，而同期大部分农产品加工制品价格涨幅仅为 20%～60%。成本的急剧上升导致企业利润微薄，无力进行技术改造，个别企业甚至采取偷工减料或降低产品质量的方法维持运行。

6. 公共服务和行业指导不到位

我国农产品加工业既缺乏针对性的扶持、引导和规范政策，也存在行业规划缺乏、宏观调控手段不足、标准体系不完善、管理机构不健全等问题①。

二、农业产业化经营的制约因素

以上问题具有体制性根源，我国人多地少的特殊国情与分田到户的家庭联产承包责任制，赋予单个农户拥有使用权的土地面积较少，有限的土地使用权约束了农业生产经营规模。虽然近年来，我国人口增长模式在发生根本性改变，农村劳动力转移步伐加快，部分地区农业经营规模有所扩大，但我国"细碎化"②、超小型地权分配格局改造远滞后于农地经营规模改变，我国劳均耕地与户均耕地面积在世界上仍属于超小规模（见表 27）。三次产业就业人员情况反映一国农业发达程度，也在一定程度上反映出该国农业经营规模。从 2010 年世界部分国家三次产业就业人员构成情况来看，相比发达国家，我国农业从业人员比重依然偏高。我国农业生产经营规模较小，必然导致农业集约化经营和产业化发展程度较低（见表 27）。

---

① 全国农产品加工业会议材料，中华人民共和国农业部网站（http：//www.moa.gov.cn）。

② 在家庭联产承包责任制情况下的土地"细碎化"表现为：由于耕地质量原因，而分割耕地时往往将不同质量的耕地均分，导致农户的土地被分割为多块，分布在其住宅周围、相互不连接但又在一定合理的距离之内。

表27 2008 年部分国家农业集约化经营程度

国家	平均每个农业经济活动人口耕地面积（公顷/人）	平均每千公顷耕地上拖拉机使用量（部/千公顷）	平均每千公顷耕地上收割机使用量（台/千公顷）	平均每千公顷耕地上化肥施用量（吨/千公顷）
中国	0.2	27.7	5.8	467.6
印度	0.6	19.9	3.0	157.7
日本	2.7	433.9	221.2	278.2
韩国	1.1	163.3	55.0	479.5
美国	65.2	25.8	2.0	101.9
法国	29.0	61.6	4.2	152.5
荷兰	4.7	135.9	5.3	275.7
以色列	5.7	70.5	0.8	272.1
俄罗斯	18.6	3.0	0.8	15.9

资料来源：联合国粮农组织统计数据库（http://www.fao.org）。

总体来看，我国农业产业化发展不足的主要制约因素是生产规模较小，而农业小规模分散经营的根源在于以下几方面的原因。

1. 城镇化发展尚未能根本改变超小的地权分配格局

我国改革开放三十多年来，在创造经济增长奇迹的同时，城镇化进程也备受瞩目。从 1950 年到 2000 年的 50 年内，我国新增城镇人口占全世界新增城市人口的 18.47%，其中大部分为城乡存量人口，位列世界第一[1]，"中国的城镇化与以美国为首的新技术革命将成为影响人类 21 世纪的两件大事"[2] 的预言也成了现实。我国城镇化率（按城镇常住人口统计口径计算）从 1978 年的 17.92% 升至 2012 年的 52.57%，年均上升一个百分点，特别是在 1995 - 2012 年，城镇化率发展迅速，年均增长 1.4%。虽然城镇化进程使我国农村常住人口绝对数量快速减少，但因我国农村人口基数庞大，农村常住人口绝对数量依然较大，按

---

① 世界银行. 世界城市化展望报告［R］. 2011.

② 顾晴. 斯蒂格利茨：城市化将使中国成为世界领袖，城市化网（http://house.focus.cn），2010 - 09 - 10。

照耕地集体所有、人均分配的制度安排，人均耕地占有量较低，分散、超小的地权分配格局尚无根本改变。

2. 农民工市民化受阻强化了地权高度分散的格局

刘易斯曾描述了发展中国家从落后传统农业社会过渡到发达现代工业化社会的轨迹：工业发展产生劳动力需求，吸引农村剩余劳动力向非农产业转移，农村剩余劳动力及其家庭也会伴随就业空间的变化而迁入城市，推动城镇化发展，这些城市新增人口产生的巨大需求又进一步推动工业发展，如此不断推动，形成刘易斯循环（威廉·阿瑟·刘易斯，1989）。但从我国农业发展历程来看，农业现代化远滞后于工业化、城镇化发展。其原因在于，刘易斯将发展中国家农村剩余劳动力转移视为一个毫无障碍相互作用的过程，这与我国现实不符，我国存在诸多制度障碍（如城乡分割的户籍制度、教育制度、就业制度、医疗制度等），限制了城乡间和地区间的劳动力流动，构成劳动力转移过程中的"摩擦力"。虽然改革开放以来，从政策上在逐步取消劳动力流动的就业、教育、户籍等方面的限制，但在观念和具体操作上，仍需一个渐变过程。工业化使大量农民工进城，但我国住房、户籍、教育、社保等城乡分割的二元制度，使农民工无法真正从身份上、体制上，特别是在生活上享受到与市民同等的待遇。第六次全国人口普查显示，截至2012年末，我国流动人口达2.61亿人，占全社会劳动力总量的三分之一，他们在城市中"落人不落户"，经常处于城乡"两栖"状态，不能从根本上起到减少农业人口的作用，高效、集约的现代农业发展受阻。2012年底，我国城镇化率①为52.57%，而该年我国非农户口人口比重仅为35.29%。这表明，我国仍有超过2亿在城镇中常住的农民不具有城镇户籍，或者处于城乡"两栖"状态，他们无法享受到与城镇居民均等的公共服务，其主要原因在于以城乡分割为特征的户籍管理制度以及与户籍管理制度相对应的二元福利保障制度的存在。

---

　① 这里的城镇化率是指城镇常住人口占全国总人口的比率。

户籍制度与社会保障制度改革的滞后使常住城市的农民工不但不能拥有城镇户籍，而且在培训、就业、子女教育、社保医疗等问题上，也不能享受同等的"市民待遇"，形成"农民工市民化壁垒"。世界银行2012年的调查表明，越富裕的城市、人口越多的城市，落户门槛就越高，农民工与城镇人口的社保差距就越大。目前，中国每4个城镇常住人口中，有1个外来的、无户籍的常住人口[①]。外来无户口的常住人口的就业质量、福利保障与城镇人口有很多差距，形成城镇内部的二元结构。此外，高房价成为除户籍之外阻碍农民进城的另一个重要障碍。据测算，一个农民工市民化的成本大约为8万元[②]，但如果把住房成本计算在内，农民工市民化的成本会大幅增加，使大量希望进城入户的农民工望而却步。

因农民工市民化进程受阻，大量农民工虽然进入城市就业、生活，但难以融入城市，起不到减少农业人口、为农业现代化创造条件的作用。农村长期外出务工的流动人口只能按农民身份参与农村耕地与宅基地分配，导致农民工工作地点与其家庭永久居住地点不一致，在城镇与农村"双重占地"，农村地区的住宅格局与耕地使用性质未发生实质变化，成为影响整体推进农业适度规模经营的主要症结。

3. 土地流转制度不完善制约中国整体推进农业适度规模经营

一方面，土地流转不规范，服务体系不完善；另一方面，农民对未来预期不确定，影响土地供给。一是我国尚无农村土地流转的相关立法，农村土地流转应如何规范、流转后用途如何监管、农民权益如何保障等问题都缺乏相应的法规约束。二是土地流转市场建设滞后，当前我国没有成熟的土地流转市场体系，缺乏中介服务机构，流转服务体系不完善，土地市场信息不对称现象严重，交易成本高，引发"有地难流、

---

① 韩俊. 城镇化是中国发展最大内需潜力之所在，人民网（http：//theory. people. com. cn），2013 – 02 – 01。

② 国务院发展研究中心. 农民工市民化的成本测算［R］. 2013.

有田难转"的现象。三是作为农民最基本生产资料的土地，兼有就业、收入、社会保障功能，而农民对土地流转未来预期的不确定现象较为普遍。土地流转是个多方"利益博弈"的过程，出让土地的农民、种粮大户、家庭农场、农业企业、工商企业、拥有土地所有权的集体组织（如村委会）等都是博弈主体，但从所拥有的政治、经济、社会资源来看，农民处于绝对弱势地位，二轮延包时土地流转或"被流转"后失去土地经营权的教训（傅振邦、朱睿，2013），让农民担心土地流转后失去土地，导致多数农村家庭抱有"能种地还是种地，能收多少就是多少"的心态。以上几方面的原因，影响了土地流转，制约了规模化经营。

第二节　国外农业产业化经验借鉴

英国工业革命之后，工业的技术成果逐步用于农业，农业领域也开始了现代化的征途。由于农业资源禀赋的差异，各发达国家走向不同的农业现代化或产业化发展模式，主要可以分为三种类型：资本集约型，以美国、加拿大、澳大利亚等国为代表。由于地广人稀，劳动力不足，先采用农业机械化，提高劳动生产率，缓解劳动力不足的矛盾，之后是生物技术现代化，提高土地生产率；劳动密集型，日本、荷兰等国最为典型，由于人多地少，自然资源缺乏、耕地面积少，选择先生物技术现代化，提高土地生产率，后农业机械化，适当提高劳动生产率；综合型，以英国、法国、意大利等国为主，这些国家工业相对发达、劳动力和土地都不太丰富，选择了生物技术和机械技术二者并举的道路，同时增加物质和智力投资，促进劳动生产率和土地生产率共同提高。

一、美国模式——大规模农场

美国是当前农业最为发达的国家之一，2010 年，美国农业、林业、渔业和畜牧业行业增加值为 305 亿美元，占 GDP 的比例仅为 1.1%，2013 年该比例上升到 1.6%；2010 年，美国农业就业人口占总就业人口的比重为 1.6%。平均每个劳动力生产的农产品可以供近 100 人消费，全国 1/5～1/3 的农产品用于出口。

美国是典型的人少地多的国家，其农业生产中大量使用节约劳动力的大型农业机械，经营模式以大规模家庭农场为主。全国有农场 204 万个，每个农场平均耕种 176 公顷（2 640 亩）土地，其中家庭农场约占 87%，合伙农场占 10%，公司制农场占 3%。由于许多合伙农场和公司制农场也以家庭农场为依托，因此美国的农场几乎都是家庭农场。根据郭扬华（2011）的统计，2001－2008 年，美国农场年平均净收入达到 9.6 万美元，2007 年和 2008 年更是高达近 20 万美元，远远高于普通家庭年收入 5 万～6 万美元的平均水平。美国农场主拥有较大规模的土地、机器设备等资产，且大多数负债率低。农场的平均资产达 140 万美元，其中机器设备 42 万美元、土地 56 万美元。农场经营的机械化、化学化水平很高，耕地、播种、施肥、喷药、收购、加工、储运等全程机械化、智能化管理，近年来更是综合运用土壤保护、生化防虫、测土施肥、卫星定位等先进技术。目前已经有 50% 以上的农场采取全球卫星定位系统辅助农业生产，可以依据定位系统，有针对性地施肥、灌溉，大大提高了整片土地的生产率。农业生产中还广泛使用农业生物技术，降低自然灾害发生率，目前全部农作物的 67% 都是具有耐除草剂、抗虫剂、杀虫剂等基因改性农作物，对生态环境影响很大。

为有效提高生产效率、降低生产成本，各农场主之间在产前的土地耕作、生产资料购买和产中的防虫、施肥、灌溉、收割以及产后的运输、储藏和加工等环节实现了广泛的合作。据统计，2011 年，美国有 220 万个农场，2 285 个农业合作社，其中包括供销合作社、信用合作社和其他类型的合作社，注册会员为 230 万人①，注册社员数超过了美国农场数量，可见美国农场几乎全部参加了农业合作社，有的甚至参加了多个合作社。据统计，每个美国农场主平均参加 2～6 个合作社，有效降低了农业经营成本，各合作社可以在耕作、播种、施肥、喷药、灌溉、收获、加工等方面为农场主提供专业化的社会服务。任禾、臧薪宇（2010）的研究发现，美国的农业销售渠道发达，农产品生产出来以后，一般交由各类发达的专业性储运机构来运输和保管，这些储运机构通常为农场主们合作投资拥有的农业专业合作社。农场主通过互联网随时了解农产品现货、期货、期权等价格动态，通过国内外大型粮商、交易所等渠道以有利的价格和方式销售产品。随着农业经营规模的扩大，美国现在已经形成了很多集收购、运输、检验、分级、加工、包装、销售等环节于一身的涵盖了产前、产中及产后业务的综合性、一体化的合作社。这些合作社实力相当强大，目前已有一定数量的合作社发展成为跨国集团，在北美洲乃至全世界占有重要地位。

美国政府虽然通过各种渠道不断增加对农业的直接投入，但信贷资金在农业总体投入中所占的比重仍越来越高，杨晓明（2006）的研究发现，40% 的农业投资、70% 以上的农场需要通过信贷途径来筹措资金。美国农户信贷管理局既可以提供长期抵押贷款，帮助农场主购买土地、修建房舍、改良土地和开发水资源等，期限可达 40 年，利息仅为 5%；也可以提供中短期生产贷款，用于农场主购买种子、肥料、牲畜和饲料等。农业信贷优惠的主要形式之一是所谓的"无追索权贷款"，即参与该项计划的农场主获得的由农业部农产品信贷公司（CCC）提供的一种担保贷款。其基本做法是：为保证农业生产者的基本收入水平，政府事先制定出每单位农产品的支持价格（即贷款率），在农产品收获后的任何时间，生产者可将农产品按支持价格抵押给农产品信贷公司而取得贷

① 王宗凯、阳建. 美国农业合作社 2011 年净收入创历史新高［N］. 新华网（http：//www. xinhuanet. com），2012 – 10 – 03.

款。之后，如果市场价格不能达到政府支持价格水平，信贷公司无权索回贷款，而当市场价格高于支持价格时，农户可自己在市场上出售农产品，然后再偿还该项贷款的本息。一般来说，政府制定的支持价格等于或略高于农产品的生产成本，且贷款利率远低于商业贷款利率，所以农户可从此项计划中以较低的成本（贷款利率）得到获取高收益（市场价格高于政府支持价格）的机会。

二、日本模式——现代化的小农经济

日本属于典型的人多地少的国家，其依靠先进的化肥、农业、育种和小型农机具等农业科学技术走精耕细作生产之路，取得了显著的成效。当前，日本农业增加值在 GDP 中仅占 2%，人均耕地 0.7 亩，目前农户平均经营规模为 1.5 公顷（即 22.5 亩）。

2010 年日本有 260 万从事农牧业的人口，农业劳动力占总劳动力的比例 3.9%，其中专业农户只占 16%，其余 84% 为兼业农户。2010年日本农业人口平均年龄为 65.8 岁，老龄化非常严重，其后果是：先进技术难以快速普及，农户往往习惯于种植单一种类产品，受市场波动影响大，还有部分土地因劳动力短缺和所有者身体不佳而撂荒。

由于山地和丘陵多，地块小且分散，家庭农场规模普遍较小，农业中大量使用小型拖拉机和联合收割机，对土地进行精耕细作。日本农业现代化与化肥工业的发展与生物技术的应用密切相关。通过农产品品种改良、育苗方法的改进以及农药和化肥等生产资料生产技术的进步，日本的农产品单位产量大幅提高。目前，日本一些大型企业正在涉足农产品的生产，建造"植物工厂"，探索农业的"工业化"。

日本政府对农业支持力度较大，主要为财政政策和信贷政策。根据孔凡真（2007）的统计，日本政府的一般财政预算中，农业支出约占10%。主要用于三方面：一是支持农地建设、水利建设、机械化设备购置和稻谷生产等，约占农业预算支出的 40%，购置大型农业机械给予的补助可达购置款的50%。二是农产品价格支持，约占49%。三是农民的各种福利约占11%。在信贷支持政策方面，根据国家干预的方式不同，可划分为三类：一是通过债务担保形式（即国家对银行涉农贷款的损失进行一定的补偿）鼓励各银行的资金投入农业。二是利用农协系统金融机构的低息资金投入农业，国家给予利息补贴。农协贷款如因故无法收回，由政府承担损失。三是各级农林渔业金融公库发放的财政资金贷款。主要用于农业基本建设、土地开垦、救灾等项目。该类贷款具有利率低、使用期限长等特点。

日本农业合作化程度非常高，最主要的合作组织为农协，广东省农业代表团的考察报告把农协的业务范围归纳为八大项①：一是生产和生活指导。二是建立生产者、基层农协（加工和包装）、批发市场、零售商的销售渠道。日本农产品生产总量的80%~90%要进入批发市场，属于农协系统组织集货批发的要占60%以上。农协系统共有集贸所几千个，此外还有不少全国运输联合会，下设庞大的运输组织，快速组织农产品送配和销售。由于农协只收取一定手续费，这样就基本消除了商业资本的剥削，有效地保护了农民的利益。三是信用服务。四是农资供应服务，通过农协集体采购，节省流通经费和流动资本。五是保险服务，分散农业经营风险。六是提供设施与设备，如大型拖曳机、联合收割机、加工设备、仓库、选果场、农机维修站等。七是提供医疗服务。八是发展老人福利事业。

三、欧洲模式——适度规模经营

欧洲大陆耕地面积有限，人口密度相对较高，但城市化水平高，农村人口占比低，相应地平均每个农业劳动人口拥有耕地面积相对较多。该种模式以法国为代表，法国耕地面积适中，人均耕地介于南北美洲的美国、加拿大、巴西、阿根廷和大洋洲的澳大利亚等地广人稀国家与东

---

① 广东省农业代表团，关于日本等国现代农业的考察报告，载《南方农村》，2002（3）。

亚的日本、韩国等人多地少国家之间。由于农业科技发达，这些国家走的是适度规模经营和精细农业兼顾的农业现代化道路。

应强（2013）的研究发现，作为欧洲传统的农业大国，法国的城市化进程比英国和美国要晚得多。截至2011年末，法国国土面积为547 660平方公里，其中农业用地占53.12%，耕地面积占33.54%，适于谷物生产的土地为9 434 117公顷，人均耕地0.28公顷。直到第二次世界大战结束前，法国从事农业的人口仍有1 000万。但是，随着战后经济的恢复，现代化农业技术以及大型机械在农业中的广泛使用，法国持续长达千年的农业社会出现了巨大的变化，从事农业生产的人口剧减。2011年法国仅有50万左右农户，从事农业生产的人口仅不到100万。据世界银行统计，2009-2012年，法国农业就业人口占总就业人口的比重均为2.9%。

在西欧各国中，法国历来是比较重视农业发展的国家。战后，由于法国丧失了原有殖民地，同时因加入了欧洲共同体，在共同体内法国农产品具有优势。因此，法国对农业的发展越来越重视。所采取的主要政策和措施如下[①]：

1. 土地集中政策

"二战"后，法国政府制定了土地改组政策，通过建立"土地整治和乡村企业公司"等手段，加速了土地的集中，促进了资本主义大农场的发展。法国《农业法》还规定，国家可以高价收买"没有生产力农户"的土地，卖给大土地经营者或工业企业家去经营。到1965年，已有400多万公顷土地被合并。为了加速农业用地的集中，法国政府于70年代又作出了对农民发放终生养老金的决定，促使44万老年农民离开农业，仅此一项就集中了900多万公顷的土地，相当于全部农用土地的四分之一。据统计，全国农场数从1955年的226.57万户减少到1977

---

① 法国农业发展的政策措施，中国有机农业网（http://www.cnoa360.com），2013-11-03。

年的 118 万户。20 公顷以下的小农户从 1955 年的 181.32 万户减至 1977 年的 80.61 万户, 20 年内减少了一半以上。而同期 50 公顷以上的大农户则从 9.51 万户增至 13.88 万户, 增加了 46%。全国农户平均拥有的耕地面积由 1955 年的 14 公顷增至 1975 年的 21.3 公顷。法国从 1960 - 1970 年有约 260 万公顷土地从 20 公顷以下的农场转入 20 公顷以上的农场。1975 年, 50 公顷以上的农场, 虽只占农场总数的 10%, 但却占土地面积的 40%。与此同时, 垄断资本通过农工商综合体和农业合作社, 把几乎所有的农场控制在自己的手中。因此, 法国农村经济的主体, 已改由大农场、大企业和合作社所组成。所以法国农业现代化政策, 实质上是扶植大农、排挤和消灭小农的政策。广大中小农户纷纷破产。在这种情况下, 为了防止矛盾的尖锐化, 避免社会动荡而影响垄断资本的根本利益, 不得不在广大农民斗争的压力下, 实行一定的让步政策, 通过一系列政策, 使农村社会福利事业得到较快发展。例如, 对被排挤的农民给予一定的赔偿和补助, 对离开农业的青壮年农民给予从事新职业的培养费, 对老年农民实行退休金制度, 对医疗实行大部分免费等等, 这些政策措施对农业生产的发展起了一定的促进作用。

2. 农业信贷政策

法国在实现农业现代化的过程中, 农场自筹资金所占比例很小, 而借入资金的比例则不断提高, 国家贷款已成为法国农业现代化所需资金的主要来源。一些生产规模较大的农具合作社, 国家贷款在其投资总额中占比 80% 左右。为促进农业现代化发展, 法国政府采取了一系列优惠政策。在第二次世界大战以前, 法国农业投资资金几乎全部来源于私人企业。战后, 政府才把农业投资正式纳入国家预算, 每年农业事业费的支出约占国家预算的 13%。法国政府对农业的投资以贷款为主, 贷款期限分短期、中期和长期三种。短期原则上以农业年度为限, 不得超过十八个月, 中期一般以十五年为限, 长期一般不超过三十年。为贯彻土地改组政策, 扩大农场经营规模, 鼓励机械化生产, 促进农业专业化和农工商一体化，政府对上述农业资金实行低利贷款政策。这种低利贷款约占全部贷款的三分之一，每年发放 200 亿～250 亿法郎，利率为 3%～4%，比一般贷款利率约低 50%。为了利用该项贷款促进农业现代化，从 1960 年开始，法国政府规定对所谓"不生利的农户"（主要是指中小农户）停止发放这类贷款，而仅发放给有许可证的合作社和大户。1970 年起对享受畜舍现代化贷款的农户，规定了牲畜饲养最低头数。

3. 价格干预政策

为防止农产品价格暴跌，以及利用价格来调节农业结构，法国政府对农产品价格实行干预政策，主要措施为：一是事先规定农产品的目标价格，当市场价格下跌时，国家予以补贴。二是事先规定农产品的目标价格和干预价格。当市场价格下跌至干预价格时，国家或有关机构按干预价格大量购进；当市场价格上涨至目标价格时，按目标价格抛售，其亏损由国家补贴。三是鼓励农产品廉价出口，其与世界市场价格的差额，由国家予以补贴。

4. 加强农业科学研究和农业教育工作

法国农业科学研究分属农业部和合作部两个系统，农业部直接领导的有法国农业研究院和国家农业试验研究中心两个研究机构。法国农业研究院是全国最高农业学术研究机构，设有 9 个学部，在全国各农业区设有 19 个研究中心，共有 264 个设备完善的试验室，拥有一支高素质的科研队伍。从 1946 年建院以来，这支队伍为发展现代农业科学技术进行了大量的研究，取得了很大的成绩。培训具有现代化农业知识和技术的人才，是促进农业现代化的先决条件。法国政府十分重视农业教育工作，除大量设立高等农业院校外，还在乡村普遍设立农业中学，为有继承权的农场主的子女进行免费教育。法国政府对农业经营者规定了应具备的资格和条件，凡是申请经营农场的青年，都必须受过九年制的中等学校义务教育，然后进入农业基础学校学习三个月，再到农场当三年学徒（其中必须有一年到别人的农场劳动，有半年到一年从事畜牧业劳动）。学徒费用由国家开支，期满经考试合格才算毕业。毕业后有的还要到省或市（县）办的农业学校学习半年农场管理知识，才算取得从事农业经营的资格并领到毕业证书，凭这张证书才有资格向政府申请低息或无息贷款。为了避免由于多子女引起的土地、农机具等分散，国家还规定农场主的继承人只许选择一个，一般都是根据掌握农业科学知识的水平进行择优选定的。农场主普遍具备经营农业的科学技术知识和组织管理才能，这也是农业现代化最基本的一个条件。

第三节　我国农业产业化发展路径选择

从发达国家的农业现代化发展历程来看，农业现代化路径没有固定的模式，各个国家可以根据不同的资源禀赋状况，选择自己的发展道路。但是，从各国农业发展的经验来看，农业现代化也有一些共性因素，比如土地适当集中、政府财政与信贷支持、农业技术研发和劳动者教育等，这些经验可以参考借鉴，促进我国农业现代化和产业化发展。

一、推动土地有序流转，促进农业规模经营

农地是农业经营规模的决定因素，为实现农业规模经营的目标，需要农地适当集中。在我国农地集体所有、农户承包经营的制度下，土地流转是实现农业规模化、集约化乃至农业现代化的重要举措。当前，我国农地流转过程中还存在交易制度不完善、市场发展滞后等制约因素，促进农地有效流转，需要做好以下工作。

1. 要完善农民土地财产权，依法保障农民对土地的使用权、收益权、流转权与处置权

以法律明确农民承包权长久不变，坚持"增人不增地、减人不减地"政策长久不变，要明确承包权为承包农户的永久使用权，而经营

权是承包权所派生的土地使用收益权，用法律明确经营权权能与权利义务关系。集体林权制度改革要基本完成明晰产权、承包到户的改革任务，草原承包改革要加快步伐。

2. 抓好农村土地管理的基础性制度建设，稳步推进各类土地的确权颁证工作

农村集体土地所有证与农村集体土地使用证，是征地补偿的重要凭证，也是经营性集体建设用地使用权进行市场流转的必要前提条件，因此，确权颁证是土地有序流转的重要工作之一。

3. 建立健全土地交易市场

一是要在坚持最严格的节约用地制度前提下，建立城乡统一的建设用地市场，以合理规范的方式转让土地使用权。二是要成立土地交易所，通过在县（市、区）、乡镇、村逐级建立起与土地经营权流转相配套的服务管理组织，科学制定土地交易规则，让农村宅基地、承包地能在法律范围内自愿、自由、公平交易。

4. 要尽快在国家法律层面制定农村人口的人地分离试行办法

对于已长期离开农村并在城市（或中心镇）有稳定职业、稳定收入并居住的农民，向农村人口有偿转让宅基地与农村承包地，但必须用立法来避免地方政府或基层组织利用行政权力侵犯农民利益。

5. 加强土地流转事后监督

做好土地流转后的动态管理，做好流转合同履行情况监督，确保农民利益，协调、化解土地流转中的矛盾纠纷，确保土地流转工作顺利开展。

二、坚持与完善家庭承包经营制度，适度提高农业经营规模

由于农业生产对经营决策的灵活性、参与的全程性等独特要求，世界各国包括农业发达国家也是以家庭为经营主体。我国家庭承包经营制是农村的基本经济制度，符合世界农业发展的基本规律，需要长期坚

持。但是，由于我国人多地少，导致耕地分散、经营规模小、经济效益低，在家庭承包制的实现形式上，需要进行探索与创新。目前各地正在试点的以家庭承包地入股、代耕、转让、出租等形式的土地流转实践，在一定程度上提高了农业的经营规模和收益水平。但是农村人多地少的国情决定我国很难像美国、加拿大、澳大利亚等耕地资源丰富的国家那样实现大规模经营，并且全国各地水土与光照等条件差异巨大，需要结合不同区域的实际探索适宜的经营规模。韩长赋（2013）认为，从我国资源禀赋和当前工业与农业收益比较看，一年两熟地区户均耕种50～60亩，一年一熟地区户均耕种100～120亩，就有规模效益。我们对河南省1 165个家庭农场的调查显示，有604个家庭农场经营规模为100～500亩（含），占比51.8%。河南省统计局对全省150个种粮大户2013年小麦生产成本与收益调查结果表明，规模农户粮食生产效益明显高于散户，当前经营面积在200亩左右的规模种植户，亩均生产收益最好[①]。据《2012年全国农产品成本收益资料汇编》统计，2011年，全国三种粮食（稻谷、小麦、玉米）平均每亩投入成本约791元，亩均纯收益251元，若种植规模达到100亩，收入就会达到2.5万元，按一年两熟计算，收入可以达到5万元，种粮比较收益低的问题就可以得到有效缓解。另一方面，实行农业规模化生产还能将原先无法利用的田垄、遮挡地块纳入生产，将能够有效增加耕地面积。

实现农业规模化、集约化经营，一个不可或缺的前提条件就是大量农村剩余劳动力向非农产业和城镇转移，这个转移是与城镇化进程密切相关的。但我国几十年来城镇化进程在吸引农村剩余劳动力在城镇就业的同时由于诸多制度方面的原因，也存在一些困难和问题，例如，一方面进城务工人员无法顺利落户，没能真正实现农村剩余劳动力市民化；另一方面，过度注重规模扩张的粗放型城镇化导致土地资源过度消耗与

---

① 河南省统计局. 新时期河南粮食不同规模种植效益比较研究，河南省统计信息网（http：//www. ha. stats. gov. cn）。

低效，城镇建设占用耕地与耕地保护矛盾突出，影响我国农业可持续发展。因此，顺利实现农业现代化，推动新型城镇化是重要前提。

新型城镇化不是单纯的城市面积扩张与人口比例增长，其最终要实现产业结构、就业方式、人居环境与社会保障等一系列从"乡"到"城"的根本转变，是一个农民转移至城市就业并长期生活、成为新市民并深度融入城市的过程。为充分发挥城镇化对农业现代化的推动作用，必须要解决好"如何让农民从农村出得来"和"如何让农民能进得了城"等一系列问题，这意味着要真正解决进城农民的居住、户籍、就业、教育、医疗、养老等社会身份、社会保障问题，消除对进城农民的歧视性政策，让进城农民真正享受均等的公共服务，真正融入城市，公平、平等发展，增加城镇化的"拉力"；要"让农民能从农村出得来"，这就需要通过农业生产经营规模化与产业化来形成农村剩余劳动力转移的"推力"，把农民在农村原来的利益，主要是土地增值收益要完整地留给农民或者要让农民得到合理补偿。让农民进城不能以剥夺农民的权益为代价，降低"农民工市民化壁垒"，增加农村剩余劳动力的"拉力"，实现城乡间资源要素流动的市场化，构建农民向城镇迁徙的机制和条件，减少剩余劳动力流转的"摩擦力"。因此，新型城镇化必然涉及一系列公共政策的新变革，即户籍、土地、住房、教育、就业、医疗和社会保障等一篮子制度改革。

1. 推进户籍制度改革

放松中小城市、小城镇的落户条件，完善大城市现行户籍迁移政策，改变"落人不落户"的现状。逐步建立城乡统一的户口登记制度，加快落实放宽中小城市、小城镇尤其是县城落户条件的政策。继续发挥大城市集聚优势，加强与改进大城市人口管理，发展特大城市周边中小城市与卫星城市（镇），放松周边中小城市（镇）的落户条件，加强大城市主城区与周边中小城市（卫星镇）的连接，充分利用大城市集聚与带动作用。改革户籍和福利合一的管理制度，逐步让福利与户口脱

钩，逐步消除非户籍人口与户籍人口间的不平等待遇与差距，还原户口
的人口登记功能。

2. 促进公共服务均等化

加快农民工市民化步伐，要注重从制度上促进基本公共服务的均等
化与全覆盖。要破除城镇内部二元结构，改革现有偏向城镇居民却忽视
农民工的社会保障体制，推进城镇居民保障性安居工程，既要切实解决
城镇常住人口住房难题，也要努力解决暂时未落户城镇农民工的住房租
购。修改或取缔对农民工在就业、教育、身份上的排斥性法律法规，全
面促进教育、医疗保障、养老、交通等公共资源的平等分配，建立惠及
农民工的社会救助制度，让农民工真正在身份上、体制上，特别是在生
活上享有与城市居民的同等待遇。需要指出的是，公共服务均等化牵涉
到地方政府财政负担以及非户籍居民与户籍居民的利益分割，城镇外来
人口分享基本公共服务，存在导致原有居民享受水平下降与地方政府财
政负担加大的可能，这需要创新中央政府的转移支付机制设计，将转移
支付对象由当地户籍人口规模扩大为当地常住人口规模，同时，深化投
融资体制改革，合理利用民间融资，缓解财政压力，促进公共服务均
等化。

三、培育新型农业经营主体，有效提高农业劳动者的知识技能

农业现代化进程也是与农业现代化相适应的农业生产经营主体发展
壮大的过程。随着工业化、城镇化进程加快，农村劳动力持续转移，土
地不断向专业大户、家庭农场等农业经营主体集中，土地经营规模随之
逐渐增加，这是世界农业发展的基本趋势。近年来，我国已形成"承
包农户为基础、多种经营主体共存"的农业经营格局，但离"专业化、
集约化、组织化、社会化"的新型农业经营体系还相差甚远。因此，
培育和壮大新型农业经营主体，实现适度规模经营，应重点做好以下几
点工作。

1. 大力培育新型农业经营主体和现代职业农民，推动农业经营主体职业化

支持有文化、懂技术、会经营的农村实用人才与青年致富带头人，通过流转土地等多种方式，扩大生产规模。支持中等职业学校毕业生、高等院校以及农业科技人员在农业领域创业。支持外出农民工、个体工商户等回乡从事农业开发。

2. 鼓励发展专业合作、股份合作等多种形式的农民合作社，引导其建立规范、透明的管理制度

强化农民合作社管理制度创新与能力建设，推动农民合作社运行规范化、经营品牌化、生产标准化、社员技能化、产品安全化，提高农民专业合作社运行质量。同时，加大财税、金融对农民合作社的支持力度。

3. 支持农业产业化龙头企业做优做强

鼓励发展混合所有制农业产业化龙头企业，引导农业产业化龙头企业通过资本运作、品牌嫁接、产业延伸等方式联合重组，着力培育一批产业关联度大、拉动与辐射能力强的涉农企业，鼓励条件成熟的龙头企业上市。支持农业龙头企业开展企业技术、产品、工艺创新，发展现代种养业、农产品加工与流通业。鼓励有条件的农业产业化龙头企业与农民专业合作社申报驰名商标、知名商号、中国名牌、中国名牌农产品等，注册地理标志证明商标、集体商标，创建区域品牌。

4. 鼓励新型农村经营主体发展

积极通过财税金融政策，大力推动家庭农场等新型农业经营主体发展，对其生产性经营活动所需生产资料进行适度补贴，对其生产性经营活动要实行税收减免。同时，切实加大对新型农业经营主体发展的金融支持力度。出台专项的农业保险法规细则，规范农业保险的运作。完善农村保障体系，建立健全农村养老、医疗等农村社会保障体系，为土地流转农户创造适宜的退出机制和制度条件，确保土地流转制度的长期性

和稳定性。着力构建竞争充分的农村金融市场，深化"三农"金融事业部改革试点，深化农村信用社改革，推动村镇银行等新型农村金融机构加快发展，发展面向家庭农场的社区银行模式，允许利用家庭农场协会开展融资担保，或在内部开展互助性资金合作。推动适合家庭农场发展的金融产品与服务方式创新，针对不同类型家庭农场的差异化需求，提供多样化金融产品，对资信记录好的家庭农场要积极发放信用贷款，积极探索开展集体林权、土地承包经营权、农村住房财产权抵押贷款试点，盘活农村土地资产。加大信贷制度创新力度，合理确定贷款利率和期限结构，创新审批机制，提高审批效率，积极拓宽多元化融资渠道，建立健全金融支持家庭农场的风险分散分担体系。

四、建立健全社会化服务体系，提高农业生产效益

由于农业生产经营的特殊性，对市场信息、基础设施、农业机械和专业技术的依赖性较高。发达国家的农业之所以发达，其主要原因并不仅仅是他们农业生产手段的现代化，而且在于他们有发达的社会化服务体系，有活跃的各类农民合作组织，有发达的农产品生产、加工、销售的一体化经营网络。我国人多地少且几乎是平均分配，单个农户或农业企业规模小，在以上各方面均存在差距与不足，在一定程度上提高了农业生产成本、放大了经营风险。当前，我国农业经营性服务组织发展滞后，对粮食生产的支持力度弱。相关资料显示，目前美国农业生产性服务业增加值占农业 GDP 的比重已达到 12.7%，而我国仅为 2.3%[1]，农业经营性服务业还大有潜力可挖。在市场经济中，社会化的生产方式是必然选择，小农经济生产模式如何实现小生产与大市场的对接、如何向规模化与集约化发展、如何从独立为市场生产到利用社会化分工协作使自己的生产走向专业化，是我国在现有国情下，在稳定农村基本经营制

---

[1]　韩长赋：积极推进新型农业经营体系建设，新华网（http://news.xinhuanet.com），2013 - 08 - 07。

度基础上，将家庭经营的优势和统一经营与服务的优势结合起来、建立富有活力的农村经营体制亟待解决的一个重要问题。虽然随着经济社会的进步与市场化进程，我国农业领域的生产要素流动与重组、农业分工与产业结构变革、多种形式的生产经营合作与联合，都表明我国农村已开始由封闭走向开放，但当前我国社会化服务体系建设滞后，已成为推进农业现代化中的"短板"。例如，从20世纪80年代砍乡级的"七站八所"到目前对公益性农业服务体系建设的忽视，造成基层农村生产型服务业发展严重滞后。再如，在农技推广体系上，存在管理体制不顺、人员素质不高、服务能力不强、效率低下等问题，难以满足新形势下农业生产经营主体对技术推广服务的需求。另外，在我国农业经营中的统分结合问题上，过去的"统"是单纯靠村、组集体，而现在要靠多元化、多层次、多形式的经营服务体系。

着力培育多元化服务主体，架构新型社会化服务体系，支持、帮助专业大户、家庭农场等农业经营主体提高专业化、市场化水平是同步推进农业现代化的重要保障。要按照党的十七届三中全会提出的"家庭经营要向采用先进科技和生产手段的方向转变，增加技术、资本等生产要素投入，着力提高集约化水平；统一经营要向发展农户联合与合作，形成多元化、多层次、多形式经营服务体系的方向转变，发展集体经济、增强集体组织服务功能，培育农民新型合作组织，发展各种农业社会化服务组织，鼓励龙头企业与农民建立紧密的利益联结机制，着力提高组织化程度"的道路走下去，围绕农业分工与专业化发展，适应农业生产经营主体多元化趋势，加快建设公益性服务、市场化服务有机结合的新型农业社会化服务体系。

1. 加强公益性农业服务体系建设

一是健全相关法律法规，为农业技术推广体系的发展提供稳定的制度环境，保障农技推广体系公益性职能的发挥。贯彻落实修订后的《中华人民共和国农业技术推广法》，为新时期农技推广工作提供更加适宜、切实可行的法律保障。二是加强基层农技推广体系建设，在财力、物力、人力方面予以支持。切实加强对地方农技推广体系改革工作的领导，推广先进经验，汲取错误教训；抓紧解决基层农技推广工作的经费保障问题，建议中央按耕地面积安排农技推广工作经费，不断完善"县为支撑、乡为平台、村为载体"的农技推广服务体系；完善基层农技人员职称评定政策，提高工资待遇。三是完善农技推广网络，提高农技推广服务能力。建设高素质农技服务队伍，鼓励、支持和引导广大科技人员深入田间，与农民结成利益共同体，以共同利益为纽带建立良性互动关系。

2. 放活经营性服务业

加快培育农业经营性服务机构，鼓励非政府农技推广组织发展。要放活经营性服务业，通过政策扶持、项目推进等措施，为科研院所、专业大户、农民专业合作社、农业技术协会、农业龙头企业等组织开展农技推广服务营造良好环境，建立以政府农技推广机构为主体、多元化发展、无偿服务与有偿服务相结合的新型农技推广体系。一是按照服务农民、进退自由、权利平等、管理民主的要求，扶持农民专业合作社加快发展，使之成为农业科技的集散地、农民学习的培训班，引领农民参与国内外市场的竞争；允许有条件的农民专业合作社开展信用合作，满足合作社实体建设的金融需求与农户在引入新品种、新技术时的资金借贷需求。二是发展农业产业化经营，促进农产品加工业结构升级，扶持壮大龙头企业，培育知名品牌，优化龙头企业与农户的利益联结方式。三是继续发挥专业技术协会在信息传播、技术培训、生产服务等方面的作用。四是推进农民经纪人立法工作，规范农民经纪人队伍，发挥经纪人在农技推广中的作用。五是鼓励农业专业服务公司的发展，为农户生产提供产前、产中、产后的保姆式服务。六是加快农业科技成果转化，促进产学研、农科教相结合，支持高校和科研院所同农民专业合作社、龙头企业、专业大户开展多种形式的技术合作。

3. 建立完善农业和农村经济监测管理服务信息系统

建立和完善农村大型公共信息服务系统并提高农村网络覆盖率，使广大农民尤其是专业农户、家庭农场、农民专业合作社能够利用网络信息平台获取相关信息。进一步建立和完善国家级农业基本数据库，建立农业监测、预测、预警等宏观调控与决策服务应用系统和农业生产形势、农作物产量预测系统，建立防灾减灾系统和农业服务信息系统等①。

五、鼓励农业科技创新，提高农业生产效率

土地、水资源、种子、机械、设施和肥料等生产资料是农业生产的基本要素，其中种子、机械、设施和肥料与农业科技创新密切相关，这些生产要素数量多寡和质量优劣决定着农业生产成效。我国耕地资源有限，未来城市化与工业化仍将占用一部分优质耕地，水资源短缺和水质污染问题严重，农业科技创新能够有效提高农产品单产、降低物质投入和增强抵抗自然灾害的能力，未来农业增产和农民增收的重任在于农业科技创新与应用。2012 年我国农业科技进步贡献率②为 53.5%，比发达国家整体低 20 个百分点左右。我国农业科技进步贡献率较低既有农业科研投入不足与效率偏低的原因，也与我国农业劳动者文化水平低有关。2012 年河南省地方经济社会调查队对全省 300 户农民家庭劳动力就业情况的调查结果显示：51 岁以上的人数占 42.8%，60 岁以上的人数占 14.0%，小学及以下文化程度占 39.1%，女劳动力占 60.9%，受

①　《中共中央关于推进农村改革发展若干重大问题的决定》，2008 年。
②　根据朱希刚、刘延风（1997），农业科技进步贡献率是广义的农业科技进步对农业总产值增长率的贡献份额。科技进步有狭义和广义之分。仅包括自然科学技术进步的称为狭义的科技进步，在狭义科技进步基础上，再包括政策、经营管理和服务等社会科学技术进步的，则称为广义的科技进步。在正常年景，农业总产值的增长来自两个方面：一部分来自生产投入的增加，另一部分来自科技进步带来的投入产出比的提高。因科技进步产生的总产值增长率，为科技进步率。因此，农业科技进步率是农业总产值增长率中扣除新增投入量产生的总产值增长率之后的余额。农业科技进步率除以农业总产值增长率，就是农业科技进步贡献率。一个时期的农业科技进步贡献率的计算公式为：农业科技进步贡献率 = 农业科技进步率/农业总产值增长率。

过专业培训的劳动力仅占 2.8%①。农民的知识水平、技术能力和管理能力的高低是传统农业向现代农业转变的关键，农村青壮年劳动力的大量外流，制约着农业技术和生产管理现代化的推进。另据河南省地方经济社会调查队对全省 104 个国家粮食大县乡（镇）农技推广体系建设状况的调查②，发现基层农技推广工作普遍存在经费不足、专业人才匮乏、农技工作人员待遇低、工作积极性不高、管理体制混乱、技术推广缺乏有效手段等问题，农业技术推广工作严重滞后于生产需要。

鉴于上述原因，应进一步加快基层农技推广机构建设和改革步伐，同时，加快推广农村职业教育，以农村家庭农场、农民合作组织和农业企业为重点，通过多种形式培育有知识、懂技术、会管理的现代职业农民；加快农业生产技术研发与推广，建立与完善农村科技推广网络；出台优惠政策，吸引大学毕业生尤其是农林相关专业大中专毕业生到农村就业，逐步提高农业劳动力的技术水平；改革农业科研管理制度，加大农业科研投入，促进农业科技成果的研发与推广，加快农业现代化进程。

1. 加强农业科技研发

以国家主导、市场为主体进行重大科研攻关，国家加强政策引导和资金支持，鼓励和协调国家科研院所和大型农业企业加强联合，在粮食高产、抗病、耐旱、耐碱、耐涝等粮食新品种和高效、适用的新式农业机械研发方面加大力度，力争在重大科研项目上实现新突破。

2. 加强基层农业技术推广网络建设

理顺基层农技推广体系的管理体制，由于基层政府事务性多和农技推广技术性强，应由县级农业主管部门派出设置乡镇农技推广机构，实行人、财、物权统一归县级农业主管部门垂直管理，扭转因条块分割、人事分离而导致一线农技推广人员管理缺位、经费无保障、工作受影响

---

① 河南省地方经济社会调查队. 我省农业劳动力状况调查报告发布"高、低、多、少"四问题成发展瓶颈，河南省人民政府网站（http：//www. henan. gov. cn），2012 - 07 - 25。

② 河南百家粮食大县基层农技推广体系建设状况调查报告. 河南省地方经济社会调查队（http：//www. ha. stats. gov. cn）。

的现状。在此基础上，加大投入力度，加强相关设备配备和人员技术培训，提高农机推广能力和水平。加强对农业流通、仓储管理等技术的研发与推广，减少粮食在流通与储存环节的消耗和浪费。

3. 客观理性看待转基因技术

在转基因技术问题上，我们应积极进行技术研发但审慎使用。截至目前，转基因食品的安全性尚存在较大的争议，但是作为现代农业新技术，已在美国、英国、法国、巴西和阿根廷等国家和地区投入生产使用[1]。在此背景下，我国应当积极加强对转基因技术在农业生产应用领域中的研究，一方面在其安全性尚未完全明确之前，通过研发作为技术战略储备，避免未来产生技术短板；另一方面短期内也可以仿效欧美国家，把转基因粮食用于不断增加的工业用粮需求，缓解"工业与人争粮"的困境。对转基因粮食的食用，在其安全性尚未得到确认之前，我们可以持谨慎观望的态度。

六、加快农村金融服务体系建设，提高金融支农力度

据调研，相比传统农户的金融需求，新型种粮大户、家庭农场和农业产业化龙头企业的资金需求规模大、周期长，传统的农村信贷模式已经适应不了农村经济新变化。需要加强金融改革，改善金融服务，提高对农业产业化发展的支持力度。一是应引导金融机构创新金融服务，加强对种粮大户、家庭农场和农业产业化龙头企业在土地流转、水电路渠等基础设施建设、农机具与农业生产资料购买、农产品收购与存储、运输、加工等方面资金需求的支持。二是鼓励地方政府出资或参股设立担保公司，为新型经营主体特别是种粮大户提供担保，中央给予一定补助。鼓励农业产业化龙头企业为与其合作的农民、专业合作社提供贷款担保。三是在粮食主产区探索开展产业链金融，鼓励金融机构以粮食产业链内各经营主体间的订单、合同、应收账款等作担保发放贷款。在此

---

[1]　主要用作工业用粮，也有部分转基因食品在按要求进行分类注明后可以在市场上销售。

基础上，探索开展农户住房与大中型农机具抵押、耕地承包经营权、大宗农产品和仓单质押等贷款。四是适度提高对粮食主产区、中西部财力困难地区以及重点粮食品种的中央财政保险保费补贴比例，将原来由农户承担的农业保险保费部分调整为中央财政新增农业补贴资金代为缴纳；扩大保费补贴范围，补贴品种扩展至主要农作物品种，尤其是高风险、低收益的品种。应将种粮大户转入土地纳入农业保险保费补贴范围。在制订各省农业保险工作方案时，省级农业部门应加强与财政部门、保险监管部门的沟通协调，充分发挥地方政府统一领导、组织、协调农业保险工作的职责，推动保险机构提高农业保险保障水平，至少弥补直接物化成本，有条件的地方可提供多档次的保额供农民选择，同时针对当地农业主导产业，开展设施农业、农作物制种、渔业、农机等保险。加快建立国家再保险机构，帮助保险机构有效规避大灾风险，对从事农业保险业务的再保险费用给予补贴或优惠。

小　结

在开放经济的条件下，世界各国农业之间的竞争在于价格和质量的高低，而农产品价格取决于生产成本，质量高低则决定于产前、产中和产后的规范化管理。农业生产既是自然再生产过程也是社会再生产过程，不但受水土资源多寡和气候条件优劣的影响，也受农业科技创新、生产过程控制等因素影响。从我国的农业自然资源禀赋来看，由于人口多，人均耕地和水资源少，地少人多、经营分散是我国农业的典型特征，也是我国农业生产成本高、效益低的重要原因。为有效转变这一局面，需要我们加强农业产业化和集约化经营，通过土地流转、农业科技创新、新型农业经营主体培育等途径，进一步提升我国农业生产的产业化水平，有效提高农产品质量和农业生产的比较效益，增强农业产业的竞争力，确保粮食安全和主要农产品供给。

第八章　加强农地保护　改善农业生态环境

我国人口众多、人均耕地少，在工业化和城市化快速发展的过程中，耕地数量不断减少、质量持续降低，已威胁到包括粮食在内的农产品数量和质量安全，亟须改革现行耕地管理制度，加强耕地保护。同时，我国草地、林地资源丰富，并且开发利用和支持与保护程度较低。在居民收入增长和消费结构升级的背景下，对农产品的多样化需求日益增长，应拓宽耕地保护的理念，把耕地保护范围扩大到包括耕地、草地、牧地、林地等的全部农地，通过科学规划、合理开发及严格保护等手段多措并举，逐步实现我国农地的生态环境、农地质量和农业生产能力协调发展。

第一节　我国耕地保护现状

一、我国耕地分布与变动情况

1. 耕地总量不足，区域分布不平衡

《关于第二次全国土地调查主要数据成果的公报》[①] 显示，截至 2009 年 12 月 31 日，全国共有耕地 20.31 亿亩，其中基本农田 15.61 亿亩。国土资源部通过每年年度土地利用变更调查推算结果显示，到

---

① 第二次土地调查根据统一的土地利用分类国家标准，采用政府统一组织、地方实地调查、国家掌控质量的组织模式，利用覆盖全国遥感影像的调查底图进行的调查，数据的真实性和可靠性均比较高。

2012 年底的耕地为 20.27 亿亩，比原有统计多出 2 亿亩。事实上，多出的 2 亿亩耕地的主要原因是调查标准与技术方法的改进及农村税费与补贴政策调整，以前没有利用或登记的耕地重新计入，并非耕地面积的真实增加。其中，全国有 564.9 万公顷耕地位于东北、西北地区的林区、草原以及河流湖泊最高洪水位控制线范围内，还有 431.4 万公顷耕地位于 25 度以上陡坡（见表 28），在以上将近 1.5 亿亩耕地中，有相当一部分需要退耕和休养生息。此外，还有 5 000 多万亩的耕地受到污染，一定数量的耕地因开矿塌陷造成地表土层破坏或因地下水超采成为"漏斗区"，难以正常耕种。因此，当前全国适于稳定利用的耕地仅 18 多亿亩。我国人均耕地较少，并呈逐年下降趋势，人均耕地由 1996 年的 1.59 亩下降到 2009 年的 1.52 亩，显著低于世界人均耕地 3.38 亩的平均水平。随着人口的增加，我国人均耕地下降趋势仍将持续存在。

表 28　　　　　　　　　　2009 年全国耕地面积及分布情况

	面积（万公顷）	占总量比重
全国耕地	13 538.5	100%
按地区分		
东部地区	2 629.7	19.4%
中部地区	3 071.5	22.7%
西部地区	5 043.5	37.3%
东北部地区	2 793.8	20.6%
按坡度划分		
2 度以下	7 735.6	57.1%
2~6 度	2 161.2	16.0%
6~15 度	2 026.5	15.0%
15~25 度	1 065.6	7.9%
25 度以上	549.6	4.1%
按灌溉条件分		
有灌溉设施	6 107.6	45.1%
无灌溉设施	7 430.9	54.9%

数据来源：《关于第二次全国土地调查主要数据成果的公报》。

从耕地的地区分布来看，我国耕地主要分布在中西部地区和东北地区。其中，东部地区、中部地区、西部地区和东北地区分别有 2 629.7万公顷（39 446 万亩）、3 071.5 万公顷（46 072 万亩）、5 043.5 万公顷（75 652 万亩）和 2 793.8 万公顷（41 907 万亩），占比分别为19.4%、22.7%、37.3%和 20.6%（见表 28）。

从土地平整度来看，我国大部分耕地比较平整，不易耕种的陡坡耕地主要分布在西部。数据显示，全国 25 度以上的耕地（含陡坡耕地和梯田）549.6 万公顷（8 244 万亩），占 4.1%。25 度以上的耕地（含陡坡耕地和梯田）主要分布在西部地区，占比为 79.9%（见图 37）。这些陡坡耕地大部分土质贫瘠，灌溉条件差，不适宜种植粮食作物。但是，陡坡地区生态脆弱，对于当地乃至全国的生态环境都具有重要影响。

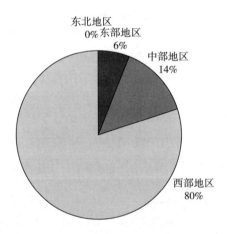

图 37　全国 25 度以上的坡耕地分布

从灌溉条件看，耕地灌溉条件不容乐观。全国耕地中，有灌溉设施、无灌溉设施的耕地分别为 6 107.6 万公顷和 7 430.9 万公顷，占比分别为 45.1%和 54.9%。分地区看，东部和中部地区有灌溉设施耕地比重大，西部和东北地区的无灌溉设施耕地占比较高。

2. 耕地面积呈减少趋势，逐渐逼近 18 亿亩红线①

动态地看，耕地数量和质量一直处在持续变化中。改革开放以来，我国城镇化过程中的制度变迁对耕地数量产生了重要影响。郑纪芳（2009）以土地管理机构的成立、变动及世界上最严格的耕地保护制度的实施为主要标志，将我国改革开放以来的耕地保护制度分为三个阶段：第一阶段，土地多头管理，耕地无序侵占时期（1978－1985 年）；第二阶段，土地统一规范管理，耕地持续减少时期（1986－1996 年）；第三阶段，实行最严格的耕地保护制度时期（1997 年至今）。受制度变迁和统计制度调整的影响，我国一直缺乏较长时间的权威的耕地总量数据。一般认为，1996 年之后我国耕地保护制度逐步完善，国土资源部门公布的耕地数据统计口径比较统一，反映耕地变动趋势客观性更强，本书以此作为时间起点分析耕地变化情况。

为提高耕地保护效率，1997 年中共中央、国务院出台《关于进一步加强土地管理，切实保护耕地的通知》，提出必须认真贯彻"十分珍惜和合理利用每寸土地，切实保护耕地"的基本国策，两次修改《中华人民共和国刑法》中关于耕地保护的内容，三次修订了《土地管理法》，颁布《基本农田保护条例》，把保护基本农田上升到法律地位。随后，又出台一系列政策法约束城镇化、工业化对基本农田的占用。2003 年《国务院关于进一步深化粮食流通体制改革的意见》明确提出绝不允许擅自将耕地改为非农用地，18 亿亩耕地成为一条不可逾越的"红线"。自 2004 年开始，国家对土地市场进行治理整顿，对土地实行统一管理，通过调控建设用地规模和土地供求关系等土地政策参与宏观经济调控。

但是，这些制度和政策仍然未能有效阻止耕地数量的减少。1996年以来我国耕地面积总量和人均耕地面积逐年递减，1996－2011 年期

---

① 由于第二次全国土地调查数据与之前的统计指标之间缺乏连续性，以下内容我们仍使用旧的耕地统计数据。

间的耕地面积年净减少量呈"山峰状"的变化趋势，自 1996 年耕地面积减少量开始上升，在 2002 - 2003 年，耕地减少量达到峰值，分别较上年减少 0.25 亿亩和 0.38 亿亩，同比减少 1.32 个和 2.02 个百分点，随后耕地面积减少量开始回落，甚至在 2009 年经土地整理耕地面积较上年增加 0.25 亿亩。从人均耕地面积变动趋势看，随着人口的增加和耕地数量的减少，人均耕地面积逐年减少。1996 年我国人均耕地面积为 1.59 亩，2011 年降为 1.35 亩，16 年间人均耕地面积减少了 0.24 亩，年均减少 0.015 亩。与世界其他国家相比，目前我国人均耕地不足 1.4 亩，不及世界人均耕地面积的一半，加拿大的人均耕地是我国的 18 倍，印度也是我国的 1.2 倍。

表 29　　　　　　　1996 - 2011 年耕地面积和人均耕地面积变化情况

年份	耕地面积（亿亩）	耕地面积较上年减少量（百万亩）	耕地面积较上年减少速度（%）	人均耕地面积（亩/人）
1996	19.51	—	—	1.59
1997	19.49	1.59	0.08	1.58
1998	19.45	4.00	0.21	1.56
1999	19.38	7.00	0.36	1.54
2000	19.24	14.35	0.74	1.52
2001	19.14	9.41	0.49	1.50
2002	18.89	25.29	1.32	1.47
2003	18.51	38.07	2.02	1.43
2004	18.37	14.22	0.77	1.41
2005	18.31	5.42	0.30	1.40
2006	18.27	4.60	0.25	1.39
2007	18.26	0.61	0.03	1.38
2008	18.26	0.29	0.02	1.37
2009	18.21	4.60	0.25	1.36
2010	18.24	-2.42	-0.13	1.36
2011	18.23	0.29	0.02	1.35

注：2008 年之前的耕地面积数据来自《中国国土资源统计年鉴》，为统一口径，表中 2009 - 2011 年的耕地面积采用 Wind 资讯根据国土资源部公布的每年耕地净减少面积测算的数据，而没有采用第二次全国土地调查的数据。

从耕地与城镇化的关系来看，随着城镇化的发展，耕地面积呈净减少趋势。总体来看，1996－2011 年我国城镇化发展较快，名义城镇化率（城镇常住人口占总人口的比重）和实际城镇化率（非农户籍人口占总人口的比重）分别增加了 20.79 个和 10.34 个百分点，年均分别增加 1.3 个和 0.65 个百分点。与此同时，耕地面积共减少了 1.27 亿亩，平均每年减少 0.08 亿亩。其中，在 2002－2004 年城镇化推进比较快的时期，耕地减少也较快。这一时期，各年名义城镇化率分别增加了 0.35 个、0.55 个和 0.25 个百分点，实际城镇化率分别增加了 0.39 个、0.31 个和 0.21 个百分点。同期，耕地面积分别减少 132 万亩、202 万亩和 77 万亩。1996－2011 年，名义城镇化率、实际城镇化率平均每提高 1 个百分点，耕地面积就分别减少 0.12 个和 0.14 个百分点（见表 30）。

表 30　　　　　　　　城镇化过程中的耕地面积变化情况

年份	耕地面积（亿亩）	耕地面积较上年净减少量（百万亩）	名义城镇化率（%）	真实城镇化率（%）	耕地名义城镇化率弹性	耕地真实城镇化率弹性
1996	19.51	—	30.48	24.37	—	—
1997	19.49	1.59	31.91	24.79	-0.02	-0.05
1998	19.45	4.00	33.35	25.07	-0.05	-0.18
1999	19.38	7.00	34.78	25.51	-0.08	-0.21
2000	19.24	14.35	36.22	26.08	-0.18	-0.33
2001	19.14	9.41	37.66	26.68	-0.12	-0.21
2002	18.89	25.29	39.09	27.89	-0.35	-0.29
2003	18.51	38.07	40.53	29.7	-0.55	-0.31
2004	18.37	14.22	41.76	30.81	-0.25	-0.21
2005	18.31	5.42	42.99	31.99	-0.10	-0.08
2006	18.27	4.60	44.34	32.53	-0.08	-0.15
2007	18.26	0.61	45.89	32.93	-0.01	-0.03
2008	18.26	0.29	46.99	33.28	-0.01	-0.01
2009	18.21	4.60	48.34	33.77	-0.09	-0.17
2010	18.24	-2.42	49.95	34.17	0.04	0.11
2011	18.23	0.29	51.27	34.71	-0.01	-0.01

注：①名义城镇化率：城镇常住人口占总人口的比重；②真实城镇化率：非农户籍人口占总人口的比重。

二、耕地的结构性变化

1. 生态退耕是耕地减少主因，建设占用耕地近年来增长迅速

根据现行统计制度，我国耕地面积减少主要源于四个方面：建设占用、灾毁耕地、生态退耕和农业结构调整。从总量上看，1999－2008年耕地面积共减少 18 476 万亩，年均减少 1 848 万亩，减少速度呈先增后减趋势。1999－2003 年，各年耕地面积减少逐渐增多，在 2003 年达到高点，为 4 321 万亩，随后逐渐减少。从结构上看，生态退耕是耕地减少的主要原因，在 1999－2008 年的 10 年中，建设占用、灾毁耕地、生态退耕和农业结构调整分别减少 3 156 万亩、794 万亩、10 360 万亩和 4 171 万亩，占比分别为 17.06%、4.30%、56.07% 和 22.57%。从变化幅度和趋势来看，生态退耕和农业结构调整变化幅度较大，主要原因是受国家宏观政策的影响[1]，如"十五"时期完成生态退耕 537.68万公顷（约 8 065.2 万亩）。随着我国耕地面积的急剧减少，"十一五"时期生态退耕面积明显减少，但城镇化的快速发展过程中建设用地成为耕地减少的主要原因。2003－2008 年建设占地在耕地减少中的比重迅速提升，由 2003 年的 7.95% 上升到 2008 年的 68.91%（见图 38）。

2. 土地开发是新增耕地主要来源，土地整理复垦面积比较稳定

每年新增耕地主要有四个来源：土地整理、土地复垦、土地开发和农业结构调整。从总量来看，2000－2008 年新增耕地面积共 5 979 万亩，年均增加 664 万亩。其中，2001－2006 年新增耕地逐年增多，由399 万亩增加到 1 080 万亩，随后回落，2007 年和 2008 年分别新增 455万亩和 388 万亩。从结构上看，在 2000－2008 年，通过土地整理、土地复垦、土地开发和农业结构调整增加的耕地面积分别为 776 万亩、

---

[1] 生态建设和环境保护要求一部分耕地退耕，按照《退耕还林工程规划（2001－2010年）》，在 2001－2010 年退耕还林 1 467 万公顷。在生态退耕过程中存在集中退耕的现象，即将生态退耕指标集中在某几年内完成。以退耕还林为例，规划要求 2002 年和 2003 年完成 10 年规划的40%。

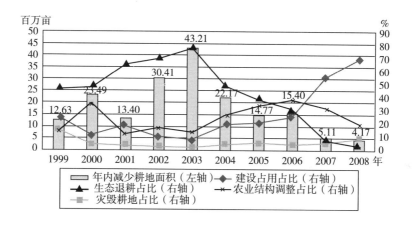

数据来源: 1999 - 2008 年《中国国土资源统计年鉴》。

图38 1999 - 2008 年耕地面积减少数量与结构

611 万亩、2 378 万亩和 2 214 万亩, 占比分别为 12.98%、10.22%、39.77% 和 37.03% (见图39), 其中, 土地开发和农业结构调整是新增耕地的主要来源, 通过土地开发增加的耕地面积一直稳定在比较高的水平, 而农业结构调整波动较大。

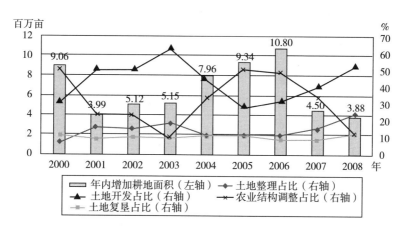

数据来源: 1999 - 2008 年《中国国土资源统计年鉴》。

图39 1999 - 2008 年新增耕地面积与结构

第二节　耕地保护中存在的问题

为了解决城镇化和工业化过程中耕地资源日益短缺可能产生的粮食安全问题，我国实行了最严厉的耕地保护制度，形成了以《宪法》为指导，以《土地管理法》、《土地管理法实施条例》、《农业法》及《基本农田保护条例》等具体法律法规为基础的比较完备的耕地保护制度和政策。1998 年 3 月，由地质矿产部、国家土地管理局等部门组建成立国土资源部，统一负责土地、矿产、海洋等自然资源的规划、管理、保护与合理利用，耕地保护工作逐步规范化、法制化。但是，在我国经济社会快速发展的过程中，由于耕地保护制度不完善、政策执行不到位，仍存在大量耕地被圈占的现象，规划用地指标被轻易突破，违规问题屡禁不止，耕地占补平衡过程中"占多补少、占优补劣"等问题严重，导致耕地面积持续减少，质量总体下降。

一、农产品需求持续增加，耕地不足约束逐渐凸显

随着城镇化推进和人民生活水平的提高，居民膳食结构也将逐步改善升级，人们对食物的需求将由"吃饱"到"吃好"逐步迈进。根据封志明（2007）的预测，至 2020 年，我国居民人均年消费谷物 147 千克、豆类 15 千克、食用植物油 10 千克、蔬菜 157 千克、水果 48 千克、肉类 28 千克、奶类 28 千克、蛋类 17 千克、水产品 19 千克；2030 年将达到向富裕阶段过渡的水平，居民人均年消费谷物 146 千克、豆类 20 千克、食用植物油 10 千克、蔬菜 162 千克、水果 53 千克、肉类 28 千克、奶类 41 千克、蛋类 17 千克、水产品 19 千克。预计未来我国人口将持续增长，在 2030 年前有可能会达到 16 亿的高峰。在传统粮食安全观指导下，实施的"最严格的耕地保护制度"保障了我国主要粮食的供应。但是，我国耕地利用的强度已经很高，仅仅依靠耕地逐渐难以满

足除了谷物等主粮以外的肉、禽、蛋、奶等食物的全面营养性需求。在人们生活水平提高、消费不断升级以及耕地利用逐渐接近极限、持续增产不确定性大等供需两方面因素的影响下，提高包括耕地在内但范围更广的农地的综合利用水平的要求日益迫切。

据第二次全国土地调查的数据，截至2009年度，除20.31亿亩耕地外，我国国土中尚有园地2.2亿亩、林地38.1亿亩、草地43.1亿亩、水域及水利设施用地6.4亿亩，如果这些土地能够充分利用，生态效益和经济效益的前景巨大。以草地农业为例，据师尚礼等（2002）的调查，在甘肃极干荒漠区每公顷产4 500千克小麦和5 250千克秸秆的消化能是每公顷产45 000千克紫花苜蓿的75%，粗蛋白产量仅为其25%。玉米每公顷产量按6 000千克计，秸秆籽实的蛋白质产量为750千克左右，而苜蓿按每公顷产青草量37 500千克计，蛋白质产量可达1 650千克，并且苜蓿的胡萝卜素比玉米高百倍，维生素种类多达12种以上，在当地发展草地农业具有极大的经济和生态效益。再比如，我国地貌多样且气候复杂，木本粮油资源丰富，木本油品品质优良。同时，全国宜林荒山、荒岭、荒地约有0.67亿公顷，其中约有0.13亿公顷适于种植木本粮油。据马榕、丁声俊（2013）统计，我国有200多种木本油料，但总种植面积仅约400万公顷，存在巨大的利用空间。

当前我国农地数量和质量的保护状况也不容乐观。从我国农地数量来看，2002－2006年有增长趋势，但2006年后开始下降。退耕还林政策实施以来，林地面积由2003年的23 505万公顷逐步增加到2008年的23 609.2万公顷，在农地中的占比由24.72%提高到35.49%。但是，牧草地和其他农用地的数量与占比有所下降，牧草地由2002年的26 352万公顷下降到2008年的26 183.5万公顷，占比由40.13%下降到39.86%；其他农用地由2002年的2 565万公顷下降到2008年的2 544.3万公顷，占比由3.91%下降到3.87%。从农地质量来看，张进（2010）在调查渭北165个果园土壤的养分状况中发现，54.55%的果园土壤有效锰含量缺乏，分别有 38.18% 和 28.48% 的果园土壤全氮和碱解氮含量缺乏，24.85% 和 23.03% 的果园土壤有效铁和有效锌含量缺乏，15.15% 和 12.12% 的果园速效磷和有机质含量缺乏。

二、耕地质量保护效果较差，耕地长期生产能力下降

据中国农科院土壤肥料研究所调查，由于不完善的耕地保护制度，加上不合理耕作、过度种植、农用化学品大量投入和沟渠设施老化等问题，在带来耕地数量下降的同时，质量问题也日趋严重，主要表现在基础地力下降、生产成本上升及土地污染三个方面，耕地的长期生产能力下降。

生产环境敏感性是影响耕地利用和产能发挥的重要因素。从我国耕地后备资源来看数量逐渐减少，且更多的开始集中于生态脆弱地区。我国耕地后备资源分布在 31 个省、市、自治区，但大部分位于北方和西部干旱地区。其中，新疆、甘肃分列前两位，两省后备耕地面积分为 331.91 万公顷和 75.08 万公顷，二者合计约占全国耕地后备资源总数的 55.42%。但是，耕地后备资源丰富的西北地区土地质量较差，存在干旱缺水、盐碱、风沙、低温严寒等自然限制因素，生态环境脆弱。在东部地区耕地后备资源中，滩涂、苇地等湿地占有较大比例，也属于极度生态敏感区，转化为实用耕地困难大。

在此发展趋势下，我国适宜耕种、高产能的农田日益减少，耕地的长期生产能力令人担忧。国土资源部 2009 年公布的《中国耕地质量等级调查与评定》报告显示，目前我国耕地质量呈现总体偏低、区域分布不平衡等特点。全国耕地总面积中，优等地、高等地、中等地、低等地占比分别为 2.67%、29.98%、50.64% 和 16.71%。其中，优等地和高等地合计不足耕地总面积的 1/3，中等地和低等地合计占到了耕地总面积的 2/3 以上。在区域分布上，中部、东部地区耕

地平均质量较高，西部、东北地区耕地平均质量较低①。农业部调查显示，2007年我国耕地中的中产田和低产田面积分别占39%和32%，中低产田面积合计共占耕地总面积的71%，同国土资源部的耕地质量数据特征基本保持一致。

三、耕地占补基本平衡，但"占多补少、占优补劣"问题突出

为了保护耕地，维持耕地保护与建设及工业用地之间的平衡，1997年中共中央、国务院发布《关于进一步加强土地管理，切实保护耕地的通知》，首次提出了实行占用耕地与开发、复垦挂钩的政策，并于1998年将"耕地占补平衡"写入了《土地管理法》。国土资源部在1999年和2001年分别发布了《关于切实做好耕地占补平衡工作的通知》和《关于进一步加强和改进耕地占补平衡工作的通知》，进一步明确细化耕地占补平衡工作中涉及的相关问题。耕地占补平衡政策根据"占多少，补多少"的原则，在保证城镇化和工业化快速发展的同时，减缓了耕地减少的速度，为坚守18亿亩耕地"红线"发挥了重要作用。

耕地占补平衡制度实施以来，全国耕地数量基本实现了"占"与"补"的平衡。总体上看，1999－2012年，全国耕地面积在数量上实现了占补平衡，并且"补"明显大于"占"（见图40）。1999－2012年，全国"占"地面积共计307.1万公顷，"补"地面积411.1万公顷，"补"大于"占"104万公顷；从年份来看，除2011年"占"比"补"多了1.93万公顷外，其他年份都实现了占补平衡。从地区来看，大部分省（区、市）也实现了耕地数量上的"占补平衡"。据陈印军等（2010）的统计，1999－2006年，河北、山西、内蒙古、吉林、黑龙江、浙江、安徽、福建、山东、河南、广东、广西、海南、四川、云

---

① 参见中国耕地质量等级调查与评定成果发布会公布的数据，国土资源部网站（http://www.mlr.gov.cn），2009－12－24。

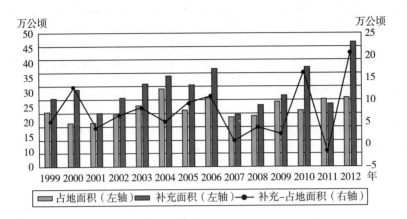

注：①"占地面积"为建设占用耕地面积，"补充面积"为通过土地整理、复垦和开发补充的耕地面积，"补充－占地面积"为补充面积与占地面积的差值。1999－2006 年数据来自于相应年份《中国国土资源年鉴》，2007－2012 年数据来自相应年份《中国国土资源公报》。② 2008 年开始没有披露转为建设用地的耕地面积数据，假设批准建设用地面积全部为耕地。其中，2009 年国土资源公报仅公布批准建设用地总数，我们用该年建设用地总数乘以 2010－2012 年批准建设用地中耕地占比的均值测算。

数据来源：2001－2012 年《中国国土资源统计年鉴》。

图 40　全国耕地占补平衡情况（2001－2012 年）

南、陕西、甘肃、宁夏、新疆等 19 个省（区）实现了耕地连续占补平衡；2000－2006 年，湖北、湖南两省也实现了耕地连续占补平衡。

占补平衡政策在最初的实施过程中往往是"先占后补"，很容易出现"实占虚补"现象。国土资源部规定从 2009 年开始非农占用耕地全面实行"先补后占"（国家大型项目除外），但在实际操作中，"占多补少"、"占优补劣"等现象仍屡见不鲜。例如，河北沧州、四川成都等地建设占用城市周边地势平缓、水源和土质较好的良田沃土，而通过土地整理补充的耕地，一些来自于宅基地或砖厂等复垦，另外一些来自于交通和灌溉都不方便的相对偏远山区。在农村土地综合整治中，一些地区过去耕地测量不够准确，实际面积往往超过台账登记面积，被当作通过土地整理"节约"出来的集体建设用地，尽管耕地数量表面上没有变化，但事实上降低了实际生产能力。甚至个别地方政府利用城乡建设用地增减挂钩的政策充当增加用地指标的手段，加之土地整理前期投入大，拆迁复垦成本高、困难多，复垦动力不足出现了农地"非农化"和耕地"非粮化"趋势（刘润秋，2010）。2007 年，国土资源部对除西藏以外的 30 个省（自治区、直辖市）和新疆生产建设兵团的耕地占补平衡进行了全面考核抽查，结果发现补充耕地的质量问题突出，许多地方补充的耕地位于交通偏远、农田生态系统脆弱或有生态障碍等农田基本条件较差的地方，耕地质量不高，且大多数补充耕地缺少后期养护，个别地方甚至出现开垦后又抛荒的现象①。

四、耕地征收数量持续增长，地方政府对土地财政依赖较高

《宪法》规定我国土地实行社会主义公有制，分属全民所有制和劳动群众集体所有制，城市市区土地属于国家所有，农村和城市郊区的土地除法律规定属于国家所有的以外则属于集体所有。城乡分割的土地所有制制度造成了城市国有土地与农村集体土地的产权性质及其附属权益存在显著差异：城市土地属于国有，地方政府享有建设用地的处置权、出让权和收益权；农村集体拥有农地的使用权、收益权和转让权。其中，任何单位和个人进行建设用地必须依法申请，涉及农用地转为建设用地的则应当办理农用地转用审批手续，而农民在获得补偿后失去土地权利。

《土地管理法》对征地进行了详细的规定，国家为了公共利益的需要可以依法对土地实行征收或征用并给予补偿，征收的农用地按照征收土地原来的用途补偿。在这样的征地制度下，地方政府被赋予较大的征地权力。在以经济增长为导向的官员绩效制度考核下，地方政府逐步形成了强制性、低成本的征地模式，征地规模持续增加，地方政府成为耕地征收中的主力。20 世纪 90 年代中期以后，随着改革开放的深入，我

---

① 为了真正的平衡——耕保司负责人谈占补平衡年度考核年度考核和试行补充耕地按等级折算，国土资源部网站（http：//www.mlr.gov.cn），2007 – 08 – 31。

国实施了出口导向型的工业化战略。为了吸引更多的外商投资，地方政府压低征地成本，通过创办工业园区等政策措施低价供应土地，在短短十多年间使我国迅速成为制造业大国。

进入21世纪以来，我国城镇化和工业化进入快速发展阶段，对土地的需求持续增加，地方政府通过无偿划拨或低价转让土地以支持工业园区发展经济，近年来对耕地的征收需求持续增大。从耕地征用规模来看，2003－2011年共征收164.88万公顷，年均征地18.32万公顷，除2004年（2004年国务院暂停农用地转用审批半年）、2007年耕地征收面积有所减少以外，其他年份耕地征收面积均呈上升的趋势，由2004年的10.97万公顷增加到2011年的26.18万公顷。从耕地征用结构看，当前的批地主体是国务院及各省级政府，2003－2011年省级政府批准的耕地使用面积总量均多于国务院批准的耕地使用面积量，九年间省级政府批准的耕地占总征收面积的64.51%（见表31和图41）。

表31　　　　　　　　　　2003－2011年耕地征收情况

| 年份 | 国务院批准 | | 省级政府批准 | | 面积合计 |
	面积（万公顷）	占比（%）	面积（万公顷）	占比（%）	（万公顷）
2003	5.33	26.18	15.02	73.82	20.35
2004	3.47	31.61	7.50	68.39	10.97
2005	7.25	44.96	8.88	55.04	16.13
2006	5.10	30.05	11.87	69.95	16.97
2007	5.45	36.77	9.37	63.23	14.82
2008	4.33	29.02	10.58	70.98	14.91
2009	9.91	45.72	11.77	54.28	21.68
2010	7.45	32.59	15.41	67.41	22.87
2011	10.23	39.08	15.95	60.92	26.18

数据来源：2000－2012年《中国国土资源统计年鉴》。

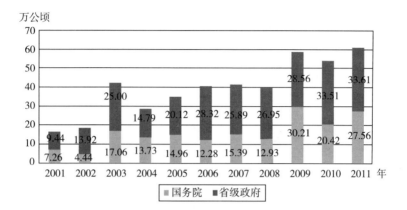

数据来源：2001－2012 年《中国国土资源统计年鉴》。

图 41　2001－2011 年审批建设用地情况

为了公开交易过程，从源头上防止土地批租领域中寻租行为和腐败问题导致的国有资产流失，通过规范市场竞争提高土地自身的价值。2002 年 5 月，国土资源部颁布实施《招标拍卖挂牌出让国有土地使用权规定》，规定包括商业、旅游、娱乐、商品住宅用地的经营性用地必须通过招拍挂方式出让。经营性土地"招拍挂"制度实施以后，土地功能发生改变，土地开始由资源、资产向资本形态转变。在此过程中，政府是农地转为建设用地的唯一合法主体，拥有耕地占用审批权，且介入和控制经营性土地的出让和定价，形成了强制、低价的征地制度和政府垄断下的国有土地有偿使用为核心的土地制度。2001－2012 年，我国的土地出让面积大幅增加，出让价款也迅速攀升，共出让 257.2 万公顷建设用地，出让价款共计 15.6 万亿元，在2011 年达到历史高点（如图 42 所示）。在这种制度下，政府使用所获取的土地价值增值大大推进了城市化的发展，但是，这种土地制度安排，也形成了"以地谋发展"的模式，产生了过度依赖"土地财政"的问题（刘守英等，2012）。

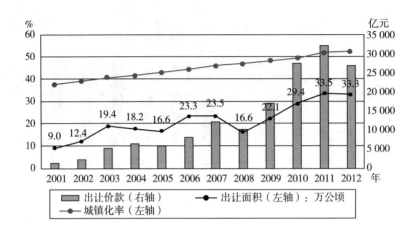

数据来源：2001－2012 年《中国国土资源统计年鉴》。

图 42　中国建设用地出让情况与城镇化（2001－2012 年）

五、耕地违法案件频发，企事业单位耕地违法比例上升

从耕地违法数量来看，近年来耕地违法立案件数和涉及耕地面积总体上都有下降趋势，耕地本年立案件数由 2006 年的 96 133 件下降到 2011 年的 41 806 件，涉及耕地面积由 2007 年的 39 382.34 公顷下降到 14 934.6 公顷。其中，地方政府、村（组）集体和个人违法案件下降速度明显，而企事业单位近年的耕地违法有上升趋势，违法件数由 2009 年的 10 327 件上升到 2011 年的 13 321 件，违法涉及耕地面积由 2009 年的 7 962.08 公顷上升到 2011 年的 9 859.34 公顷。从耕地的违法数量来看，地方政府、村（组）集体、企事业单位和个人在 2004－2011 年耕地违法本年立案总件数分别为 14 507 件、40 095 件、136 408 件、351 286 件，占比分别为 2.68%、7.39%、25.15% 和 64.78%；从耕地的涉案面积来看，地方政府、村（组）集体、企事业单位和个人在 2004－2011 年耕地违法本年立案总面积分别为 25 492.63 公顷、19 557.49 公顷、117 561 公顷、38 692.4 公顷，占比分别为 12.66%、9.72%、58.40% 和 19.22%。由此可见，企事业单位和个人已成为耕地

违法使用的主体（见表32）。

表32 　　　　　　　2004－2011年耕地违法主体本年立案情况

年份	地方政府		村（组）集体		企事业单位		个人		合计	
	件数（件）	面积（公顷）	件数（件）	面积（公顷）	件数（件）	面积（公顷）	件数（件）	面积（公顷）	件数（件）	面积（公顷）
2004	2 177	4 560.7	6 905	3 535.92	19 050	23 997.8	57 044	5 599.44	85 176	37 693.86
2005	1 832	2 115.61	4 821	2 118.91	18 448	14 237.39	55 326	4 860.86	80 427	23 332.77
2006	2 268	4 334.39	7 316	4 122.41	24 360	20 649.07	62 189	9 574.2	96 133	38 680.06
2007	2 837	5 542.57	7 575	4 428.88	25 953	21 249.4	59 572	8 161.49	95 937	39 382.34
2008	1 485	2 079.24	5 170	2 350.35	14 163	9 774.27	39 581	3 374.84	60 399	17 578.72
2009	1 308	2 305.67	2 825	1 145.12	10 327	7 962.08	27 163	2 455.29	41 623	13 868.16
2010	1 233	2 613.1	2 712	992.81	10 786	9 831.61	26 064	2 395.57	40 795	15 833.09
2011	1 367	1 941.35	2 771	863.09	13 321	9 859.34	24 347	2 270.8	41 806	14 934.6
合计	14 507	25 492.63	40 095	19 557.49	136 408	117 561	351 286	38 692.49	542 296	201 303.6
占比（%）	2.68	12.66	7.39	9.72	25.15	58.40	64.78	19.22	100.00	100.00

数据来源：2001－2012年《中国国土资源统计年鉴》。

六、全国性基础设施建设继续增加，耕地占补平衡难以落实

近年来，全国高速公路网、全国铁路网、三峡水库、"南水北调"等全国重大点状和线状工程建设项目大规模开展，占用大量耕地。2012年末，全国公路总里程达423.8万公里，铁路营业里程达到9.8万公里。另外，中央大型企业占地较多，尤其是资源型开发企业、能源企业及化工企业，占补平衡矛盾比较突出。此外，国家级大型工程尤其是涉及省级以上重点工程项目是耕地占用的主体，实施耕地占补平衡困难重重。一是占用耕地数量大，补充耕地资金不足，耕地开垦费往往难以落实。二是耕地占补责任和权利不明确，利益主体多且关系复杂，耕地补充方案难以有效落实，甚至违反"先补后占"、"占一补一"的原则。三是涉及的省市产业结构差异大，经济社会发展水平和人文环境不尽相

同，利益协调难度较大。四是土地开发整理激励机制不完善，省级国土资源管理部门负责国家、省重点工程的占补平衡工作，降低了地方政府土地开发整理的积极性。五是土地开发整理项目审批流程复杂，验收标准高，造成耕地占补平衡项目开展效率低下。六是个别地方政府为了引进项目，给予各种优惠，忽视补充耕地的数量和质量。

七、稀缺性使得耕地增值，传统粗放型用地模式难以为继

2008－2011年，征地和拆迁的成本已经占到了整个土地出让收入的一半以上。2000－2012年，全国综合地价水平、商业地价水平和居住地价水平年均增长10.04%、11.40%、14.42%。征地成本增速快，征地拆迁补偿、失地农民补助和企业安置费以及土地出让业务费等补偿性支出占土地出让收入总额的比重由2008年的47.0%提高到2011年的55.39%。2012年征地拆迁相关费用在土地出让收入总额中的占比高达60.2%。城镇化过程中潜在政府债务和金融风险不断积累。截至2010年底，承诺用土地出让收入作为偿债来源的债务在地方政府负有偿还责任债务中的比重高达81.2%。土地抵押贷款金额由2007年的1.33万亿元增加到2012年的5.95万亿元，年均增幅为34.8%。由土地纠纷或征地造成的社会问题频发，60%的群体性上访事件与土地有关，由土地纠纷引起的上访在社会上访总量中占比为40%，每年因征地拆迁引发的纠纷达400万件左右。

第三节　耕地保护问题的制度根源

我国耕地利用和保护过程中存在的种种问题都有其制度根源，最根本的原因在于耕地产权模糊，土地所有主体虚置，使各级地方政府、村集体、企业和农户缺乏放保护耕地的积极性。相反，各相关主体却争相违规占用耕地，攫取超额或非法利益，使耕地数量不断减少、质量持续

下降。

一、耕地产权不明晰，基础制度不完整

农地数量减少和整体质量的下降，与我国不完善的农地保护政策密不可分。耕地占补平衡政策对补充的耕地在数量和质量方面都作出了严格的规定，在一定程度上控制了耕地过快减少的趋势。但占补平衡政策对园地、林地、牧草和其他农用地的占补却没有做出详细具体的说明，比如在土地征用过程中，《土地管理法》的执法范围往往仅局限于耕地，而林地、草地、湿地经常成为"法外之地"，一些"低产林"甚至成为土地整理的对象，产生了"田林争地"问题，甚至出现故意毁林的现象。

导致上述现象出现的原因，需要从土地的产权安排和相关制度与政策的规定上探究根源。产权经济学研究表明，外部性或者公共品属性是妨碍市场正常发挥作用的重要因素。明晰的产权界定和完美的市场（交易成本为零）可以解决外部性带来的市场失灵问题，达到资源配置的帕累托有效。耕地作为一种特殊的商品，具有公共物品的属性。因此，从产权理论角度来理解我国耕地保护中出现的问题具有重要的指导意义和实践价值。

1. 耕地产权不明晰，导致耕地利用中的"公地悲剧"

目前，我国有关农地所有权、经营权、承包权以及农地征用的相关法律法规主要有《农村土地承包法》、《土地管理法》、《水土保持法》、《草原法》、《林业法》和《基本农田保护条例》等，这些法律法规并没有完全解决产权问题对农地保护的影响。在农地所有制安排上，这些法律明确规定我国农地归农村集体所有；在经营方式上，我国仍然实行家庭联产承包责任制；在农地非农化的程序上，由政府采取征地的方式把集体土地变成国家所有，才能改变土地用途进入市场。当前，在我国农地产权制度下，农村耕地产权不具备清晰性、排他性、安全性、可转

让性等健全完整产权的基本属性：农地产权主体不够具体明晰，农户土地承包经营权缺乏排他性和安全性，农户的承包经营权难以自由转让，农地承包经营权责任利益不对称。在此背景下，乡镇、行政村、自然村和村民小组都可以作为集体所有者，进而取得耕地的实际所有权和绝对的控制权，而作为耕地经营主体的农民对农地拥有产权不完整。一方面，在农地进入一级市场和土地征收占用的过程中，农民并不能凭借耕地集体所有权获得相应的谈判地位，加上地方政府的行为不规范，产生的寻租行为导致侵占农民土地权益的事件时有发生；另一方面，农民对耕地只有使用、经营和产品收益权，没有耕地的租赁、抵押等财产处置权。

在这样的农地产权制度下，农地保护动力不足，农地持续投资不够。由于产权不清晰，面对耕地被占用或破坏时，农户保护耕地的动力不足，往往出现"有人放牧，无人种草"的公地式悲剧。甚至在一些地方，在房地产开发利益驱动下配合将耕地转换为建设用地。事实上，耕地的质量保护和生产能力提高是需要长期持续投入，投入的收益和效果也具有滞后性，需要很长时间才能体现。当前耕地产权不明晰使得农民耕地投入的缺乏积极性，导致了我国耕地数量减少和耕地质量下降，影响到国家的粮食安全和生态安全。

2. 耕地保护法律长期缺失，权责利不对称

虽然我国是一个耕地资源十分短缺的国家，但系统的耕地保护制度却一直没有形成。新中国成立后，我国的土地制度历经变迁，直到1986年才开始实施耕地保护制度。综观耕地保护制度的制定、执行和修订完善，制度的被动性明显，存在"先占后补"、"出现问题在前，保护措施在后"等特征。在面临粮食短缺的背景下，我国于1978－1985年开始推行的农村集体经济体制改革，实行了耕地使用权与所有权"两权分离"的家庭联产承包责任制，大大提高了农民粮食生产的积极性，农产品大量增加解决了当时农民的温饱问题。1984年沿海设

立经济特区后，城镇化、工业化开始起步，城市发展开始占用大量耕地。为了避免对耕地的过多占用，中共中央、国务院于1986年3月发布《关于加强土地管理、制止乱占耕地的通告》，首次提出了耕地保护是基本国策的重要内容之一。1986年6月开始实施的《土地管理法》将"耕地保护"明确列入法律制度。此后，为了应对耕地保护的严峻形势。国家相继出台了《基本农田保护条例》、《农村土地承包法》，并修订了《土地管理法》等法律法规。但是，我国耕地保护法律体系属于"镶嵌式"制度，耕地、林地、草地等相关农地的利用和保护散落在不同的法规制度中，没有形成一部独立、系统的耕地保护法。对地方政府、农村集体和农民权责划分也有不明确之处，并且法律间对耕地利用和保护的相关规定也存在一些不一致的地方，这些都为耕地保护制度的执行埋下了隐患，导致耕地保护的效果不佳。

3. 土地用途规划法律约束力不足，难以约束耕地多占过占行为

由于《土地管理法》的法律地位高于《基本农田保护条例》，一些地方政府避重就轻，通过修改土地利用总体规划把基本农田变更为一般农田或未利用土地，突破建设用地占用耕地的约束。我国部分地区贪大求快的城市规划与实际情况脱节，热衷于新城建设，使本来应该科学合理地利用土地的城市规划反而成为滥用土地的重要路径，一些地区的城市规划人口甚至远远超出该地区城乡人口的总和（刘平养、沈哲，2013）。

在发达国家的城镇化进程中，通过构建城镇化和工业化的土地利用的约束机制，基本实现了城镇建设和工业用地与农地之间的平衡。政府一般通过立法或行政权力将工业和城市发展限制在既定区域之内，限制区域之外的土地开发，政府也对区域之外的道路、水电等基础设施的投资，以保全耕地和自然环境。例如，英国1947年制定城乡规划法并多次修订，以立法的形式确保土地的有效管理和耕地的保护，城镇周围至今还保持绿色生态景观。日本与国土有关的法律法规达到132部，将大

部分耕地划定为禁止非农化的农业振兴区域。我国的工业化和城镇化之过程中占用了大量的土地资源，造成了农地数量的大量减少，其根本原因就在于对粗放的、外延式扩张的工业化和城镇化缺乏有效的约束。

4. 要素市场化不足，土地资源利用浪费严重

根据科斯定理，除产权明晰之外，实现资源有效配置的另外一个条件就是完美的市场，或者说交易成本足够低的市场。水资源和土地资源是我国经济发展中严重稀缺的生产要素，西方国家几百年的发展经验以及新中国成立以来正反两方面的经验教训皆表明，市场是实现稀缺资源合理配置的有效手段。但受我国特殊的历史和改革进程的制约，国内的水、土地以及粮食等要素领域的市场化水平还不高，市场在要素配置中的决定性作用发挥得不充分，主要结果就是要素价格过低带来要素使用的粗放和浪费现象普遍存在，在某种程度上促成了过去我国各地"摊大饼"式的城市发展道路。具体来说，当前我国粗放的工业化和城镇化模式存在土地资源利用地形，资源浪费严重。主要表现在两个方面：一是城市的无序发展和盲目扩张。我国大城市越来越大，中小城市遍地开花。按国际公认标准，衡量土地城镇化和人口城镇化关系的城镇用地增长弹性系数，其合理区间在 1～1.12，而据国土资源部数据，从 2000－2010 年，我国土地城镇化速度是人口城镇化速度的 1.85 倍。2010 年，全国城市人均建设用地为 133 平方米，远高于发达国家人均 82.4 平方米和发展中国家人均 83.3 平方米。即使在地广人稀的美国，纽约的人均占地也仅为 112.5 平方米（刘平养、沈哲，2013）。二是工业用地和城市土地利用效率低下。为了招商引资，地方政府竞相通过低低价甚至零地价吸引企业，导致工业建设用地利用低效、浪费严重。2000－2010 年，全国工矿仓储用地占建设用地供应的比重多年连续超过 40%，工业项目用地容积率仅为 0.3～0.6。城市公共用地大广场、大马路、大办公楼等工程项目较多，利用效率低下。

另外，进城农民工不愿放弃在农村的宅基地和耕地，在城市和农村

两头占地所带来的浪费也逐渐引起各方的关注。这既受我国土地市场化不足、流转不畅的影响，更多原因还在于传统城镇化模式中民工市民化困难重重，进城后的社会保障不健全，不确定性较大。当前，我国虽然在农村地区启动了新型农村养老保险和新型农村合作医疗保险，但两险保障范围和力度仍然处于较低水平。因此，在传统城镇化发展模式下，人的城镇化远远落后于土地城镇化的速度，我国农村居民和进城农民工都没有完全脱离"土地保障"状态，不愿承担将土地流转出去所带来的风险。只有农村的社会保障制度健全了，市民化道路顺畅了，才有可能打破农民对土地保障的依赖，提高土地利用效率。

水土要素市场城乡分割是市场化不足的另外一个表现，这与我国的城乡二元结构有着千丝万缕的联系。据李景刚等（2011）的研究，我国城乡二元经济结构经历了固化、减弱、波动中加强和迅速强化4个演化阶段，在这一期间，二元土地制度对经济二元化起到了固化、暂缓、重新强化和加剧的作用。当前，我国城乡二元土地制度的特征明显，不仅农地产权是城乡分割，而且用途、市场、价格、规划和管理等方面也是相互分割的，形成了一级土地市场政府垄断的市场结构，农村集体和农民基本上被排除在农地转用之外（见图43）。城乡分割的二元土地市场制度不仅割裂了城乡土地市场流动的空间结构，而且破坏了市场机制和土地一般利用机制，降低了整体土地利用效率。

二、耕地占补平衡制度不完善，监督执行不到位

我国的耕地保护制度是由《土地管理法》、《基本农田保护条例》、《农村土地承包法》、《水土保持法》、《城乡规划法》等一系列法律法规直接或间接确定的关于耕地使用、流转、征用的制度安排体系，其中耕地占补平衡制度或者说城乡建设用地增减挂钩制度是近年来我国普遍实施的最主要的耕地保护制度。耕地占补平衡制度被称为"最严格的耕地保护制度"，从多年实施来看，对控制耕地减少、防止工业建设和

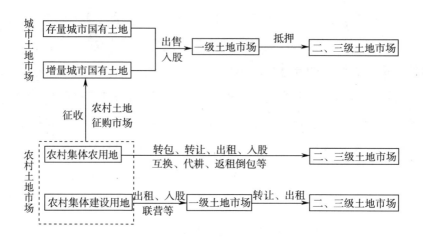

图43　城乡二元土地市场结构

城镇化过度占地起到了积极的作用。但是，由于其在制定和实施中存在的一些不足，也促成或者加剧了前文提到的耕保护中的主要问题。主要表现在以下几个方面。

1. 科学的耕地评价体系和技术手段不足，占优补劣问题突出

第一，由于影响耕地质量的因素众多，要确切地评价出耕地质量既需要配备必要的仪器设备，又需要专门的技术人员。加之我国幅员辽阔，各地的自然条件、耕作制度差别大，制定出符合各地实际操作性较强的耕地质量验收标准难度大。《土地管理法》规定，县级以上人民政府可以要求占用耕地的单位将所占用耕地的耕作层土壤用于新开垦耕地、劣质地或者其他土地的土壤改良。但是，由于占用耕地的位置一般与补充耕地的位置相距较远，占用耕地的耕作层土壤搬运到补充耕地的地块需要成本巨大，在实际操作中难以实施。另外，规定仅仅是"可以要求"，并非必须执行。目前，补充耕地验收往往是针对灌溉条件、土层厚度、平整度等主要因素，通过目测的直观感觉进行验收，这种比较粗放的验收方法人为性强，补充耕地质量往往达不到占用耕地的质量。

2. 土地行政主管部门既是运动员又是裁判员的运作模式，使补充

耕地的质量难以保证

《土地管理法》规定补充耕地由耕地的占用单位来完成，完成的方式有自行补充和缴纳开垦费两种。现实实践中，多数占用单位通过向县级以上土地行政主管部门缴纳耕地开垦费，由土地行政主管部门代为完成补充耕地义务。土地行政主管部门同是耕地补充工作的实施主体和验收主体，容易出现实施效果和监管效率低下的问题。目前，我国的耕地评价制度是上级政府对下级政府进行考核评价，上级对下级下达的指标多数也是以数量作为评价标准，耕地占补平衡政策难以真正落到实处，耕地质量难以实现占补平衡。

3. 土地占补平衡管理粗放，造成耕地质量下降

在实施耕地占补平衡的过程中，不少地方政府偏重于土地规划设计、开发的前期阶段，而后续监管较为不力，造成的耕地资源流失。例如，补充耕地项目在竣工验收后，培肥或保护措施未能及时持续跟进，导致土壤肥力下降、水土流失等问题难以耕作。一些补充耕地由于交通条件不便、种植品种限制等因素限制，投入大、产出少，农民种植积极性不高，甚至出现撂荒、返荒的现象。这些问题使得耕地占补实质上的不平衡，不仅造成了耕地面积减少，也造成了土地和资金的巨大浪费。

4. 耕地占补平衡执行监督不力，实占虚补现象普遍

在耕地占补平衡政策操作实践中，一些地方尤其是偏远地区或基层乡镇，城镇建设或工业用地占用耕地是以先占后补和边占边补方式进行，更有个别地方甚至违规违法只占不补、多占少补。尽管随后法律条例明确规定，除国家重大工程可以暂缓外，非农占用耕地全面实行先补后占，然而现实中实占虚补现象仍屡有发生。执行监督不力是耕地占补平衡政策没有彻底落实的根本原因。其中，根本原因还是地方政府经济发展目标GDP唯上和形象工程的建设冲动，过于偏重于前期的开发建设，对补偿占用耕地的人力、物力、资金投入相对不足，甚至不予关注，加上整理和维护耕地的成本高、过程复杂，效果短期内难以显现，

相关部门对于占用耕地补的过程和结果的监督不够严格，甚至流于形式，以至于补充耕地与占用耕地数量和质量相当的要求没有完全落实。

5. 区域行政分割产生制度性障碍，跨区耕地占补平衡统筹困难

《国土资源部关于严格耕地占补平衡管理的紧急通知》中明确规定耕地占补平衡必须严格限定在本省（直辖市、自治区）行政区域内，不得跨省域进行耕地占补平衡，这一规定是为实现国家耕地保护和土地合理利用目标而做出的，符合我国当时的基本国情。但是，随着工业化和城镇化逐步加速，禁止跨省耕地占补平衡逐步带来区域土地资源利用效率不平衡和土地粗放利用的问题。首先，各区域建设用地产出效率差异逐步拉大。邵挺等（2011）研究发现，东部地区建设用地的利用效率要远远高于中西部地区。1998 - 2008 年，全国范围内建设用地产出效率年均增长率[①]为 1.66%，其中，东部地区、中部地区和西部地区分别为 2.81%、0.95% 和 0.57%；全国建设用地的产出效率[②]年均增长11.9%，其中，东部地区、中部地区和西部地区产出效率的年均增速分别为 14.5%、11.3% 和 12.1%。其次，禁止跨区耕地占补平衡阻碍区域经济的形成。从发达国家实践来看，全球经济发展逐步区域化，如日本的东京市和神奈川县辖区、韩国首尔地区和法国巴黎都市区等。目前，我国禁止跨省耕地占补平衡制度在一定程度上限制了区域经济的深度集聚和融合，与经济发展区域集聚化的趋势一致，不利于国家整体经济竞争力的提升。最后，区域间耕地后备资源差别变大。我国耕地资源空间分布不平衡，城市化的程度较高的东部沿海地区建设用地需求大，但耕地后备资源短缺，在本县、市域内乃至省域内实现耕地占补平衡的难度大。例如，2008 年浙江省人均耕地仅为 0.54 亩，广东省后备耕地资源不足 800 万亩且大多位于偏远的山区，珠江三角洲已基本无地可供

---

① 建设用地产出效率的年均增长率为非农 GDP 的年均增长率减去建设用地面积的年均增长率的差值。

② 建设用地的产出效率被定义为每平方公里建设用地能创造出的非农 GDP。

开发。相对于东南沿海发达地区，我国中西部地区的耕地后备资源比较丰富。例如，新疆耕地后备资源 2 亿多亩。据刘新平等（2006）测算，2000－2005 年新疆经土地开发整理可补充耕地 663.3 万亩，还尚有633.15 万亩建设用地指标没有用掉；到 2030 年新疆有水源保证的后备土地资源通过土地开发整理还可新增耕地 3 450 万亩。

6. 耕地保护激励机制不完善，公共投入不足

一是耕地保护的正强化激励没有得到体现。耕地保护具有正的外部性，部分人作出努力、严格执行耕地保护政策，周围的人都可以共享其效益，如生态效益、社会效益等。因此，我国粮食主产区由于耕地保护制度执行得较好，放弃了耕地非农转化可以带来的高收益，应该获得一定的政策优惠或者财政支持，但事实上"产粮大县同时也是财政穷县"的现象还比较严重。如此一来，有利于耕地保护的行为没有得到正强化，耕地保护制度就难以落实。应当探索建立对粮食主产区和耕地保护先进地区一次性转移支付的机制，鼓励和引导相关专家对产粮大县的土地利用进行指导，增加中央财政在当地的投入用于开展农田水利建设、建设高标准农田、提高土地生产能力，增加农民的经济收入，提高地方政府和农民保护耕地的积极性。二是违法违规占用或破坏耕地行为的监督和惩罚制度执行不严。目前，耕地补偿主要参考耕地被征收征用前三年的平均年产值，而对耕地的质量以及所具有的生态保育功能、社会保障功能等关注和要求不够，对被征地农民的补偿较少，耕地征收征用成本与市场出让价格之间产生巨大的价格差额。在巨大经济利益的诱惑下，违法违规征占或破坏耕地现象时有发生，而这些行为又没有受到及时应有的惩罚，且成分的力度难以弥补对耕地的破坏，远远低于获得的经济利益，对违规违法征占或破坏耕地的行为难以产生足够的威慑力。在此背景下，非法占用耕地和基本农田进行经济建设的行为屡禁不止。由于我国新增耕地统计存在缺陷，耕地保有量信息难以保证绝对的客观真实，违法征占行为比每年耕地减少数据所反映得更为严重。据肖碧林

等（2009）估计，全国30%左右的违法占用耕地未统计在耕地减少范围内。2007年，在国土资源部卫星监测的90个城市中，全国除重点项目外未能提供合法手续涉及的土地面积达1.6万公顷，占当年新增建设用地的比例为22%。

三、耕地保护过度依赖政府，忽视其他主体和市场机制的作用

国外城市化、工业化与耕地保护协调推进的经验显示，多元化的耕地保护主体及积极主动的耕地保护行为是耕地有效保护的关键。目前，我国政策范围内的农地保护主体仅包括各级政府，而农户、农村集体组织和用地单位等主体在耕地保护方面只被赋予义务。事实上，在城镇化和工业化背景下，农地的增值和政府的土地财政导致农户、农村集体组织和用地单位缺乏农地保护积极性，加之地方政府以地谋发展和土地财政动机造成农地保护中的政府失灵与逆向选择行为，也致使农地保护不力，尤其在耕地占补平衡中产生了诸多问题。

1. 土地财政和单一的政绩观造成耕地保护中政府失灵

地方政府是我国耕地保护的间接主体，承担了组织耕地保护政策的实施和监督的职责，但地方政府在履行职责中也面临着自己的激励和约束，有着多重的、可能相互冲突的目标追求，因此，他们不一定能很好地履行每一个职责。对此，学者们一般从多级政府的角度进行解释。David King（1993）在《多级政府问题》中指出，"在实践中，每个国家实际上都有若干级次或层次的政府。除中央政府以外，通常都存在一级或多级地方政府"。耕地保护是一个典型意义上的多主体的集体行动，各级政府（中央、地方、农村集体）会从不同的逻辑出发，扮演不同的角色。耕地保护行为不仅要支付成本，而且要损失机会收益。但对于具有公共产品性质的耕地，政府本不可仅仅以利润最大化原则来管理和配置。然而面对农用地转用后的巨大级差收益，在政绩工程、形象工程以及GDP唯上的官员考核机制和自利行为下，各级地方政府存在

将耕地非农化的逐利动机。一方面，土地征用补偿制度导致地方政府对土地财政的依赖。当前的土地征用补偿制度仍然存在政府与农民争利、剥夺农民耕地增值收益转向支持城市发展的现象，形成了地方政府对土地财政的依赖。为了通过土地财政增加地方财政收入，实现自身利益最大化，部分地方政府作出了很多有违耕地保护的逆向选择行为，包括非法批地、非法占地等土地违法行为；制度、体制、供地模式等存在的漏洞助长了地方政府逆向选择行为。另一方面，考核指标偏重于 GDP 增长致使地方政府工作片面以经济为中心。经过多年的发展，我国政府形成了唯 GDP 论英雄的官员政绩考核体系，地方政府的政绩和官员升迁资本主要由地方经济发展的增速决定。而相比较来说，耕地保护行为对地方经济贡献率低。耕地保护会消耗很多地方财力，会使本来就较为紧张的地方财政更加紧张，而且这种投入的比较收益低、时间长，对本地区经济发展的贡献率不大。与一般性生产投资可以及时补偿和回收不同，政府耕地保护性投资是一种垫底资金，其投资效益具有很长的滞后性，其社会效益和经济效益显现需要很长时间。再者，通过发展本地农业产生政绩较为困难。比如，蔡运龙（2001）根据当年的价格和生产条件分析，计算了每亩土地各种用途的年产值，耕地、林地、牧草地、淡水养殖水面分别为 207.67 元、17.36 元、11.62 元、445.49 元，而每亩城镇、工矿用地产值、每亩交通用地产值分别为 7 749.07 元和 1 214.29 元。显然，耕地非农化对经济总量的提高是很有好处的。如果地方政府财力有限，对农业投入越多，距优秀考核也将越远。在这种考核体制下，各个地方政府有动力将有限的资金投向产出较快、效益较高的产业，在本地财政投入上就明显偏向非农产业。于是，在粮食生产连年增产、供给充足和中央政府放松了对地方农业投资行为的要求时，地方各级政府不仅降低支农资金支出，还竞相围圈大片耕地建立各类高新技术开发区、产业园、经济技术开发区等，鼓励乡镇企业进行外延式扩大再生产，通过增大非农产业的比重提高本地区经济总量与增速。为此，地方政府尤其是基层政府通过各种方法手段绕过法律和政策的约束，采取各种各样的上有政策下有对策的手段，将耕地的农业用途转为工业用地、商业用地或者城镇建设用地。

2. 农户经营规模小，土地整治力不从心

农户是耕地保护的直接主体，其行为直接决定了耕地保护的效果。我国农村经营主体仍以一家一户分散经营的传统小农模式为主，农户数量庞大但分散化、农地经营规模小且零星化，农业副业化、兼业化、老龄化现象突出，进一步加大了农业的弱质性，产生了农业生产经营高风险、产出效益和劳动力素质低、村组集体"统"的功能弱化等一系列问题，无法适应耕地保护和现代农业生产的需要。因为经营规模过小使得劳动生产率较低，加上每户耕地分布分散，现代化农业生产需要规模化地进行排水、灌溉、机耕、农田基本建设等，耕地规模过小的个别农户难以成为独立的生产主体。石志恒（2012）研究显示，经营规模、经营期限、农户人均收入、户主受教育程度、家庭成员健康情况等因素均对农户耕地保护行为存在显著影响，经营规模对农户耕地质量保护投入尤其具有积极影响，并且经营规模和经营期限对农户耕地保护行为具有较强的交互作用，这种交互作用往往要强于单纯的经营规模和经营期限因素对农户耕地保护行为的影响。

3. 农业比较效益低，耕地保护的经济激励不足

农户不仅没有能力独力承担耕地保护的重任，更多情况下，他们也没有足够的动力这么做。虽然农民作为耕地的直接承包经营者世代耕种，对耕地有着与生俱来的情感。但是在经济的快速发展中，农业的比较经济效益越来越低，农民为了生存和发展，不得不转向比较效益高的第二、第三产业，进入乡镇企业或进城务工。因此，农户投入耕地的积极性降低，直接导致耕地的质量下降，甚至大量耕地被弃耕撂荒。一些经济发达地区的农民感慨，30 亩水稻不如 3 亩工厂，3 亩工厂不如 3 分商场。即使是留守农村的农户，在利益最大化的驱动下，许多农户普遍

存在着对耕地资源只取不予或取多予少的掠夺式经营行为，甚至私自或隐蔽地改变耕地用途。在此背景下，由于耕地的投入与产出不同步，土壤改良等耕地长期保养维护被忽视，往往倾向于通过开垦边际耕地、增施化肥、农药和增加灌溉来在短期内提高耕地产量，进而产生了土壤侵蚀、盐碱化、土壤板结或污染等问题，损害耕地的长期生产能力。在一些山区的农户，也存在过度开发现象，小山开到顶，大山开到腰，致使水土流失严重，威胁生态平衡。

4. 农地保护中介力量薄弱，发育不完善

之前人们简单地把农地保护责任归于政府机构，而忽视了农地保护过程中不以营利为目的的私人农地保护协会的作用。Kline（1998）研究了私人农地保护协会在美国农地保护过程中发挥作用的运行机制，发现私人农地保护协会在农地保护过程中比政府机构更具有优势。实践证明，我国的民间组织机构——耕地保护协会在部分地区耕地保护中也发挥了积极作用。据汤芳和谢芳（2014）报道，自2009年6月江苏金坛直里村成立首个农民耕保协会后，江苏邳州、湖南隆回、湖北沙洋和黄梅、河南泌阳等地都有类似组织陆续成立。江苏金坛农民耕保协会成立仅3年，已有效制止违法用地约112亩。耕保协会可以充分发挥农民内生的耕地保护第一守护人的作用，来自内部的自发保护弥补了外部的农地保护监管的不足，变"管我"为"我管"，大大提高了农地保护效率[1][2]。

当前，同国外类似的机构相比，或者从耕地保护的需要看，我国农地保护中介组织规模都还太小，且法律地位不明确，力量薄弱，还有很大的发展空间。目前，我国的耕地保护协会都是农民自发组织的，没有与政府签订协议，缺乏法律依据，权利和责任也不清晰。因此，在协会

---

① 杨磊. 土地整治：公众参与机制不可或缺. 中国土地学会网站（http：//www.zgtdxh.org.cn），2013-07-09。

② 吴强华，杨应奇，胡志喜. 耕者维权护"红线"——农民耕保协会走进春天里［N］. 中国国土资源部报，2012-03-06.

注册、会员资格认定、奖金来源、职能边界等方面，全国各地的协会还存在着不统一、不规范的问题，这不利于耕地保护协会的发展，也削弱了协会应有的影响。

四、工业化与城镇化快速发展，耕地保护的外在压力持续增加

1. 经济发展与工业化快速推进，建设用地需求持续增加

在其他条件保持一定的前提下，用地需求会随着经济活动规模和范围的扩大而增加。首先，土地是经济增长的关键投入要素之一，经济增速的提高需要更多土地资源投入。在技术水平和要素投入的比率不变的情况下，土地投入量随着产量的变化也会发生相应的变化。其次，人们需求层次随经济社会发展不断提升，由基本生存需求向生活条件和质量改善逐步升级，城市基础设施建设、娱乐场所用地随之增加，需要更多的土地尤其是非农用地。

产业结构的调整和升级能够促进经济增长，产业结构调整和升级在很大程度上又取决于工业化和城镇化进程推进的速度和质量，进而影响到一定区域范围内土地资源的供需状况、土地利用水平、结构及其演变。在工业化的不同阶段，对耕地资源占用速度也不尽相同：在工业化的初期，耕地用途转化和非农化的速度一般比较缓慢，在工业化中期速度加快，在工业化后期又开始变慢。发达国家实践总结处工业化快速推进的中期阶段的特征有：国家农业产值在 GDP 中的占比低于 15%，农业劳动力在劳动力总数中的占比下降到 30%，城镇人口在总人口中的占比超过 50%，人均 GDP 按 1980 年不变价格达到 1 500 美元以上。按照这些标准，过去十多年我国工业化正处于由初期阶段向中期阶段过渡的时期，工业化需求拉动耕地功能转化以满足工业建设的需要，引起耕地资源的减少也是符合经济发展的一般规律。

2. 城镇化程度提高，城市建设用地需求增加

城市是现代经济社会的载体，城镇化是迈向现代经济社会的内在要

求和必然过程。与乡村相比，城市可以以更低的成本为人们提供自由的现代生活方式。但短期内土地的利用效率变化不大，为了容纳更多的人进来，城市的规模必然会更大，不可避免地要占用城市周边部分耕地，尤其是大城市的快速扩张更可能导致耕地面积的迅速减少，从而可能会影响到国家的粮食安全。国际实践表明，当一个国家或地区的人均GDP 在 3 000 美元至 6 000 美元、城镇化水平处在 30% 至 70% 之间时，是城镇化加速推进的时期。这一时期往往会出现城市规模迅速扩大，周边的耕地持续占用的现象，特别是当耕地保护制度不健全和保护措施不力时，耕地资源减少的速度会更快。我国经济经过多年年均 10% 的高速增长，人均 GDP 也正好处在由 3 000 美元向 6 000 美元的增长期，城镇化水平由 2000 年的 36% 提高到 2012 年的 52.6%，处于城镇化的加速推进期。余庆年（2001）利用江苏省 1978－1997 年的数据实证研究发现，城镇化水平每提高 1 个百分点，耕地要减少 13 688.3 公顷。张军岩、贾绍凤（2005）也认为城镇化是我国耕地减少的直接原因，城镇化对耕地减少的直接影响为 5%～10%。

3. 社会发展、公共基础设施建设增加了用地需求压力

投资、消费和国际贸易是拉动经济增长的"三驾马车"。在经济快速增长阶段，大规模的基础设施建设投资带动国家总投资大幅增长，为经济发展注入强大动力；收入增长将带动消费升级，居民消费结构发生调整，食物衣着类基本生活必需品的消费比重下降，文化、交通、居住等服务性消费的比重逐步上升。基础设施建设投资、消费升级中的居住、交通条件的改善，最终都与土地资源消耗有关。自 20 世纪 90 年代中期以来，我国 GDP 总量、固定资产投资总额、城乡居民收入都大幅增长，耕地转化为建设用地的速度也随之加快。2007 年以来，我国固定资产投资年均增速超过 24.7%，全社会消费品零售总额年平均增长17%，耕地资源进一步减少。据报道，仅 2008 年国务院就批准 84 个城市建设用地 21 642.85 公顷，占用耕地 14 539.72 公顷，其中，80% 用

于城市公共基础设施建设和居民居住条件改善。由此可见，固定资产投资催生和消费需求拉动也是耕地转化为建设用地、耕地保护压力与日俱增的重要诱因。

第四节　进一步完善耕地保护的政策建议

一、拓宽耕地保护范围为农地，制定农地保护新战略

1. 拓宽保护范围，由耕地扩展为农地

在新型城镇化和新的粮食安全观下，应由耕地占补平衡转为面向食物营养安全的农地占补平衡，把占补平衡的范围由耕地扩展到农地：一方面建立农地总量动态平衡与食物安全监测与预警制度，从提高复种指数、增加草食动物养殖等途径保证食物营养安全；另一方面，慎砍树、不填湖，才能保留村庄原始风貌，让城市融入大自然，让居民望得见山、看得见水，扎实推进新型城镇化建设。

2. 由耕地数量占补平衡逐步向农地产能、生态与人文占补平衡升级

联合国粮农组织（FAO）于 1993 年颁布的《可持续土地利用评价纲要》对可持续耕地利用给出了明确定义：如果预测到一种耕地利用在未来相当长的一段时期内不会引起耕地适宜性的退化，则可认为这样的耕地利用是可持续的。应依据可持续耕地利用的思想，在经济社会发展和人们收入水平的不同阶段，划分和逐步提高面向包括粮食在内的食物营养安全的农地占补平衡层级，主要可以划分为数量—能力平衡、数量—能力—生态平衡、数量—能力—生态—人文平衡三个层级。第一层级，农地数量—能力平衡，即城镇化和工业化过程中农地数量和生产能力不再减少，实现农地数量和生产能力与城镇化逐步"脱钩"，保证新增农地的生产能力不低于被占用农地的生产能力；第二层级，农地数

量—能力—生态平衡，即在实现农地数量和能力占补平衡的基础上，保证农地占补过程中不影响生态环境；第三阶段，数量—能力—生态—人文平衡，即农地占补平衡实现自然、经济、生态和人文环境的综合平衡。

3. 探索以土地当量和农地绿当量为核心的产能和生态评价体系

产能测算是耕地保护和利用中的核心技术问题。徐林等人（2013）在课题《土地制度改革与新型城镇化》中提出用土地当量作为耕地生产能力的计量和交易单位进行耕地占补平衡，以保护耕地的生产能力。具体而言，土地当量类似于标准煤的概念，就是把各类具有不同粮食生产能力的耕地基于某一产出标准折算为标准值，用于对不同地域、自然条件和生产能力的土地进行统一计量、核算、评估和交易。土地当量作为标准化的统一计量，可以更加科学、准确地推进耕地保护和占补平衡，协调耕地数量和质量保护与建设用地需求的平衡。但是，以土地当量为基础的保护模式重在对生产能力的保护，在生态环境及人文社会协调发展方面稍显不足，难以满足广义农地保护和逐步升级的需要，缺少对耕地以外的园地、林地、牧草地等农地的生态保护，不能完全符合保留村庄原有风貌、把绿水青山留给居民的新型城镇化发展愿景和理念。目前，相对于有限的耕地，我国还拥有丰富的林地和草地资源，如果能够科学合理地有效利用，对所在区域生态系统必将发挥十分重要的作用。

为了避免城市扩张和土地开发建设中造成森林植被减少，进而影响城市发展的可持续性和生态恶化，一些学者提出"生态绿当量"的概念。刘艳芳等（2002）和赵丹等（2011）认为生态绿当量即为其他绿色植被的绿量相对于等量森林面积的绿量的比率，其主体可以为草地、园地、耕地等其他绿色植被。刘艳芳等（2002）根据生态服务价值对不同农地的绿当量进行了测算，在全年满种的前提下，假定林地的绿当量为1，则水田、普通旱田、自然草地和牧草地的绿当量分别为0.77、

0.68、0.76 和牧草地为 0.73[①]。任继周、林慧龙（2006）也认为我国现存农用土地的食物生产能力仅利用了生产潜力的 43.59%，如果以草地农业系统取代传统以粮为纲的农业系统，大约可以得到相当于新增 0.52 亿公顷农田当量的潜力，其食物生产能力将是现行系统的 1.23 倍。由此可以发现，把草地、林地纳入农地保护范围且进行标准化的当量折算和科学的土地资源规划，不仅有利于实现我国粮食安全，而且也有利于生态环境保护和可持续发展。

在下一步农地保护和占补平衡制度改革方面，建议综合土地当量、绿当量和农田当量的理念和折算方法与技术，在全国范围内构建农地绿当量制度，标准化农地数量、质量和生态等级综合折算方法体系。一是分析我国农地利用、生产能力现状及变化规律，总结完善我国耕地占补平衡制度并扩展到农地范围内应用，设定不同城镇化模式、经济社会和生态环境发展情形，并预测基本粮食安全向营养安全升级过程中对农地数量和结构需求的情况。二是科学合理制定各地区综合性等级折算系数。在国家功能区战略和土地资源规划的指导下，结合本地自然禀赋、农地资源、生态环境以及粮食生产实践，借助于 GIS、遥感系统和现代计算计量方法来测算各地区按等级综合化折算系数。三是建立全国统一可比的农地绿当量折算系数。该系数应该遵循农地总量不减少、农地生产能力平衡、农地生态不退化、占补农地等级接近、与农地分等成果相衔接、项目设计技术经济合理及区域间平衡等原则，不断优化设计编制全国统一的耕地占补平衡按等级折算系数表。

4. 划定永久基本农地范围，坚守土地红线

拓宽保护范围，重视农地的产能和生态功能保护，更加充分地利用土地资源，通过新科技提高单位土地产能，在一定程度上减少对耕地数量的依赖。但无论是新资源的开发还是农业科技进步或者土地整治，其

---

① 由于地区之间的气候差异与变化，同一时间各地区、各种用地的绿当量是不同的，同一地区不同时间的各种用地的绿当量也不相同。

效果都需要在长期内才能显现，短期内我国粮食供给对耕地数量的依赖不会有大的改观。因此，我们仍不能放松国内粮食生产，应继续严守耕地保护红线。在执行耕地占补平衡政策中，要更加注意所补充耕地同被占用耕地的生产能力的平衡，保证耕地的综合生产能力不下降。同时配合国家发展规划，选择全国粮食主产区内的高产出农田划定为永久基本农田，从制度上停止城市建设和工业发展对高标准农田的侵占。针对城市近郊的耕地和农地，结合当地城市规划，因地制宜制定出内容明确、执行有力的政策和土地利用机制，遏制城市的粗放扩张。

二、加强包容性农地制度建设，完善和创新农地保护机制

1. 深化和完善以明晰产权为核心的农地制度，强化农地保护激励

在新的形势下，应沿着"明确所有权，稳定承包权，放活使用权，保障收益权，尊重处分权"的方向，从以下几个方面进一步系统化改革的顶层设计：一是修订和完善以《宪法》为基础、以明确农地产权为核心的法律法规体系，形成农地保护合力。在广义农地保护的框架下进行系统化改革，逐步形成体系完善、内容细致具体且可执行的农地法律制度体系。将《森林法》、《草原法》、《渔业法》等整合纳入《土地管理法》，在耕地确权的基础上，进一步明确林地、牧地、草原及水面、滩涂的养殖的所有权和使用权，形成以明晰产权为核心的农地保护法律法规体系，消除耕地、林地、草地等不同类型的农地分属不同的法律法规可能造成的监管盲区。二是完善《土地管理法》，强化对农民的农地权益的保护。《土地管理法》完善和修订应以社会公正、维护农民权益的目标为导向，从法律上明确农民的权益和主体地位，提高农地征用过程中农民和基层集体的弱势地位，细化《中华人民共和国土地管理法实施条例》，扩大在土地总体规划制定、农地征用和使用权流转以及监督检查等环节中的民主决策权、知情权和监督权，明确各级政府、集体组织、单位和个人（农民）的权利和法律责任。三是把《基本农

田保护条例》的适用范围由基本农田扩展为农地并提高其法律效力。1999 年开始实施的《基本农田保护条例》中的保护制度和保护对象只是耕地，基于上文提到的原因，建议把林地、草地、水面、滩涂等不同类型的农地也进行划定并纳入基本保护范围，实行数量、生产能力和生态的综合保护。同时，建议把扩展保护范围的《基本农田保护条例》上升为法律，通过立法来保证农地规划和用途管制，确保农地不受工业化、城市化的过度影响。四是完善《农村土地承包法》，扩大农民土地承包权益。2003 年，我国《农村土地承包法》正式颁布实施，赋予了农民长期稳定的农地使用权。在进一步的修订完善中，应对土地承包经营权的内涵和外延做出明确的界定，使债权性质的承包经营权向物权转变，使农户承包经营土地在融资抵押、使用权流转方式等方面的权利具体化和便捷化，扩大农民土地承包有关权益。还要允许土地承包经营权继承，增加农村土地承包经营权继承的条件和限制条款。五是完善《物权法》，明晰农村土地权益。目前，我国农村宅基地制度的主要内容与特征是"集体所有，农民使用，一宅两制，一户一宅，福利分配，免费使用，无偿回收，限制流转，不得抵押，严禁开发"。《物权法》等法规没有提到农民宅基地的收益权和财产权。农民土地财产权利的先天缺陷以及所有者的集体界定不明，一方面，使农民的农地占有权和使用权不稳定，不愿进行农地投资，难以享受农村土地整理的成果和城镇化、工业化带来的增值收益；另一方面，产权不清难以合法流转实现权利收益。需要再进一步夯实农民在宅基地使用权、集体土地收益分配权等方面的法律基础，确定和创新农村土地发展权的实现机制和形式，探索通过土地发展权转让或土地发展权征购市场化流通实现农地发展权。

同时也要注意，由于农地不仅仅具有经济功能，还具有社会保障、社会公平、粮食安全等功能，外部性或者说公共品属性是土地利用的天然属性，单单追求经济效益最大化也是不可持续的。因此，明晰农地产权的改革目标并不是可以完全自由流动的农地私有制。就日本、韩国和中国台湾的农地制度改革实践来看，尽管都实行农地私有制，但对农地的使用和流转都进行了严格限制，对持有农地的数量上限、持有农地的主体资格等均有严格规定，也都不是农地完整的私有产权，科学限制的产权制度给这些国家和地区的经济发展和社会稳定提供了坚实的制度基础。因此，我国土地产权改革的目标，应该是建立明确界定个人权利和公共权利、兼顾个人和社会利益、转换灵活、流转便捷的农地保护制度。

2. 完善农地流转制度，推动农地适度规模经营

当前普遍存在的农地流转不畅是制约我国农业规模化经营、阻碍农业现代化进程的重要因素。为了提高农地流转效率，建议从以下几个方面着手：一是创新集体所有制的实现形式，探索承包权和经营权分离机制。只有资源的产权清晰且主体明确，允许产权的自由转让流动，产权主体才有可能最大限度地配置资源以最大化收益。在我国的农地制度下，改革开放以来农地的承包权和经营权长期合二为一。在不影响宪法及根本制度的框架下，在坚持农村土地农民集体所有的基础上，稳定农民长期土地承包关系，逐步将农地的承包权和经营权分离，激活农地经营权，农民可以把自己实际把承包农地转让经营，也可以根据需要和既定合同收回经营。二是坚持农村家庭为承包主体。在农地经营权流转过程中，农村集体土地必须由作为集体成员的农民家庭承包，其他任何主体都不能取代农民家庭的承包地位，主要有两个方面的原因：一方面从世界范围来看，农业生产经营采取家庭经营模式是一般规律，即便美国、日本、韩国和中国台湾等国家和地区的公司制的农场，也都主要是采取家庭经营模式；另一方面从我国的经济制度、社会文化和农业生产禀赋（人多地少、农业人口占比高等）来看，无论农地如何流转，家庭经营是我国农业生产的必然选择。因此，农地流转过程中承包经营主体必须从制度安排上做出明确的界定，工商资本可以参与农地流转后的

规模经营，但不可成为农地承包主体①。从东亚发达经济体特别是日本和中国台湾的经验来看，在农业产值占比下降和社会保障逐步完善的过程中，通过合理的制度规定允许并鼓励农地所有权流转，并不会出现农地过度集中拉大贫富差距和社会不公的问题。三是由市场自发决定家庭农场经营的适度规模。在我国农地的适度规模方面，建议发挥农地流转市场的决定作用，减少政府行政干预性"指导"，逐步形成适合我国农业生产的适度规模，既要改变各家土地规模过小、农业经营无效率而带来耕地保护无力的现状，又要避免出现片面追求大规模而增加家庭农场的生产风险。四是完善农民社会保障，创新农地经营权退出机制。逐步加大农民社会保险的投入，构建全社会统一的公民社会保障制度，缓解农地承担的社会保障功能。逐步改变由行政权力直接介入的农地资源垄断配置的模式，完善农地市场机制，充分发挥市场竞争的高效资源配置，通过公平谈判、民主协商的保障农民在农地市场中的权益，使得适合从事农业的农户耕种农地，不适合地获得转让经营权收入，进而形成农户自愿的农地经营流畅的"退出"与"进入"机制。五是改变农民传统观念，规范流转规则，降低农地流转成本。在完善农民社会保障的基础上，引导农户向现代公民转变，通过稳定农地经营权的预期，分享农地增值成果来降低农民放弃经营权的潜在交易成本。通过公开农地流转信息、完善农地流转机制、严格农地流转程序来创新和完善农地流转制度，保障农民的农地流转权益，建立起合法有序的农地流转市场，降低农地流转交易成本，避免农地流转的自发性、随意性、盲目性和无序性，提高农地流转效率。

3. 多元化农地保护主体，明确利益相关者权责

在农地产权进一步明晰的背景下，农地保护改革的方向应该是多元化农地保护主体，进一步明确利益相关者权责。一是加强政府在农地保护中的服务监督功能。中央政府逐步优化农地保护目标，不断从政策、

---

① "资本炒农地"不是洪水猛兽［N］. 21 世纪经济报道，2014－01－15.

法规层面完善和优化农地保护制度和策略，在农地保护单一的行政手段中增加市场型的经济手段，平衡好与地方政府的关系以提高地方政府在农地保护中的积极性，促使其进行有效的监督，避免在农地保护中出现"政府失灵"和"逆向选择"的行为。二是发展农地保护中介组织。未来在推进类似耕保协会的农地保护中介组织发展的过程中，要逐步有序扩大范围，突出和保障农民主体地位，尊重群众意愿、激发群众参与、接受群众监督，找准工作的切入点，尝试通过建立土地整治参与者联合会等组织，在政府和农民间构建和谐顺畅的沟通机制，使公众参与切实发挥农地保护的积极作用。

4. 借鉴国际经验，制定科学有效的土地用途规划与管制制度

总结世界发达国家和地区城镇化过程中农地保护的经验，以下几个方面的特征和经验值得注意：第一，用合理的制度设计来保障农地产权保护与土地用途管制之间的平衡。农地不仅具有一般商品属性和生产要素的基本特性，又是一种特殊的自然资源，通过土地制度和机制设计来协调农地私权和公权的相对平衡，实现个体利益和公共利益的妥协与共赢。第二，公众广泛参与土地科学合理规划并用法律制度保障严格实施。科学合理的规划是平衡农地所有者权益与政府对土地用途管制的公共权力的重要条件，土地规划过程公开、透明、科学、合理，在制定规划过程中广泛征求社会意见，保证任何人都拥有和实现参与规划的权利，通过政府与公众之间反复"自上而下"与"自下而上"的互动，确保土地利用规划制定的科学性、合理性和实用性。土地规划制定完成并按照既定程序批准后，被赋予高度的法律地位，任何人和单位都必须严格遵守。第三，在土地的用途方面规划或管制对公益性用地、非公益性用地以及国家城市建设用地的征用权进行详细的界定，征收过程中的价格基本由市场来决定。近年来，国际土地制度发展又呈现出三大趋势，即从土地所有权的绝对性向社会和个人平衡演变，从以土地所有权为中心的产权制度向以土地利用为中心的产权制度演变，从以地表产权

为中心的产权制度向土地立体产权制度演变。

5. 创新农地保护利益补偿机制，激发农地保护积极性

为了克服农地保护的外部性，多数发达国家都对农业进行补贴，一般都将耕地保护经济补偿融合在农业环保计划和农业补贴中，主要体现在基于购买耕地发展权的转移补偿中，以及基于耕地的多功能性和以改善农业生态环境为目标的耕地质量保护补偿方面。参考国际实践经验，可以考虑从以下几个方面创新和建立耕地外部性补偿的激励和约束机制：一是开展耕地保护补偿机制试点。根据因地制宜、总结经验、循序渐进的原则，选择有基础、有意愿、有代表性的省份或地区率先开展耕地保护补偿试点工作，逐步形成可复制、可推广的经验后，再进一步扩大试点范围。二是设立农地保护专项基金，拓宽资金来源渠道。一方面，在公共财政转移支付中设立农地保护专项基金，建立台账，切实保障专款专用；另一方面，成立专门用于跨省域的区际补偿性农地保护基金，用于补偿承担过多耕地保护指标任务的省区。多元化基金融资渠道，理顺资金投融资机制，提供资金运用效率，可考虑将各渠道筹集的耕地保护补偿的资金归集到中央耕地保护专项基金，将新增建设用地有偿使用费留给省级财政的部分、土地出让金的省级集中部分、耕地开垦费、耕地占用税归集到省级耕地保护基金。三是构建农地占补平衡中的激励机制。我国耕地占补平衡政策中以约束性和建设性为主，激励性的政策措施不足。建议探索更长期的利益分享机制，增加挂钩双方的利益联结，提高耕地占补平衡机制的激励相容性，形成各级政府、用地单位和农户在耕地保护方面达成共识，形成合力。

6. 推进新型城镇化道路，控制新增城市建设用地过快增长

从完成城镇化的欧美发达国家来看，尽管短期内城镇化占用了一定数量的耕地，但从长期来看，这些国家在城市化后期都保持了耕地面积的稳定，甚至出现了二者同步增长的现象。事实上，科学合理的城镇化可以实现土地的集约节约利用，并且有利于耕地保护。一是城镇化有助

于农村剩余劳动力向城市转移聚集，闲置出来的农村宅基地、乡镇企业用地等农村用地进行统一整理复耕，分散耕作时期的路、渠、田坎等平整为耕地，不仅可以有效增加耕地资源，也有助于实现农地适度规模经营。二是新型城镇化可以将比较分散的企业逐步聚集，共享交通、电信、供水供电及防污治污等基础设施，提高非农用地效率，节省大量的建设用地。三是土地资源具有稀缺性和不可再生性，农地保护可以倒逼城镇建设用地的节约集约利用，提高土地利用效率。四是城镇经济水平发展到一定程度后，可以通过发达的第二、第三产业反哺农业，通过资金和技术改造升级农业，提高耕地的生产能力。发展实践和相关研究证明城镇化与耕地保护、粮食增产并不矛盾。黄大全、郑伟元（2005）总结了中国台湾、日本以及北美西欧的发展经验，认为城市扩张和耕地保护二者可以齐头并进，关键在于合适的城市发展道路、土地利用方式和有效的保障政策。朱莉芬、黄季焜（2007）应用土地遥感数据进行的实证研究发现，在社会、经济和自然等其他影响因素一定的情况下，小城镇模式和城市模式对耕地面积都有显著的影响，但是相对于农村建设用地而言，城镇化发展用地更节约，将分别会少占用耕地 11.7% 和 3.6%，说明科学的城镇化对耕地减少可以起到一定的缓解作用。因此，城镇化的发展模式和土地利用效率是缓解城镇化用地需求与耕地保护矛盾的关键，中国应改变传统粗放型的发展方式，推进新型城镇化道路。

三、构建多层次农地流转市场，探索扩大土地流转区域范围

改革当前二元土地市场制度，打破城市土地市场的垄断格局，构建城乡一体化土地市场是促进城乡统筹发展的必然选择。构建城乡一体化的土地市场，需要打破国家对土地一级市场的行政垄断，突破农地只有通过政府征地才能进入市场的制度约束，实现城乡土地市场的统一；允许农村集体建设用地直接合法进入土地交易市场，充分发挥市场在土地资源配置中的基础性作用。

1. 完善地票交易制度，探索和扩大占补平衡土地交易品种

地票交易是我国实施城乡建设用地增减挂钩政策的创新形式，以成都和重庆的探索最具代表性。地票交易促进了城乡建设用地优化配置，提升土地集约节约利用水平，发挥城市反哺农村、提高农民享受土地增值收益、带动城乡统一的要素市场建立等方面的积极作用。但以成渝为代表的地票制度实践过程中还存在对可用于交易的指标限制严格、地票价格对复垦耕地的质量反映不足、地票交易和土地交易脱节、地票利益分享机制不完善等困难和问题。

针对当前个别地区地票交易中出现问题，政府部门应从制度设计、分配机制、交易机制和监督机制等方面进行优化和完善。一是完善地票交易的理论和法律依据，提高地票与现有土地管理等相关制度的兼容性，逐步实现无缝衔接。从存在形式上看，地票就是建设用地指标的票据化。在地票交易中，没有完全厘清流转的土地产权性质，地票初始产权主体（农民或集体经济组织）由出让农村建设用地指标获得补偿的权利基础不明，地票的购买者支付价格购买地票获得的仅是建设用地指标，其使用权并不具体。尽管地票交易中流转的被认为是土地发展权，但我国目前的制度法规还没有明确设置农地发展权，更没有对土地发展权的归属、价格、交易及收益分配等关键问题进行详细的说明。为此，应该尽早对地票交易作出公平合理的顶层设计和实施规划，分步骤稳妥推进，由当前的地票试点逐步过渡到地票与计划指标的"双轨制"运行，地票交易制度成熟后替代政府征地，成为城乡经营性用地需求和交易的指标主要来源。其中，对解决重大基础设施等公益性用地和承载重大的功能性、特殊性项目用地仍可以采取计划指标的模式，而非公益性类的经营性项目用地则须通过地票的市场竞争的获得用地指标。二是完善地票交易主体，明确各方权责行为。政府、农民和用地单位（土地开发者、工业用地需求者）是地票交易三个重要主体。农民的宅基地在满足规划等法律法规条件下可以自住、出租、出让、转让或或者复垦

为耕地。政府一方面通过补偿等激励机制鼓励农民选择复垦，另一方面通过地票市场竞争的方法提高用地单位的土地使用效率。用地单位则突破了由政府垄断一级市场的限制，面临更多的用地选择，在用地方面可以根据自己实际情况灵活地选择用地的位置和开发时间。因此，科学合理的地票交易设计能够实现农民、用地单位和政府的共赢。三是政府在地票交易中向管理性、服务性职能回归。通过公众参与和专家咨询的方法科学制定土地流转规划，确保公平自愿的原则下进行流转，把农地保护作为强制性的约束条件。明确界定政府部门的职责范围，理顺地票交易的行政流程，提高地票交易效率，防范和杜绝地票交易中的违法违规行为。四是创新和完善地票模式。按重庆现有的规定，获得地票的用地单位并不完全获得相应地块的建设用地使用权，只是获得地块的选择权或地块使用的建议权，购得地票后寻找到自己满意且政府同意后才能开发使用。现实的国有建设用地使用权"招拍挂"过程中，不持有地票的单位也可以通过价格进行竞争，拥有地票的用地单位在此过程中并没有更多的竞争优势，在一定程度上损失了获得地票产生的费用。因此，应该赋予地票持有者在参与其选定地块的招拍挂竞争中具有优先权，提高地票认购的积极性。五是优化地票价格的形成机制，加强市场在地票交易中的作用。地票能够提供城市建设用地指标，实质上是公共产品，所以地票应该采用公共产品定价方式进行定价。目前重庆地票交易的市场化程度影响了定价效率，地票的交易数量、交易内容、交易范围等方面均存在不少限制。因此，应构建不同层次的地票市场，逐步放松地票交易年度总量限制，将城乡建设用地增减挂钩、耕地占补平衡与地票合并，进一步通过创设耕地保护发展权交易的方式扩大交易的标的和范围。六是完善地票交易市场体系。目前，重庆市只有地票一级市场，还没有开通二级市场，地票的流动性不强，退出机制不完善影响地票购买的积极性。因此，通过建立和规范地票二级交易市场，提高地票的流动性，进一步扩大交易范围，逐渐形成全国跨区域的统一地票交易市场。

2. 建立多层次和类型的城市土地市场体系

逐步探索集体农地入市模式,培育公开、公正、规范的农村土地经营权流转市场,构建多层次的城乡一体化土地市场体系,盘活农村存量建设用地,提高土地利用效率具有重要的意义:第一,集体土地与国有土地享有平等市场准入权、待遇权和收益权,逐步实现不同性质土地的同价、同权、同利,避免了政府征地模式对农民利益的侵害,农民可以分享土地的增值收益和工业化、城市化的成果,有利于缩小城乡差距,统筹城乡发展,逐步解决"三农"问题。第二,集体土地与国有土地享有平等的市场地位有利于逐步形成统一的城乡要素市场,改变城乡分割的二元结构局面,同样有助于统筹城乡发展。第三,有助于提高政府对土地市场的宏观调控能力。目前,我国政府对土地市场的宏观调控比较直接、单一,主要是通过土地利用规划和城市规划进行的编制实施进行,对建设用地的审批和使用则实行总量控制和年度计划管理。构建统一的城乡土地市场有利于政府的宏观调控由直接干预转变为间接调控,发挥市场的作用。将农村集体或农民私下交易并用于城市建设的集体土地显性化,以便规范并对交易过程进行有效的监督管理,提高政府对土地市场的宏观调控能力及维护正常的市场交易秩序。第四,构建城乡统一的土地市场可以推进我国工业化有序发展。农地资源成为可以自由流转的生产要素,形成城乡统一的土地市场后与产品市场成为市场经济体系的基本组成部分,有利于完善市场经济体系。建立多层次多类型的城市土地市场体系,主要考虑从以下几个方面着手。

一是探索集体土地入市模式,打破土地市场政府垄断。根据《土地管理法》规定,集体建设用地主要包括农村宅基地、乡(镇)企业用地、乡村公益事业用地和公共设施用地。长期以来,我国禁止农村集体建设用地直接进入市场流转,政府垄断土地一级市场,土地征收被确定为城市建设用地的唯一合法供给途径。在进一步土地制度改革中,建议按照多种所有制共同发展和平等保护物权的宪法精神,建立城市国有土地与农村集体土地两种所有制权利平等的土地产权制度，打破由制度规定产生的城乡建设用地差别，逐步实现同价、同权、同利。根据当前实际，可以采取新旧划断、缓步推进的策略进行，原有城市的土地归国家所有，新增城市土地则可以采取多种形式：对于新增的公益性用地，继续通过征收或征用的方式获得，并实行国有；对于非公益性用地，在符合城乡建设统一规划的前提下，由用地单位通过市场交易而获得，农村集体建设用地可以进入市场自由交易。在不改变所有权性质的前提下保障权利流转和利益实现后，允许农村集体建设用地直接入市合法流转，逐步消除土地先征后用制度下的政府垄断供地格局。

二是构建城乡统一的土地市场框架。第一，逐步建立起城乡统一的土地市场体系，主要包括城市土地市场、农村土地市场和城乡统一土地市场。城市土地市场主要在原有功能基础上偏重于通过城中村改造、优化工业用地布局等手段进行土地的节约集约利用；农村土地市场主要偏重于通过空心村改造、乡村规划等手段加大土地整治力度提高农村土地利用效率；城乡统一土地市场可以初步由城市集体土地、农村集体土地入市逐步扩展为城乡建设用地市场。第二，完善市场机制。建立和完善公平、开放、透明的土地经营权市场，实行统一的市场准入制度和市场监管制度，通过市场竞争提高土地使用效率。同时，充分发挥市场形成价格的作用，应完善土地经营权价格形成机制，避免政府的不当或过度干预。第三，培育中介机构。土地经营权流转相关主体多、交易复杂，需要土地投资机构、法律咨询机构、资产评估机构、委托代理机构、土地保险机构等社会中介机构提供专业、独立和权威的服务，及时有效地解决土地流转交易过程中供求双方信息不对称、土地流转范围狭窄、流转程序不规范等问题。第四，构建与城乡统一土地市场相配套的监督制约、信息公开和纠纷调处机制等，为土地市场交易的正常运行提供保障。城乡土地市场一体化进程的推进，农民逐步成为土地市场供给主体参与市场交易，需要进一步完善农村社会保障体系，保障农民的最低生

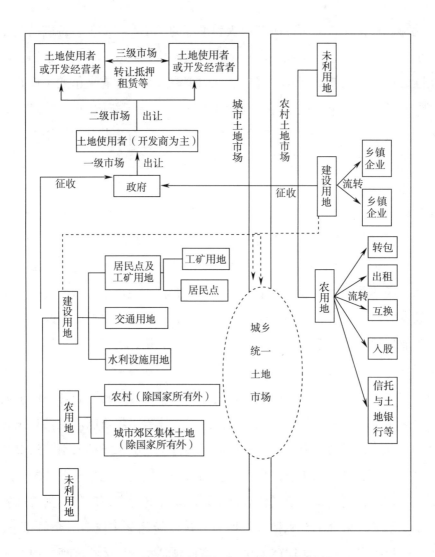

图44　多层次和类型的城乡土地市场体系框架

活、医疗和社会保障水平。

三是合理分享农地征收和流转中的增值收益。集体土地征收和流转、农民土地承包经营权流转应以提高土地资源利用效率和农民收益为前提，同时也要协调好新型城镇化和工业化的有序推进。用法律法规的手段保证农地征收、交易过程中产生的增值收益及时无障碍地分享给各个利益主体，尤其是出让土地承包经营权和宅基地使用权的农民。农村土地市场要融入城乡一体化的土地市场机制和制度中，保证农民个人承包经营的土地在符合规划和不改变耕地性质的前提下能够便捷地以转让、出租、抵押、入股等多种形式转换，逐步实现市场各方在通畅的利益输送渠道下"各依其权，各得其利"的利益分配结构，确保农民财产性收入顺畅实现。

四是在地票交易的基础上逐步补充农村建设用地实物交易品种，完善城乡统一土地市场的价格形成机制。第一，纳入实物交易的农村建设用地可以转为地票进行招拍挂交易，也可以通过挂牌交易就地用于新型城镇化建设，逐步形成指标交易与实物交易并行、交易方式灵活、市场边界清晰、城乡统一的跨区域土地交易市场。第二，鼓励创新出便于大宗耕地、林地、农村四荒地、堤坝、水库鱼塘等为标的物的类似地票的农地流转产品在交易所交易。增加农村各类土地流转交易信息发布业务，搭建农村土地与城市资本对接服务平台。第三，以农村土地交易所为平台，将地票逐步标准化和证券化，探索开放地票二级市场，以地票交易方式实现不同主体功能区远距离、大范围统筹配置建设用地搭建平台。第四，通过定级估价技术规范和相应的地价形成制度及地价评估体系形成市场化的土地及地票交易价格形成机制。第五，建立健全土地流转评估价格信息收集、处理与公开发布制度，实现全国统一的流转土地价格动态监测，保障土地及地票市场交易稳定发展。

五是建立城乡统一的土地市场的运行保障措施。由于历史因素，我国农民的社会保障体系不完善，尤其是经济落后的偏远农村地区，农民的社会医疗保障基础薄弱，农村还承载着社会保障的功能，加之农民对耕地很强的土地情节，视土地为"命根子"，不愿放弃农地，在一定程度上影响了城乡土地市场一体化的进程。因此，构建和完善农村社会保障和医疗体系，保障农民的医疗保险和社会最低生活水平，彻底解决农民放弃农地后生活、医疗和养老等后顾之忧，去除农地承担的社会保障功能。因此，一方面应该增加农民社会保障、医疗及养老等投入，加快完善农村就业和社会保障体系，逐步实现农村与城镇社会保障体系接轨，以完善的社会保障体系促使农民逐渐摆脱对土地的依赖。另一方面，增强新型城镇化和工业化对农民的吸纳能力，加快推进农民工市民化，尽快消除城乡差别，进而实现城乡一体化。

3. 探索区域农地交易机制，逐步向全国性跨区市场过渡

禁止跨省域进行耕地占补平衡，各省各自为政的制度安排越来越不符合我国经济社会发展的需要，并逐步成为区域土地资源利用效率不平衡和土地粗放利用的推手。探索跨区农地占补平衡，通过市场化的手段提高土地利用效率具有重要的战略意义，具体可以从以下几个方面着手：一是由省内占补平衡逐步向区域和全国有序扩展。在本省内占补平衡的基础上，以国家功能区规划为基础，通过土地开发整理将结余的新增耕地用于补充功能区内本省外其他省区工业或建设用地占用的耕地。可以首先在浙江省、上海市、广州市等占补平衡压力较大的省份和国家重点建设项目开展试点，先期解决一些省、市（区）新增耕地数量不足或无法完全补偿所占用耕地数量的问题。经过探索逐步形成可推广、可复制的经验后逐步推广，由区域平衡转化为全国性的项目平衡管理，实现耕地资源在全国不同功能区间的优化配置。二是建立跨省、跨区域的耕地占补平衡指标交易市场，实现土地空间效率提高和耕地保护的双重目标。从全国范围来看，允许耕地的跨省占补平衡可以获得更大的非农 GDP 增长，东部地区可以利用更多的建设用地，发挥其在土地利用效率方面的优势，带动非农 GDP 快速增长。三是建立耕地开发潜力大的中西部省份开发和保护耕地的激励机制，由中西部地区的耕地数量增加和质量改善来实现全国的耕地总量动态平衡，为我国的粮食安全战略提供坚实的保障。跨省耕地指标交易可以突破占一补一的静态平衡的限制，允许东部地区可以有偿使用中西部剩余的耕地指标，中西部地区通过转让耕地指标获得资金进行后备耕地资源的开发和利用，逐步形成占

一补多的动态平衡，既能提高土地利用效率，又能保障国家的农业生产和粮食安全。

四、加强政府农地宏观调控和监管，确保政策有效实施

政府的合理明晰定位与市场的配置效率对农地保护效果具有重要的作用，我们应该从界定政府与市场在农地保护中的边界的思路来规范政府行为，构建公共型、规范型、服务型和市场型政府，充分发挥市场在提高农地使用效率和生产能力的作用。政府对土地市场的管理应更多使用经济和法律手段，加强土地法律制度建设，协调好行政手段与土地市场的关系，通过土地市场机制和制度建设维护土地市场的公平公正，依靠税收、利率等经济手段间接调控市场。

1. 组织制定和完善农地保护基础性制度

一是构建系统全面的农地保护法律法规。为避免农地保护中的市场失灵，需要完善农地保护相关法律法规，对耕地占用进行规范，通过增加税收和提高对失地农民补贴等手段来提高农地占用成本。目前，我国关于农地质量保护的法律法规比较零散，系统化且操作性强的法律法规缺失，难以保障农地保护政策的有效执行。应当充分总结借鉴国外的比较成熟的农地保护制度，如美国的表土保留制度，为耕地保护奠定坚实的制度基础。二是加强农地利用总体规划的科学性、前瞻性和可操作性。全国主体功能区划将我国国土空间划分为优先开发、重点开发、限制开发和禁止开发四类主体功能区，主体功能区划制定与实施对占用耕地的控制具有重要作用，主体功能实行分类管理和区域差别政策，对优先开发区实行严格的建设用地增量控制，在保证基本农田不减少的前提下适当增加重点开发区域的建设用地和工业用地供应，对限制开发区域和禁止开发区域实行严格的土地用途管制。在国家功能区规划的框架下，构建适合现代经济社会发展的土地管理体制。第一，制定以规划与用途管制为核心的国土资源空间规划体系，强化土地利用总体规划实施

刚性，依法切实保证用途管制严格执行。第二，建立以土地权属管理为基础的统一地籍管理体系。逐步取消逐级土地指标审批和年度计划行政化管理，建立中央和地方权责匹配的土地管理责任制度。第三，完善国有土地资产使用管理制度，明确国有土地资产用途和绩效由人大监督、审议。三是完善土地征用制度，改变地方政府的唯经济政绩观。在发展经济和合法用地的双重目标下，地方政府官员一直把发展经济作为首要激励，地方官员也存在参与土地违法有腐败（谋求个人私利）和合谋（发展辖区经济）等不同动机，是土地腐败和违法案件频发的重要原因（张莉等，2013）。因此，改革目前地方以GDP为中心的政绩观，制定严格的法律制度，从源头上改变地方官员参与土地违法的问题。另外，鼓励公众参与农地保护，建立多渠道的举报、投诉制度，保证土地管理部门及其执行机构的监督检查权有效执行。四是建立科学的耕地质量评价体系和考核机制。第一，建立全国统一的补充农地质量等级计算标准和具体的操作程序，强化农地产能核算和评估工作，严格评估占补平衡或复垦农地的质量和生产能力。第二，建立占补平衡或复垦农地粮食生产能力考核机制，通过现场评估和后期跟踪相结合的方法评估补充农地的综合生产能力，确保农地数量、质量和生产能力的提高。第三，完善农地基本资料和档案，建立全国统一的信息库，借助现代遥感等信息技术对农地及时动态监测，为国家宏观调控农地提供有效基础数据信息支撑。第四，创新土地管理在各级政府行政考核中的地位和作用，增加农地能力占补平衡和农地开发整理在考核中的比重。五是推进征地制度和用地模式改革。工商业和农业之间产值的巨大价差，以及城镇化给城市近郊村带来的区位优势，产生了巨额的农地转用增值收益。土地增值收益分配与社会公平、城市可持续发展及社会财富贡献的匹配性都紧密相关。借鉴国际经验，制定公平公正和共享的土地增值收益分配原则，改革目前土地增值收益归政府的状况，建立土地增值收益归社会的机制，实现全社会对土地增值收益的共享。一方面由涨价归政府转变为涨价归公，防止归公的土地增值变成地方政府，甚至部分地方政府官员的体制外收入，确保涨价归公的土地增值能够回馈社会。另一方面，强调原土地所有者获得公平补偿时还要防止涨价归私，注意对征地补偿性的大额收入适当征税，防止征地补偿过程中的一夜暴富和对征地过程中的钉子户的示范效应。第一，以调整增值收益分配为突破口推动征地改革，提高失地农民在土地增值收益中的分配比例，提高农民尤其失地农民土地补偿费标准，用增值收益补充失地农民的社会保障、医疗保险及其他基本生活资金需求。第二，建立土地基金制度。借鉴我国台湾等地经验，将一定比例的农地收益集中起来，用于平抑市场波动对农地投资及地方财政的冲击，实现土地收益的跨期合理分配。第三，征收土地交易税和保有税。土地增值主要来源于社会经济发展所带来的要素与经济活动的集中，在某种程度上是由全社会共同创造的。因此，代表土地增值收益的全体创造者的政府，可以通过征收土地税以公共财政的方式在全社会分配。六是农地管理机构与监管机构分离，调控与市场监管相对独立。现有土地行政监管机构运行具有显著的政府干预土地市场特征，对土地市场违法违规行为的督察大多是事后救济。行政部门作为土地保护的唯一主体，难以全面实现土地市场监管目标。因此，逐步把土地行政事务和对土地市场的监管分开，避免土地行政机构在行使土地行政事务和监管土地市场方面力不从心。同时，有利于在政府行政权和土地市场利益之间建立一道隔离墙，改变政府既是土地流转市场规则的制订者、监督者，又是场的参与者所造成的困境。七是积极推行耕地储备制度，建立国家、省、市及县市多级耕地后备资源储备库，深入积蓄和挖掘土地潜力，通过土地整理、复耕等多种形式增加入库农地规模。

2. 制定农地流转和交易市场规则，维持市场秩序

政府是农地流转和交易市场规则制度的建立者和维护者，政府的有效治理可以保障土地市场的有序发展，能消除市场扭曲和失灵。一是制定公平的市场规则并保证有效实施。市场规则能够要确保市场参与者独

立且机会公平，并且通过有效透明的方式来保证有效实施。参与到土地市场中的公共部门有着清晰的责任和义务，市场运作清晰透明并运行高效。二是健全信息交流机制。信息交流机制是否健全有效，直接关系土地流转的效率和质量。加强土地流转信息机制建设，各地应建立区域性土地流转信息服务中心，逐步建立覆盖全国的土地流转信息管理系统。三是设立具有独立权威的机构处理农地流转交易纠纷。政府根据法律法规设立农地流转交易仲裁机构，明确农地流转交易纠纷的处理流程。四是建立农地市场的政策咨询机制。建立农地流转交易专家咨询机构，开展多元化和社会化的农地流转政策研究，提高农地流转交易决策的专业性和独立性，逐步形成系统完善的农地流转交易政策咨询体系，充分发挥政策咨询在土地流转中的重要作用。

3. 创新方法机制，加强农地保护监管

一是把信息化手段融入农地监测监管制度。完善国土资源部信息系统管理制度，总结全国各地在土地违法和农地保护方面的经验，借助现代信息技术、遥感技术建立健全土地利用动态巡查制度，促进土地市场监测监管工作转变，实现由单纯的监测分析向监测与监管并重转变、由原来的侧重合同填报向供应与供后监管并重转变、由早期的强化数据录入向构建监测监管的长效机制转变。第一，逐步实现农地统计数据的标准化，对所有农地信息输入系统实现数据互联互通，及时更新农地利用信息，通过遥感影像等现代信息技术实时监控农地的动态变化。第二，逐步实现农地管理由事务性审批向宏观管理过渡，依托信息系统实施管理、审理和监测的相分离，提高农地管理的行政效果。第三，构建土地供应和利用情况的监测分析平台。适时开展数据统计和市场分析，实现对全国的农地总量、结构、布局以及流转中的交易方式、交易价格、投资主体和行业分类等进行适时监测分析，动态把握农地变化和流通交易情况数量，为决策提供依据。

二是强化农地占补平衡政策执行的监管。第一，严格控制并分类指导，对粮食主产区的占补平衡作出严格的规定，尤其是对基本农田的占用制定强硬的惩罚措施，严防对粮食主产区耕地占优补劣的情况发生。第二，完善耕地占补平衡的预报和验收、备案制度，对跨区域挂钩的占补平衡用地进行全过程的严格监管，采取先补后占的方式进行，确保补充耕地的数量和质量落到实处。第三，建立土地开发整理的生态环境影响评价制度，实现耕地从数量到质量、生态及生产能力的全面占补平衡。

三是加强对新开垦耕地的后续管理，创新监管方式。一方面通过补贴等优惠政策鼓励各级政府、企业单位及农民改良新开垦耕地质量。同时，完善土地承包经营责任制，引导农民和承包经营的单位或个人加大农地后续资金投入，科学合理进行粮食生产，积极培肥地力，提高农地产量和生产能力；另一方面创新补充耕地监管方式。随着综合监管平台等技术手段的进步和监管、奖惩等手段的完善，建议建立"补、备、核、用、考"等耕地占补平衡全面监管制度。充分利用 GPS、遥感等现代信息技术实现实时监管，及时发现未批先占、只占不补违法违规占用耕地行为并快速查处，以确保耕地保有数据的真实性和占补平衡的实际效果。

4. 加强土地整治和村镇规划，提高土地利用效率

一是加大土地整治力度。积极稳妥农村散乱、废弃、闲置和低效建设用地整治，优化城乡建设用地布局与结构，推进旧城镇、旧厂矿改造和城市土地二次开发，切实提高土地节约集约利用水平，对生产建设新损毁土地全面复垦和自然灾害损毁土地及时复垦，增加高产稳产基本农田的规模。二是鼓励改造中低产田，提高其生产能力。中低产田改造对提高我国粮食增产潜力和提高生产能力具有重要意义。我国目前大约有 2/3 的耕地属于中低产田，按照中低产田改造后单产将提高 30% 计算，现有的全部中低产田改造完毕后就相当于增加 18% 的现有耕地产出总量。三是优化土地利用结构，提高土地利用效率。优化城市工业用地、

行政用地、商业用地和生活用地的比例结构，将城乡结合部地区集体土地纳入城市总体规划，提高城市对人口的承载能力。制定农村转移人口市民化与农村宅基地处置办法，在公平自愿的基础上，通过市场化的方法多种形式将已在城市落户的农村转移人口在农村的集体建设用地置换出来，减少城乡两头占地造成的浪费。

五、加强耕地资源保护与利用，强化粮食安全保障基础

1. 严守耕地保护红线，确保有效耕地面积

在综合分析国内外粮食供需形势及发展演变趋势的基础上，《国家粮食安全中长期规划纲要（2008 - 2020 年）》提出 2020 年耕地保有面积不低于 18 亿亩的目标，其中，用于种粮的耕地面积不低于 11 亿亩，粮食播种面积不低于 15.8 亿亩，谷物播种面积不低于 12.6 亿亩。2004年以来，由于粮食持续丰产丰收，粮食短缺问题有所缓解，加之农业尤其是种粮经济效益低，社会各界存在对粮食安全问题的重视程度有所降低的倾向，逐渐淡忘了粮食短缺的危害性和危险性，不断对 18 亿亩耕地红线提出质疑。由于我国是世界上人口最多的国家，还有大量人口尚未解决温饱问题，仍有大量农村居民和城镇务工人员与低收入人员食物消费结构简单，主粮占比过高，肉蛋奶水产品、蔬菜和水果等消费偏低，离营养全面均衡有很大的差距（据 FAO 测算，2010 年我国营养不良人口占比为 12%），我国粮食安全问题任重道远。

耕地是粮食生产的根本，但是我国耕地资源匮乏，人均耕地面积仅为世界平均水平的 40%，而且三分之二为水热资源分布不均的中低产田，更为严重的是我国自然灾害频发，每年都给粮食生产带来巨大破坏，在这种粮食满负荷生产仍无法完全满足居民食品消费需求的情形下，耕地保护的责任更重。在未来相当长的一段时期内，工业化与城市化仍将继续占用大量优质耕地，在此基础上，耕地保护的任务更加繁重，需要严守耕地保护红线。虽然第二次全国土地调查发现我国的耕地

面积增加了约 2 亿亩，但这仅具有统计上的意义，因为这些耕地一直在投入生产，这些新增耕地主要是由于调查标准、技术方法的改进和农村税费政策调整等因素影响，使调查数据更加全面、客观、准确，并不能产生新增生产能力。

从耕地利用来看，应确保粮食尤其是谷物的播种面积，近年来，随着工商业资本下乡步伐加快，农业非粮化趋势明显。从粮食产业来看，其种植收益明显低于经济作物，例如，根据国家发改委的调查统计，2008 - 2011 年，全国三种粮食作物平均（小麦、玉米、稻谷）每亩净利润分别为 186.39 元、192.35 元、227.17 元和 250.76，同期花生的亩均净利润分别为 256.39 元、546.38 元、497.26 元、722.79 元，苹果的亩均净利润分别为 1 945.52 元、2 941.28 元、5 031.68 元和 4 611.99 元[1]，粮食作物的经济效益明显低于经济作物。因此，在修订完善土地管理法律法规的基础上，应进一步加强耕地利用规划与严格用途管制，加大耕地违法行为查处力度，大力宣传耕地保护法律法规，扭转社会各界对农地利用的错误认识，合理引导工商业资本下乡，在调整农业产业结构的基础上，有效保障耕地数量和粮食与谷物播种面积，保证较高水平的粮食生产能力，实现粮食基本自给的目标。

2. 提高城市建设用地利用效率，缓解城镇化对土地需求增长过快的压力

耕地是农业生产最基本的物质条件，其数量多寡将直接影响粮食生产及其安全水平。在我国城镇化快速发展的过程中，存在过度注重城镇面积扩张、土地利用方式粗放的问题，城市近郊的优质耕地快速减少，影响粮食安全的保障能力。

从我国城市建设用地用途来看，分为工业用地、商业与服务业用地、公共建设用地和住宅用地。在传统的土地产权国家与集体所有和国

---

[1] 国家发展和改革委员会价格司. 全国农产品成本收益资料汇编（2012）［M］. 北京：中国统计出版社，2012.

家垄断土地出让权的制度框架下，为推动地方经济发展，增强招商引资的吸引力，地方政府倾向于利用垄断土地市场的便利，加强基础设施建设、降低工业土地利用成本，这是各地大马路、大广场、工业园区与新开发区遍地开花的根本原因。虽然 2006 年 8 月国务院出台了《关于加强土地调控有关问题的通知》，进一步明确了工业用地必须采用招标挂牌拍卖方式出让，出让底价和成交价格均不得低于所在地同等级别土地相对应的最低价的要求，但为了招商引资，各地政府仍通过各种手段压低工业用地出让价格，导致工业用地成本低廉、价格扭曲和利用效率低下。2008－2013 年，我国综合地价水平提高 112.8%，其中居住地价提高 121.2%，商业地价提高 104.9%，而工业地价才提高 9.6%[①]，靠土地低成本来支撑工业化快速发展。据统计，2013 年，在我国城镇批准的建设用地结构中，工矿仓储用地占 39.5%，住宅用地占 25.1%，商服用地占 14.6%，公共管理与服务用地占 11.8%，交通运输用地占 6.7%[②]，工矿仓储等工业用地占绝对比重。

随着工业化与城镇化进程进一步深化，各地投资与建设必然扩大用地需求，目前，我国每年建设用地需求在 1 000 万亩以上[③]，如果仍延续粗放式的发展道路，土地供需矛盾将更加突出。为改变这一现状，应进一步提高城市建设用地利用效率。一是提高工业与基础设施建设用地容积率。加强城市建设规划，严控工业与基础设施用地粗放现象，按照发达国家的标准提高建设容积率。严格控制新城区、开发区和产业园区建设，在城镇化建设上升为国家战略的背景下，一些地方乘机占地、滥设开发区和新城区的现象多发频发，大量优质耕地被占用，更为严重的是，一些地方土地批而不用或土地利用率低下。建议通过严格土地利用规划管制与价格调节抑制工业用地粗放现象，通过规划严格限定工业用

---

① Wind 数据库。
② 2013 年中国国土资源公报，国土资源部网站（http：//www. mlr. gov. cn）。
③ 徐绍史. 改革是解决资源问题的必然选择［N］. 经济日报，2012－10－24.

地容积率，并加强督促检查，对违规行为加大处罚力度，提高违规成本；提高工业用地拍卖价格，通过价格机制引导企业节约集约用地。二是改进住房调控政策，通过房产税、投资收入所得税等方式抑制房地产投资和投机势头，通过有效减少市场需求，降低房价上涨趋势，减少住房建设用地需求。三是在城镇化过程中，中央应加强对地方的指导，引导地方结合本地实际、因地制宜推进城镇化，避免城镇化进程中的急躁冒进和盲目推进城镇化。在城镇化过程中，应产业发展先行，尊重居民的择业意愿和迁徙自由，避免由于城镇化速度快于产业增长而出现"鬼城"或"空城"，减少耕地资源占用和浪费。

3. 盘活农村建设用地资源，提高耕地保有量

随着城市化快速发展，青壮年农民外出务工人员不断增多，其中部分人已经在城市购房置业，但仍保留在农村的承包地和宅基地，出现了人的离土又离乡而户籍和土地承包关系仍在农村的现象；农村新建住房面积约来越大，并且新建住房呈向村周边扩散的趋势，空心村和连片村数量增多，一方面造成了农村建设用地利用低效；另一方面耕地被人为地分割成零碎小块，不利于规模化和专业化耕作，也不利于耕地质量的维护与提高。

据国土资源部统计，我国城乡建设用地大大超过合理范围，按发达国家的标准，现有用地面积完全能够满足 16 亿人口的用地需求，主要原因在于广大农村地区居住过于分散、居住用地占用过多。从统计数据来看，在我国城乡建设用地中，农村的非农建设用地占比超过 80%。城市是人口密集区，在同样的土地面积上，城市土地人口承载率远远高于农村。从长远来看，城市化可以减少城乡人均建设用地占用量。截至 2013 年末，我国进城务工农民已达到 2.69 亿左右[①]，但 70% 以上打工者的家庭处于城乡两地分离状态，老人和子女居住在农村，转移农村人口主要是转移打工者家庭的非劳动力成员，需要增加的城市建设用地更

---

① 《2013 年全国农民工监测调查报告》，国家统计局网站（http：//www. stats. gov. cn）。

多会是居民点用地而非工矿用地。我国农村居民人均居住用地是城市居民人均居住用地的 2 倍以上。因此，通过城镇化转移农村人口腾出更多的农村建设用地复垦为耕地，将能够有效提高总体建设用地人口承载率和利用效率，实现土地集约节约利用。尽管城乡建设用地的增减变化并不同步，即农村转移者腾出的宅基地进行复耕与城市建设占用耕地之间存在时滞，但短期内可以减缓农村建设用地对耕地的蚕食，并且经过一段时期的复耕，置换出来的农村建设用地将能够有效转换为可耕地。

因此，应引导各地在国家功能区规划的框架下，因地制宜，统一规划城乡建设用地利用。一方面，围绕"人"的城镇化，科学制定和贯彻新型城镇化战略，改革户籍、医疗、社会保障等制度，顺利推进农民市民化；另一方面，优化农村土地利用，建设特色性创新型生态农村社区，整合农村建设用地和耕地的利用空间与效率，实现农民生活改善和耕地保护的共赢。以河南省新乡、舞钢等地的经验，建设新型农村社区，可以节约 50% 左右的土地。从全国来看，按 2008 年我国农村居民点建设用地为 2.48 亿亩[①]和建设新型农村社区可以节约 50% 的比例计算，将能腾出 1.24 亿亩农村建设用地转化为耕地资源。

4. 探索水土资源合理开发利用和保护的政策措施，有效扩大食物来源

我国一方面资源约束的压力越来越大，另一方面大量自然资源处于沉睡状态，探索合理开发新途径具有较大潜力。据统计，我国山地丘陵占国土总面积的 2/3 以上，草原面积广袤，水域面积更是广阔无边。在不破坏生态环境的前提下，可以将其进行合理开发利用。鉴于此，上山下海即开辟山地丘陵和河海湖泊资源可以大大减轻我国资源环境压力，对保障国家可持续粮食安全大有可为。一是开发和利用边际土地资源。我国边际土地面积广袤，适宜于种植多种植物，例如，种植油茶、板栗、红枣、核桃等重要木本粮油经济林木，可收获大量优质食用产品。

---

① 根据刘守英、周飞舟、邵挺著作《土地制度改革与转变发展方式》提供的数据计算。

二是在广阔的华北和西北地区，可以探索和发展旱作农业，培育和扩种耐旱、耐贫瘠的作物品种。三是研究继续实施退耕还林还草的政策措施，并把这一措施与发展木本粮油和草原牧业结合起来实施。主要包括因地制宜，种植板栗、大枣、柿子、油茶、核桃、文冠果等木本粮油树木，以及改良和建设高标准草原牧场。这样，既可增加优质粮油资源，又可巩固"退耕还林还草"的成果。四是积极开发和利用数量巨大的作物秸秆资源。我国农作物秸秆总量在 7 亿吨以上，至今未充分利用，焚烧现象还十分普遍，造成大气污染。若做好开发利用工作，既可避免污染环境，又可生产清洁能源。五是加快江河湖泊和海洋资源开发力度。我国水面资源广阔，充分利用江河湖泊，大力发展淡水养殖；加快近海养殖和远洋捕捞渔业发展步伐，为人们提供充分的优质动物蛋白来源，减轻耕地资源的压力。

小　　结

我国人均耕地不及世界平均水平的一半，中低产田占比超过三分之二，而且耕地与水热分布不均衡；近十多年来，由于生态退耕、建设占用和灾害损毁等原因，耕地流失严重，并且由于在耕地占补平衡制度的执行过程中普遍存在占优补劣的现象，以及耕地过度利用和污染导致耕地质量退化严重。耕地保护不力有其制度原因，即产权制度不明晰、责任主体不明确、土地经营管理过于分散，为有效改变这一现状，需要进一步深化土地制度改革、加快土地流转，通过明晰土地产权制度、激发各类农地保护主体耕地保护的积极性；通过土地流转制度创新，扩大农业生产经营规模，提高农业生产比较效益；通过把耕地保护扩大为包括草地、林地等在内的农地，充分挖掘各类农地的生产潜力，降低对有限耕地的过度开发利用，有效提高农地的保护水平和农业生产能力。

第九章　加快农业开放步伐
加强国际农业资源利用

  我国是世界人口第一大国，粮食和主要农产品的数量与质量安全始终是关系经济发展、社会稳定、民族自立和公民健康的全局性重大问题。改革开放以来，随着农村和农业改革的推进，我国粮食生产持续增长，解决了粮食短缺和人们的吃饭问题。但是，由于收入增长和城镇化发展，人们的消费结构不断升级，食品需求日益多样化，粮食供需一直处于紧平衡的状态。同时，我国耕地数量却逐渐减少、质量大幅度下降，国内农业资源承载消费需求的能力大为削弱。为满足人们日益增长的多样化消费需求，我国农业对外开放速度加快，尤其是加入 WTO 之后开放力度进一步加大，至 2011 年，我国已经成为农产品进口第一大国，也是农业最为开放的国家之一。农产品贸易的增加，不但弥补了国内农产品供给的不足，满足了国内居民的消费需求，而且也有效利用了国内劳动力资源丰富的优势，提高了农业的比较效益。但是，长期以来我国农产品进口来源地过于集中和进口主要经由国外跨国农产品贸易集团，进口来源地和进口渠道集中风险较高。这些都应引起我们的充分重视，既要顺应国内需求扩大与资源约束增强的大趋势，加快对国际农业资源和市场的开发与利用力度，也要注意农业开放的方式，通过培育国内大型农业企业集团并鼓励国内农业企业加快海外农业资源开发、适度分散进口集中风险。在农产品进口结构选择上，根据我国资源禀赋特征，应实行政府调控和市场调节并行的策略，既作为口粮消费的稻谷和小麦由政府实行调控，通过关税与非关税壁垒控制进口数量和节奏；对土地密集型非口粮农产品和劳动密集型农产品进出口由市场进行调节，通过市场竞争促进产业结构调整和农产品质量升级，实现满足国内日益提高的消费需求、加强生态环境保护和提高农业综合效益的多元目标。

第一节　农产品贸易迅速发展，贸易规模大幅增长

加入 WTO 以来，我国农产品贸易持续快速发展，贸易规模不断扩大，农产品进口总量和结构变化显著，已基本进入大宗农产品全面进口阶段。

一、农产品贸易总额大幅增长，净进口格局基本形成

2001 – 2013 年，我国农产品贸易总额由 279.4 亿美元增长到 1 866.9 亿美元，年均增长 17.2%；进口额由 118.5 亿美元增长到 1 188.7 亿美元，年均增长 21.2%；出口额由 160.9 亿美元增长到 678.3 亿美元，年均增长 12.7%（见表 33）。2013 年我国农产品贸易额占农业增加值的 20%，贸易逆差为 510.4 亿美元。

近年来，我国在大豆、植物油、棉花进口继续保持高位的同时，食糖、肉类和乳制品净进口大幅增加，主要粮食作物也全部转为净进口，净进口产品范围已扩大到粮棉油糖等所有大宗农产品。尽管主粮特别是大米和小麦的净进口量仍然较小，自给率仍保持在较高水平，但从近十多年的发展方向看，我国大宗农产品进入全面净进口的趋势已经越来越明显。

表 33　　　　　　　　**2001 – 2013 年我国农产品对外贸易情况**　　单位：亿美元

年份	贸易总额	进口额	出口额	逆差
2001	279.4	118.5	160.9	− 42.4
2005	563.8	287.8	276	11.8
2006	636	321.7	314.2	7.5

续表

年份	贸易总额	进口额	出口额	逆差
2007	782	411.9	370.1	41.8
2008	993.3	587.9	405.3	182.6
2009	923.3	527	396.3	130.7
2010	1 219.9	725.7	494.2	231.5
2011	1 556.6	948.9	607.7	341.2
2012	1 756.3	1124.4	631.9	492.5
2013	1 866.9	1188.7	678.3	510.4
年均增长率（%）	17.2	21.2	12.7	—

数据来源：2001－2012 年数据来自《农业贸易研究（2009－2013）》，农业部农业贸易促进中心，2013 年数据来自农业部国际合作司。

二、耕地密集型农产品进口快速增长，农业资源禀赋特征渐显

分品种来看，由于国内外农业资源禀赋、生产模式和国家支持政策的差异，土地密集型和高质量农产品进口快速增加，劳动密集型农产品出口逐渐上升。

1. 稻谷

在 2011 年之前，我国的稻谷和大米贸易为净出口，2000 年达到 295 万吨，贸易顺差额为 271 万吨，之后在经历 2001 年的短暂下滑后于 2002 年重新上行，并于 2003 年达到 267 万吨，顺差额约为 241 万吨，顺差状态一直延续到 2010 年，但顺差总体呈下滑状态。自 2004 年之后，受工业化与城镇化的影响，耕地面积逐渐减少，农田尤其是水田减少较多。在南方一些地区尤其明显，出于经济原因，大量稻田被转为工业用地，一些稻田被撂荒，很多农户从以前种三季稻改为两季稻或一季稻，虽然由于水稻单产的明显提高使稻谷总产量保持增长，但增产幅度仍低于全国消费增速，导致我国水稻出口量下降，进口量上升，顺差额不断缩小。2011 年，我国水稻进口超过出口，顺差变为逆差。2012 年全国水稻进口继续大幅增长，达到近十多年的最高水平，约为 237 万

吨，而出口量为历史最低，约为 28 万吨，净进口量约为 209 万吨。
2013 年略有缓和，进口 227.1 万吨，出口 47.8 万吨，贸易逆差 179.3
万吨，贸易逆差占国内产量的 0.88%（见图 45）。

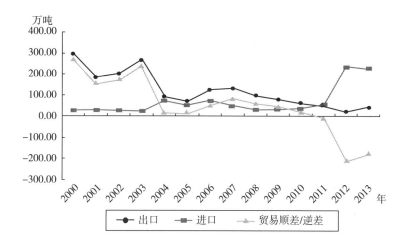

数据来源：Wind 资讯。

图 45　2000－2013 年稻谷和大米进出口

2. 小麦

小麦为我国重要口粮，我国也是世界小麦的主要生产国。在 1992－
1997 年，我国小麦进口量较大，其中最高的年份为 1995 年，进口 1 244
万吨，贸易逆差为 1 242.6 万吨，1997 年进口降到 209.6 万吨，逆差为
209.5 万吨；1998－2010 年，除 2003－2004 年之外，进出口相对比较
平稳，2003 年进口 298.4 万吨，逆差 90.4 万吨，2004 年进口 728 万吨，
逆差 695.9 万吨，其余年份进口都比较少；2006－2007 年，我国小麦进
口减少，出口增加，贸易呈顺差，顺差额分别为 137.7 万吨和 153.8 万
吨。2011－2013 年，进口重新攀升，逆差额分别为 284.6 万吨、289.8
万吨和 664.2 万吨（见图 46）。随着居民生活水平的提升，对专用与高
档面粉的需求量增加，而由于我国优质小麦生产不足，在多数情况下需
要进口国外的优质小麦进行品种调剂。

从小麦自给率和对外依存度来看，1996－1999 年各年自给率均在 100%

以上，2000－2005 年自给率有所下降，分别为 90.52%、89.02%、87.32%、84.54%、91.44% 和 95.57%，2007－2009 年重上 100% 以上，2010－2012 年有所下降，分别为 93.01%、85.22% 和 88.01%，2013 年重新回到 99.42%。由于库存调节在当期消费中占很大的比例，当年自给率的变化并不能完全反映进出口对小麦消费的影响，例如，2012 年，我国净进口小麦 289.8 万吨，当年自给率 88.1%，但净进口占小麦消费的比例即外贸依存度仅为 0.26%，我国小麦安全保障程度仍较高（见图 47）。

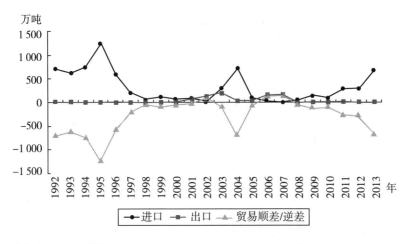

数据来源：Wind 资讯。

图 46　2000－2013 年小麦进出口

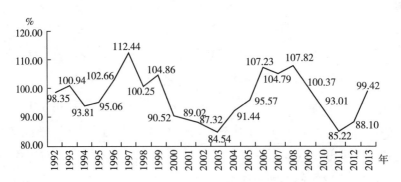

数据来源：Wind 资讯。

图 47　1992－2013 年小麦自给率

3. 玉米

我国是玉米生产和消费大国，2001－2009 年我国玉米出口一直多于进口，在 2003 年达到最高水平，约为 1 640 万吨。而在这段时期内的玉米进口很少，所以长期处于贸易顺差状态。然而，随着近来我国玉米进口的快速增长，从 2010 年开始，我国玉米贸易出现了逆差，并连续三年不断扩大，在 2012 年达到最高水平，进口量约为 521 万吨，贸易逆差约为 495 万吨（见图 48）。进口增长的主要原因在于，随着居民收入增长和消费结构升级，对肉蛋奶的需求量增加，引致养殖业快速发展，玉米作为饲料的主要原料，需求量同步上升；同时，为保证国内供给，国家对玉米出口政策做出了调整，例如，为了保证日益紧张的国内需求，国家发展和改革委员会在 2006 年发文，要求自 2007 年 3 月起，禁止国内企业再签订新的玉米出口合同，并自 2007 年底开始，国家先后取消13% 出口退税和并开始征收5% 的出口关税。因为我国玉米生产成本高，在国际市场并不具备价格优势，取消税收优惠之后，国内玉米在国际市场缺乏竞争力，我国玉米出口不断下降，2013 年下降至 7.8 万吨，为历史最低水平，逆差不断扩大。但是，玉米贸易逆差占国内产量的比例仍比较小，从逆差值最大的 2012 年来看，其比例也仅为约2.3%。

从自给率来看，1992 年以来，我国玉米一直保持较高的自给率，多数年份均高于100%，在 22 年的时间里，只有 6 个年份自给率低于100%，分别为1994 年的99.62%，1997 年的96.05%，2000 年的94.74%，2003 年的98.74%，2007 年的99.02%，2009 年的89.12%和 2010 年的93.75%。其余年份自给率均超过 100%，其中 2013 年自给率为 126.12%（见图 49）。2008－2009 年玉米自给率大幅下降是供需两端共同影响的结果，从生产来看，由于 2005 年以来玉米丰收，价格下降，农户种植意愿降低，2009 年玉米产量从 2008 年的 1.54 亿吨降低到 1.38 亿吨，出现供求失衡局面；从需求来看，由于为消耗库存的过剩玉米，国家倡导建设的燃料乙醇工厂建成投产，需求大幅上升；同时，养殖业快速发展，对饲料用玉米的需求也快速上升。两方面的因素导致玉米消费从 2006 年的 1.4 亿吨提高到 2007 年的 1.53 亿吨，再到 2009 年的 1.55 亿吨，玉米供不应求，进口增加。随着玉米价格上升，种植面积扩大，产量快速回升，从 2009 年的 1.38 亿吨，提高到 2013 年的 2.03 亿吨。2013 年玉米进口较多的原因在于价格，由于生产成本提高较快，国内玉米价格高于国际市场，一些厂商从国际市场进口一部分低价玉米。

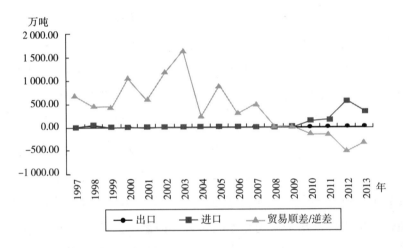

数据来源：Wind 资讯。

图 48　1997 – 2013 年玉米进出口

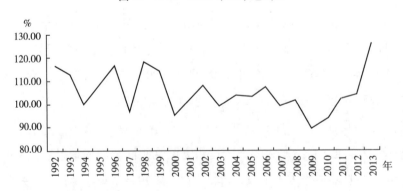

数据来源：Wind 资讯。

图 49　1992 – 2013 年玉米自给率

4. 大麦

大麦是我国第四大谷物作物，随着啤酒业的快速发展，我国大麦进口在波动中上升，进口量从 1995 年的 127.4 万吨提高到 2013 年的 233.5 万吨（见图 50）。大麦进口快速增长的原因在于我国传统种植的大麦为饲用大麦，供酿造啤酒的专用大麦生产处于初级阶段，并且为分散小规模种植，质量相对较低，与国际市场成熟的大麦市场差距较大。另外，我国于 1995 年取消了大麦进口配额，2001 年加入 WTO 后实行 3% 的单一关税，对大麦的支持和保护力度较弱。

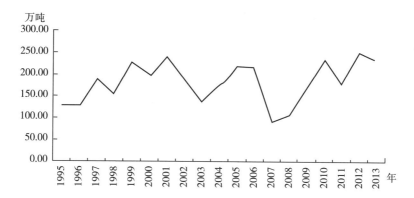

数据来源：Wind 资讯。

图 50 1995 年以来大麦进口

5. 棉花

从种植、加工等环节来看，棉花上下游行业均属于劳动密集型行业，与我国劳动力资源丰富的资源禀赋特征十分契合，棉花种植和棉纺织业不但吸收了大量劳动力资源，而且在出口创汇方面作出了巨大贡献。20 世纪 70 年代，我国是当时世界上最大的棉花消费国。2001 年加入 WTO 之后，我国棉花进口超过了出口，贸易呈现逆差，虽然年际间波幅较大，但逆差总体呈大幅增长态势，例如，贸易逆差从 2001 年的 5.2 万吨，增长到 2011 年的历史最高值 543 万吨，增长了 104.4 倍，年均增长 59.2%（见图 51）。

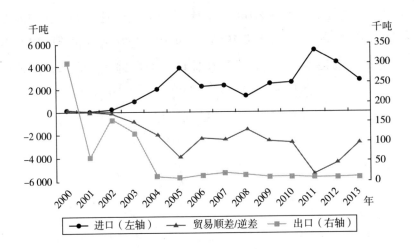

数据来源：Wind 资讯。

图 51　2000－2013 年棉花进出口

当前，我国已经成为世界上最大的棉花生产国和消费国。由于我国是纺织品出口大国，受国际市场变化影响大，棉花需求量波幅较大，2000 年的需求量为 402 万吨，2006 年达到峰值 989.9 万吨，之后在波动中下降，2013 年下降到 663 万吨。从生产来看，我国棉花产量随消费需求而起伏波动，2007 年增长到历史性高点 762.4 万吨，随后有所下降，2013 年下降到 544 万吨。由于产不足需，棉花进口随着供需缺口而起伏波动，2011 年达到历史性峰值 544 万吨，2013 年回落到 225 万吨。从棉花自给率来看，变化也比较大，2000 年为 109.8%，2005 年降到 62.4%，2008 年回升到 93.7%，2010 年下降到 57.9%，2013 年提高到 82.1%。棉花也是我国市场开放度较高的大宗产品，按照"入世"承诺，我国对棉花进口实行关税配额管理，2004 年后配额量为 89.4 万吨/年，33% 为国营贸易，配额内进口实行 1% 的低关税，配额外实行 40% 的约束关税。为满足国内旺盛的棉花需求，2005 年起对配额外棉花进口实行滑准税①形式的暂定关税，滑准税的滑准范围为 6% ~ 40%②。我国设定的进口关税配额只有 89 万吨，对配额外的进口通过滑准税政策对进口量进行控制，因此实现了在棉花进口增长的同时，国内生产保持了相对稳定。相对于大豆，虽然进口依存度不断提高，仍保持了较高的自给水平和行业安全水平。

6. 食糖

1997 – 2009 年，我国食糖进口相对平稳，在 100 万吨上下浮动，出口量稳步下降，从 40 万吨左右下降到不足 10 万吨；2010 – 2013 年，进口大幅上升，从 2009 年的 139 万吨上升到 2013 年的 350 万吨，2011 年曾上升到 430 万吨，出口则稳定在 5 万吨左右（见图 52）。从自给率来看，大部分年份均保持在 80% 以上（见图 53）。

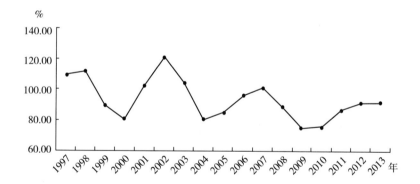

数据来源：Wind 资讯。

图 52　1997 – 2013 年食糖进出口

7. 大豆

在历史上，我国曾是传统的大豆出口国。1992 – 1994 年，我国大

---

①　滑准税是一种关税税率随进口商品价格由高到低而由低至高设置计征关税的方法，征收滑准税可以使进口商品价格越高，其进口关税税率越低，进口商品的价格越低，其进口关税税率越高。其主要特点是可保持滑准税商品的国内市场价的相对稳定，尽可能减少被征收滑准税进口商品对国内相关商品价格的影响。

②　农业部贸易促进中心. 农业贸易研究（2009 – 2013）［M］. 北京：中国农业出版社，2014.

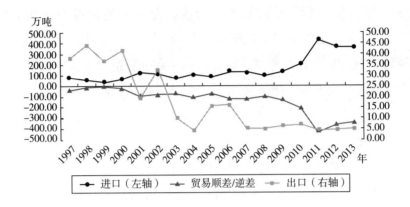

数据来源：Wind 资讯。

图 53　1997 – 2013 年食糖自给率

豆贸易仍为顺差，顺差额在 1993 年达到最大值 122.4 万吨。1995 年我国大豆贸易转为逆差，逆差额从 1995 年的 57.5 万吨，迅速扩大到 2013 年的 6 335 万吨（见图 54）。我国大豆进口大幅增加的原因在于饲料消费需求的快速攀升，随着我国居民收入增长和城镇化推进，居民消费结构不断升级，肉、蛋、奶、油和水产品消费持续增加，畜牧和水产养殖快速发展，饲料需求大幅增长。大豆富含油脂和蛋白质，是食用植物油

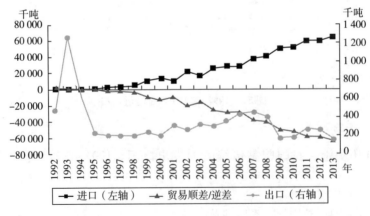

数据来源：Wind 资讯。

图 54　1992 – 2013 年大豆进出口

和饲料蛋白的主要来源。1995－2013 年，大豆国内消费量从 1 372 万吨增加到 8027 万吨，年均增长 10.3%。随着需求增长，我国大豆产量整体上处于增长状态，从 1980 年的 796.6 万吨，提高到 2013 年的 1 275 万吨。其间，1980－2004 年处于持续增长态势，2004 年达到最高点 1 740.4 万吨，2004 年之后，产量持续下降，2012 年下降到 1 181 万吨，2013 年略有回升，提高到 1 275 万吨。与此同时，由于产需缺口巨大，大豆净进口量由 1995 年的 57.5 万吨提高到 2013 年的 6 335 万吨，年均增长 30.4%，自给率从 84.4% 下降到 15.9%（见图 55）。

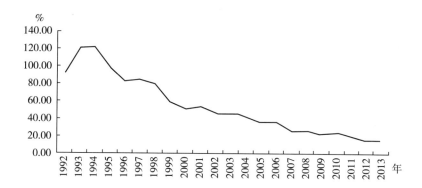

数据来源：Wind 资讯。

图 55　1992－2013 年大豆自给率

8. 油菜籽

1997－1999 年，我国油菜籽进口大幅增长，从 22 万吨增长到 385.7 万吨，2001 年快速下降到 98.4 万吨，之后到 2007 年，一直稳定在 100 万吨以下，2008 年之后在波动中增长，2013 年增加到 385.7 万吨（见图 56）。不过，油菜籽的自给率一直保持在 70%（见图 57）以上。

9. 食用植物油

1997－2001 年，我国食用植物油进口稳步下降，从 1997 年的 275 万吨下降到 2001 年的 165 万吨。但是，随着居民收入增长和消费需求

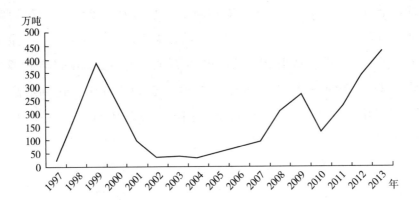

数据来源：Wind 资讯。

图 56　1997 – 2013 年油菜籽进口变化

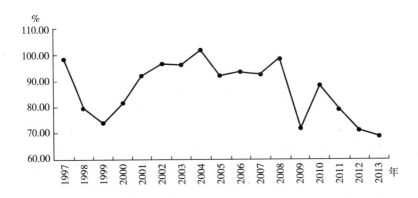

数据来源：Wind 资讯。

图 57　1997 – 2013 年油菜籽自给率

上升，并且加入 WTO 之后农业开放度进一步提高，我国食用植物油进口大幅上升，从 2001 年的 165 万吨迅速上升到 2013 年的 810 万吨，年均增长 14.2%（见图 58）。

10. 鲜干果及坚果

2002 – 2010 年我国鲜干果及坚果一直处于贸易顺差，2008 年的顺差达到 113.4 万吨，2011 – 2013 年处于逆差状态，逆差数量分别为 31.1 万吨、22.7 万吨和 14 万吨（见图 59）。

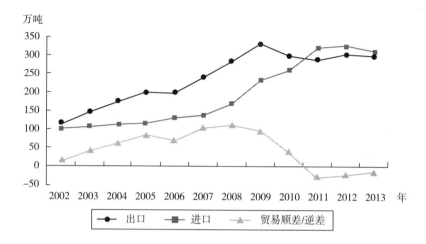

数据来源：Wind 资讯。

图 58 2002－2013 年食用植物油进口变动趋势

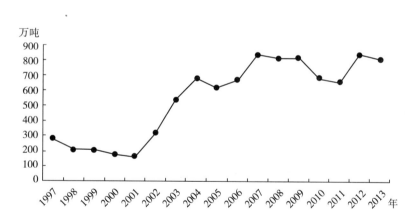

数据来源：Wind 资讯。

图 59 1997－2013 年鲜干果及坚果贸易

11. 蔬菜

2005 年以来，我国蔬菜贸易一直呈顺差状态，并且顺差额持续上升，从 2005 年的 27.8 亿美元，上升到 2013 年的 64.6 亿美元（见图 60）。

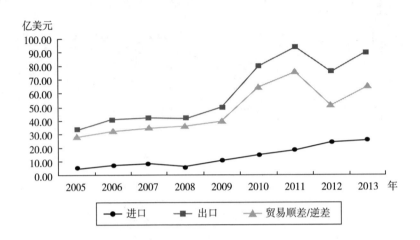

数据来源：Wind 资讯。

图 60　2005 - 2013 年蔬菜进出口

12. 畜产品

2000 - 2006 年，我国肉及食用杂碎进出口相对平稳，进出口保持在 7 亿美元左右，贸易略有顺差；2007 - 2013 年，出口有少量增加，但基本都保持在 10 亿美元以下；同时，进口大幅增长，从 2006 年的 6.9 亿美元提高到 2007 年的 15.2 亿美元，增长 215.7%，并持续保持快速增长势头，2013 年进口值达到 59.3 亿美元，期间年均增长 25.5%。2013 年，我国出口牛肉仅 3 万吨，但进口牛肉 41.2 万吨，同比增长 316.2%（见图 61）；出口猪肉 7.3 万吨，进口 58.4 万吨；进口奶粉 86.4 万吨，同比增长 49.3%。其中，进口牛肉占国内产量的比例为 7.3%，进口猪肉占国内产量比例为 0.13%。2008 年三聚氰胺事件之后，进口奶粉快速上升，2013 年进口全脂奶粉 53.5 万吨、脱脂奶粉 21.5 万吨（见图 62 和图 63），全脂奶粉进口量占国内消费量的 29.8%，脱脂奶粉进口量占国内消费量的 79.9%，一些进口品牌奶粉市场占有率较高，基本形成垄断态势。

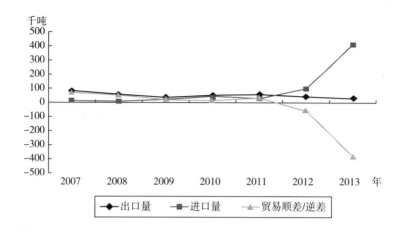

数据来源：Wind 资讯。

图61 2007－2013年牛肉进出口

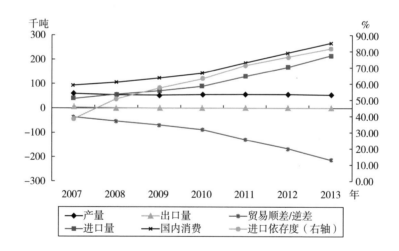

数据来源：Wind 资讯。

图62 2007－2013年脱脂奶粉产量、消费量和进出口

13. 水产品

2005年以来，我国水产品出口呈持续上升趋势，进口基本稳定，贸易一直呈顺差状态，2013年贸易顺差值达到134.4亿美元（见图64）。

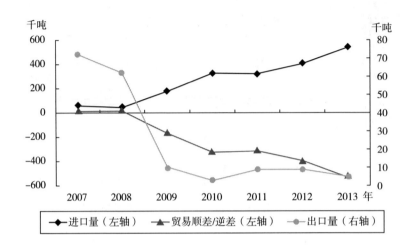

数据来源：Wind 资讯。

图 63　2007－2013 年全脂奶粉进出口

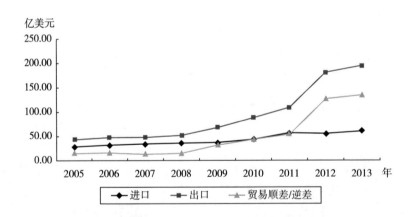

数据来源：Wind 资讯。

图 64　2005－2013 年水海产品进出口

第二节　我国农产品国际贸易的特点

由于人多地少、以分散小农为主的经营模式、农业生产资料和劳动力成本快速上涨等原因，近年来我国多数农产品尤其是耕地密集型农产品的生产成本均高于国际市场。同时，随着居民收入增长和消费结构升级，农产品需求大幅增长，农产品进口快速增加，贸易逆差持续扩大。由于我国农业对外开放的历史较短，企业海外市场开拓不足，农产品进口渠道主要依赖国际上大的跨国公司，进口来源地主要集中在南北美洲和大洋洲，进口风险集中度过高。

一、供求失衡和成本差距日益明显，贸易逆差持续扩大

加入 WTO 以来，我国农产品贸易增长迅速，12 年间，贸易总额从 2001 年的 279.4 亿美元，快速提高到 2013 年的 1 866.9 亿美元，年均增长 17.2%。其中，出口年均增长 12.7%，进口增长更加迅速，年均增长 21.2%，年均增长率比进口高出 8.5 个百分点。近十年来我国农产品的国际依存程度明显提高，按照全球农产品贸易总额统计，2011 年，我国首次超过美国，成为全球最大的农产品进口国，占世界农产品贸易的份额为 8.3%，同期美国该比例为 7.9%、德国为 6.8%、日本为 5.5%，分别位列第 2、第 3、第 4 位。由于进口增速快于出口，2004 年我国农产品贸易首次出现 40.8 亿美元逆差，同比增长 5.1 倍，2005 年贸易逆差回落到 11.8 亿美元，2006 年继续回落到 7.5 亿美元，之后经历了狂飙式增长，2013 年贸易逆差达到 510.4 亿美元（见表 34），2006－2013 年年均增长 82.7%。2013 年农产品净进口 510.4 亿美元，我国约五分之一的种植面积的农产品依靠从国际市场进口来满足，尤其是大豆进口增长趋势最为显著。

表 34　　　　　　　　2001－2013 年我国农产品贸易

年份	进口额	出口额	顺差/逆差
2001	118.5	160.9	42.4
2005	287.8	276	－11.8
2006	321.7	314.2	－7.5
2007	411.9	370.1	－41.8
2008	587.9	405.3	－182.6

续表

年份	进口额	出口额	顺差/逆差
2009	527	396.3	-130.7
2010	725.7	494.2	-231.5
2011	948.9	607.7	-341.2
2012	1 124.4	631.9	-492.5
2013	1 188.7	678.3	-510.4

数据来源：Wind 资讯。

我国农产品贸易逆差快速增长有其深刻的制度背景和国内外社会经济发展的原因，具体来看，主要包括以下几点。

1. 国内农业资源满足不了快速增长的需求

随着居民收入增长，对食品的消费需求日益多元化，谷物的消费占比逐渐降低，同时，对肉蛋奶产品的消费迅速提高（见图33、图34），拉动畜牧和水产养殖业快速发展，饲料需求随之增加，尤其是蛋白饲料缺口较大，大豆压榨后的豆粕是蛋白饲料的主要来源。由于我国人多地少，人均耕地不到世界平均水平的一半，近年来退耕还林以及城市化与工业和基础设施建设占用大量优质耕地，耕地面积不断减少。在农产品需求不断提高的情况下，进口成为一个有效的补充渠道。根据陈锡文（2012）[①] 的测算，为满足国内居民的消费需求，如果中国不进口农产品，完全由自己来生产，则需要有 30 亿亩以上土地才能够满足所有需求，而我国现在只有 24 亿亩土地，完全不进口是不现实的。

2. 大宗农产品生产成本高于国际市场

我国农业生产属于典型的分散小农经济，据农业部前部长韩长赋报告[②]，2008 年我国平均每个农业经济活动人口耕地面积仅 0.2 公顷；同期，我国的主要农产品贸易伙伴美国、巴西和印度等国的该数据分别为

---

① 陈锡文. 我国农作物播种面积缺口达到20%，中国经济网（http://www.ce.cn），2012 - 08 - 22。

② 入世十年与中国农业发展，《农民日报》，2011 - 12 - 24。

65.2 公顷、5.2 公顷和 0.6 公顷（见表 25）。从长期来看，我国城镇化是一个长期的过程，农业小规模经营情况难以根本改变，与世界主要农业大国的差距将长期存在，甚至还会有所扩大。目前我国农户户均种植面积仅 0.6 公顷左右，相当于欧盟的 1/40，美国的 1/400。即使我国将现有农民的一半从农村迁移到城市里去，农业经营规模仍然不大。由于经营规模小，加之近年来生产资料价格大幅上涨和农民非农务工收入增长带动农业劳动力价格上涨，导致我国农产品生产成本逐步上升。

分品种来看，近年来，随着生产资料和劳动力成本的上涨，我国大宗农产品（小麦、玉米、大豆）和以大宗农产品为原料的畜牧产品（生猪、牛奶）的生产成本几乎全部高于地广人稀、农业发达的美国。

中美小麦生产成本。2004－2012 年，我国小麦生产成本从 1 047.47 元/吨快速上升到 2 169.61 元/吨，而同期美国小麦生产却涨跌互现，2004 年的生产成本为 1 656.43 元/吨，2006 年上升到 1 912.55 元/吨，2012 年又下降到 1 599.23 元/吨。2004－2009 年，我国小麦生产成产成本一直低于美国，2009 年之后，由于我国小麦生产成本大幅上涨，而美国小麦生产成本基本稳定，我国小麦生产成本超过美国（见表 35～表 37）。

表 35　　　　　　　　　中国小麦生产成本

单位：元/亩、千克/亩、元/千克

年份	2004	2005	2006	2007	2008	2009	2010	2011	2012
种子	25.73	29.79	31.16	32.62	36.98	39.34	44.72	51.28	55.83
化肥	66.89	86.79	91.00	94.54	110.86	135.38	118.49	131.16	153.78
农药	6.82	7.98	8.25	9.22	9.88	11.35	13.07	13.43	15.87
租赁作业	64.73	72.00	82.63	93.33	104.84	112.80	120.76	139.02	144.28
人工	111.85	121.37	119.61	124.72	133.19	145.64	178.83	225.68	291.40
土地	43.80	51.92	54.60	68.88	86.67	103.88	121.45	129.27	142.35
其他	36.11	19.77	17.52	15.30	16.13	18.61	21.31	22.44	26.93
总成本	355.93	389.62	404.77	438.61	498.55	567.00	618.63	712.28	830.44
单位产量	339.80	325.80	351.80	359.90	388.30	378.08	370.02	389.17	382.76
单位成本	1.05	1.20	1.15	1.22	1.28	1.50	1.67	1.83	2.17

数据来源：Wind 资讯，数据经过处理。

表36 美国小麦生产成本

单位：美元/英亩、蒲式耳/英亩亩、美元/蒲式耳

年份	2004	2005	2006	2007	2008	2009	2010	2011	2012
种子	7.89	8.06	8.46	9.77	16.02	13.99	11.07	13.39	15.33
肥料	22.84	26.16	28.44	32.69	52.51	43.36	32.56	44.32	46.08
农药	8.57	8.57	8.84	8.78	9.32	14.16	13.78	13.49	14.16
机械	69.8	77.21	81.56	86.34	97.54	101.64	108.57	117.41	121.56
人工	22.69	23.4	24.18	25.09	25.69	17.84	18.02	18.46	19.06
耕地	37.8	41.07	40.86	43.54	48.9	46.2	46.83	52.65	57.58
其他	21.01	22.98	24.44	25.78	27.42	26.05	26.57	27.85	28.23
总成本	190.6	207.45	216.78	231.99	277.4	263.24	257.4	287.57	302
单位产量	39.8	39.9	33.2	37.4	41.3	40	45.3	37.6	43.8
单位成本	4.79	5.20	6.53	6.20	6.72	6.58	5.68	7.65	6.89

数据来源：美国农业部，数据经过处理。

表37 中美小麦生产成本比较 单位：元/吨

年份	2004	2005	2006	2007	2008	2009	2010	2011	2012
中国	1 047.47	1 195.89	1 150.57	1 218.70	1 283.93	1 499.68	1 671.88	1 830.25	2 169.61
美国	1 456.43	1 564.91	1 912.55	1 733.07	1 714.00	1 651.78	1 413.33	1 815.03	1 599.23

数据来源：美国农业部、Wind资讯，数据经过处理。

中美大豆生产成本与价格。2004-2012年，美国大豆平均生产成本从每吨2 379元上升到3 021元，年均增长3.0%。同期，我国大豆平均生产成本从1 944元上升到3 942元，年均增长9.2%。在此期间，我国大豆生产成本增速高于美国约6个百分点。由于生产成本的过快上涨，我国大豆生产成本从2004年每吨低于美国435元到2012年每吨高于美国921元，导致我国大豆价格高于以美国大豆价格为风向标的国际市场价格。尤其是近年来，国产大豆价格甚至超过进口大豆到岸价格，出现国内外价格倒挂。例如，就天津港进口二号大豆和国产二等大豆来看，2009年以来二者价格高低互现（见图65），2013年12月每吨进口大豆价格在4 050~4 250元，而同期国产大豆价格为每吨4 650元，每

吨进口大豆比国产大豆低 400 ~ 600 元，进口大豆在价格上具有更大的竞争优势（见表 38 ~ 表 40、图 16）。

表 38　　　　　　　　　中国大豆生产成本

单位：元、千克/亩、元/千克

年份	2004	2005	2006	2007	2008	2009	2010	2011	2012
种子	22.82	21.72	20.84	23.56	34.37	29.15	29.92	31.29	34.44
化肥	29.53	35.43	35.49	36.97	53.75	45.95	46.42	52.04	58.19
农药	8.82	8.65	7.43	8.23	9.81	10.61	11.56	12.01	14.89
租赁作业	28.71	30.95	36.59	39.28	47.66	52.16	63.64	71.68	82.17
人工	74.16	81.53	81.87	87.7	88.32	103.53	115.31	136.38	177.5
土地	62.14	75.22	75.95	87.31	105.96	129.84	150.81	172.98	195.97
其他	26.87	17.04	9.36	8.7	8.12	6.95	13.54	12.39	15.04
总成本	253.05	270.54	267.53	291.75	347.99	378.19	431.2	488.77	578.2
单位产量	130.2	132.2	128.4	110.1	139.7	128.79	148.03	146.32	146.68
单位成本	1.94	2.05	2.08	2.65	2.49	2.94	2.91	3.34	3.94

数据来源：Wind 资讯，数据经过处理。

表 39　　　　　　　　　美国大豆生产成本

单位：美元、蒲式耳/英亩、美元/蒲式耳

年份	2004	2005	2006	2007	2008	2009	2010	2011	2012
种子	29.71	32.62	32.30	39.77	44.35	55.26	59.20	55.55	59.32
肥料	8.09	10.06	13.05	15.31	25.12	23.65	17.87	22.84	37.54
农药	16.07	13.59	14.46	15.00	15.73	17.38	17.04	16.42	26.38
机械	58.19	61.46	72.18	76.95	83.89	88.76	91.64	95.02	103.39
燃料电力	9.44	13.62	13.51	15.23	20.20	13.48	16.81	20.98	21.24
人工	18.16	18.80	16.98	18.09	18.85	19.33	19.44	19.16	19.57
耕地	83.88	86.68	86.17	85.14	93.14	107.50	110.30	120.64	137.55
其他	25.47	27.56	29.44	31.56	33.41	32.91	31.79	32.43	32.59
总成本	249.01	264.39	278.09	297.05	334.69	358.27	364.09	383.04	437.58
单位产量	39.80	39.90	46.00	45.00	43.00	47.00	47.00	44.00	42.00
单位成本	6.26	6.63	6.05	6.60	7.78	7.62	7.75	8.71	10.42

数据来源：美国农业部，数据经过处理。

表40　　　　　　　　　　中美大豆生产成本比较　　　　　　　单位：元/吨

年份	2004	2005	2006	2007	2008	2009	2010	2011	2012
中国	1 943.55	2 046.44	2 083.57	2 649.86	2 490.98	2 936.49	2 912.92	3 340.42	3 941.91
美国	2 378.53	2 493.15	2 213.53	2 305.45	2 482.87	2 391.65	2 408.62	2 582.53	3 020.76

数据来源：美国农业部、Wind 资讯，数据经过处理。

中美玉米生产成本与价格。2004－2012 年，我国玉米生产成本从每吨 886.9 元提高到 1 876.4 元。同期，美国玉米生产成本从每吨 727.87 元提高到 1 377.17 元，每吨价差从 159.05 元扩大到 499.23 元。在此期间，2006 年差价最小，为 40.47 元，2011 年差价最大，为 549.91 元。2013 年 12 月，郑州玉米现货价格为 2 260～2 270 元，同期进口玉米到岸完税价格为 1 839～1 896 元，比国产玉米价格低 400 元左右（见表41～表43、图65）。

表41　　　　　　　　　中国玉米生产成本　　　　单位：元、千克/亩、元/千克

年份	2004	2005	2006	2007	2008	2009	2010	2011	2012
种子	20.81	24.57	25.89	26.92	28.49	31.93	38.34	45.56	52.01
化肥	74.64	81	85.2	88.43	120.6	109.08	108.39	129.53	142.79
农药	5.62	6.49	6.6	7.96	9.59	9.95	10.93	12.23	13.79
租赁作业	36.66	41.2	49.41	55.64	63.12	68.96	79.13	93.22	106.74
人工	140.49	148.38	149.94	159.78	176.98	192.61	235.1	295.49	398.4
土地	61.44	67.82	73.45	91.18	103.16	117.44	136.95	160.29	181.24
其他	36.04	22.82	21.28	19.79	21.51	21.13	23.75	27.91	29.25
总成本	375.7	392.28	411.77	449.7	523.45	551.1	632.59	764.23	924.22
单位产量	423.6	422.6	423.5	422.4	457.2	429.94	452.74	472.24	492.55
单位成本	0.89	0.93	0.97	1.06	1.14	1.28	1.40	1.62	1.88

数据来源：Wind 资讯，数据经过处理。

表42　　　　　　　　　　美国玉米生产成本

单位：美元、蒲式耳/英亩、美元/蒲式耳

年份	2004	2005	2006	2007	2008	2009	2010	2011	2012
种子	36.82	40.47	43.55	49.04	60.02	78.92	81.58	84.37	92.04
肥料	54.62	69.35	80.17	93.13	139.18	131.11	112.03	147.36	156.51

续表

年份	2004	2005	2006	2007	2008	2009	2010	2011	2012
农药	26.76	22.84	23.62	24.38	25.19	27.83	26.29	26.35	27.52
机械	76.60	78.02	81.16	84.63	91.73	96.81	108.36	114.38	119.53
燃料电力	29.29	26.50	28.73	31.58	42.64	29.13	25.80	32.42	30.63
人工	30.18	24.10	25.75	26.60	27.49	28.08	25.50	25.69	26.93
耕地	92.14	93.27	90.84	97.21	107.37	123.87	127.33	138.20	154.94
其他	31.09	32.33	35.92	37.40	35.76	34.95	43.31	44.69	45.81
总成本	377.50	386.88	409.74	443.97	529.38	550.70	550.20	613.46	653.91
单位产量	169.00	149.00	138.00	143.00	144.00	156.00	159.00	146.00	118.00
单位成本	2.23	2.60	2.97	3.10	3.68	3.53	3.46	4.20	5.54

数据来源：美国农业部，数据经过处理。

表43　　　　　　　　　　中美玉米生产成本比较　　　　　　单位：元/吨

年份	2004	2005	2006	2007	2008	2009	2010	2011	2012
中国	886.92	928.25	972.30	1 064.63	1 144.90	1 281.81	1 397.25	1 618.31	1 876.40
美国	727.87	837.36	931.83	929.41	1 005.15	949.34	922.21	1 068.40	1 377.17

数据来源：美国农业部、Wind 资讯，数据经过处理。

数据来源：美国农业部、Wind 资讯。

图65　国内外玉米价格对比

中美食糖价格。随着居民收入增长，对加工食品的需求不断增加，我国食糖需求快速上升。糖料种植在我国农业经济中占有重要地位，其产量和产值仅次于粮食、油料、棉花，居第四位。特别是近 10 年来，我国食糖产量和消费量均大幅增长，目前已经跃居世界前列，成为全球重要的食糖生产国和消费国。近年来，随着劳动力、肥料、运输等成本的快速增长，我国食糖生产成本不断提高，国内市场食糖价格也高于国际市场（见图 66），食糖进口大幅增加，不断挤占国内新增食糖消费市场。

图 66　国内外食糖价格变动趋势

中美生猪饲养成本。我国是世界最大的生猪养殖国和猪肉消费国，2004－2007 年，我国生猪饲养成本低于美国，每吨分别低 1 850.54 元、2 539.70 元、2 366.34 元和 238.93 元。2008－2012 年，我国生猪饲养成本快速上升，每吨饲养成本分别超过美国 2 093.45 元、1 568.51 元、1 180.44 元、2 510.68 元和 4 538.98 元（见表 44～表 46）。

表 44　　　　　　　　　　　中国生猪饲养成本　　单位：元、千克、元/千克

年份	2004	2005	2006	2007	2008	2009	2010	2011	2012
仔畜费	223.85	211.33	169.15	335.87	477.06	320.25	290.67	472.88	493
精饲料	414.72	408	428.27	524.06	641.14	654.61	718.78	804.71	877.27
青粗饲料	14.86	14.63	16.78	11.36	8.49	5.33	5.14	5.55	6.13
机械	13.25	11.46	11.98	12.42	13.62	13.48	14.14	14.48	14.99

续表

年份	2004	2005	2006	2007	2008	2009	2010	2011	2012
医疗防疫	9.1	9.87	10.68	14.54	15.78	16.1	17.14	18.86	18.97
人工	56.09	55.71	59.17	63.93	69.83	74.13	88.08	113.82	138.41
其他	36.63	32.77	32.71	38.3	37.96	34.77	35.76	39.75	38.79
总成本	768.5	743.77	728.74	1 000.48	1 263.88	1 118.67	1 169.71	1 470.05	1 587.56
产量	101	103.4	102.7	104.5	108.8	110.04	110.35	111.85	114.24
单位成本	7.61	7.19	7.10	9.57	11.62	10.17	10.60	13.14	13.90

数据来源：Wind 资讯，数据经过处理。

表 45　　　　　　　　　　　　美国生猪饲养成本　　　　单位：美元、美元/英担

年份	2004	2005	2006	2007	2008	2009	2010	2011	2012
仔畜费	17.36	21.75	19.42	18.07	14.08	14.89	23.27	21.51	18.76
饲料	22.08	18.65	19.89	25.83	33.38	29.39	27.33	41.13	37.62
机械	7.6	8.03	8.47	8.71	9.37	10.07	10.17	10.58	8.34
医疗防疫	0.91	0.94	0.98	1.09	1.04	1.5	1.55	1.58	1.6
人工	5.66	5.61	5.71	5.71	5.81	4.78	4.74	4.76	4.88
其他	4.45	5.38	5.83	6.15	5.98	3.31	3.63	4.07	4.11
单位成本	58.06	60.36	60.3	65.56	69.66	63.94	70.69	83.63	75.31

数据来源：美国农业部，数据经过处理。

表 46　　　　　　　　　　中美生猪饲养成本比较　　　　　单位：元/吨

年份	2004	2005	2006	2007	2008	2009	2010	2011	2012
中国	7 608.91	7 193.13	7 095.81	9 573.97	11 616.54	10 166.03	10 600.00	13 143.05	13 896.71
美国	9 459.46	9 732.84	9 462.15	9 812.90	9 523.10	8 597.52	9 419.56	10 632.37	9 357.72

数据来源：美国农业部、Wind 资讯，数据经过处理。

中美牛奶生产成本。由于居民收入、饮食习惯等原因，长期以来我国人均牛奶消费量相对较低。但近十多年来，随着居民收入增长和饮食习惯的转变，牛奶消费量大幅增加，2000－2013 年，全国液体牛奶消费量从 917.7 万吨增加到 3 610.5 万吨。从牛奶生产成本看，我国规模化养殖牛奶的生产成本与美国相比劣势并不明显，但是，由于奶品质量缺乏保证，奶粉进口大幅增长（见表 47～表 49）。

表 47　　　　　　　　中国牛奶生产成本　　　单位：元、元/千克

年份	2009	2010	2011	2012
饲料	8 984.19	10 059.20	11 026.01	12 401.15
燃料动力	195.91	206.64	205.72	245.6
医疗防疫	162.25	170.76	188.82	199.89
机械材料	1 734.01	1 834.8	1 944.71	2 082.65
人工	1 304.50	1 532.42	1 962.03	2 314.42
其他	815.61	701.80	719.93	858.58
总成本	13 196.47	14 505.62	16 047.22	18 102.29
产量	5 686.22	5 639.96	5 715.56	5 799.87
单位成本	2.32	2.57	2.81	3.12

数据来源：Wind 资讯，数据为中国规模养殖奶牛生产成本。

表 48　　　　　　　　美国牛奶生产成本　　　单位：美元、美元/英担

年份	2009	2010	2011	2012
饲料	10.90	10.16	12.99	14.17
燃料动力	0.57	0.66	0.83	0.82
医疗防疫	0.94	0.76	0.77	0.79
机械材料	3.31	3.82	3.9	4.08
人工	3.77	3.65	3.60	3.70
其他	2.79	1.77	1.79	1.83
单位成本	22.28	20.82	23.88	25.39

数据来源：美国农业部、Wind 资讯，数据经过处理。

表 49　　　　　　　　中美牛奶生产成本比较　　　单位：元/吨

年份	2009	2010	2011	2012
中国	2 320.78	2 571.94	2 807.64	3 121.15
美国	2 995.82	2 774.30	3 036.00	3 154.86

数据来源：美国农业部、Wind 资讯，数据经过处理。

3. 国内农产品市场缺乏有效保护

由资源禀赋和农业特性决定，各国间农业竞争力存在比工业更加难以克服的差距，并且农业关系国计民生，各国均极为重视，加强对农业的合理保护是各国普遍做法。据农业部农业贸易促进中心课题组

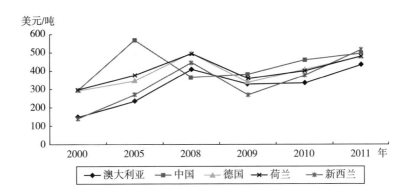

数据来源：美国农业部、Wind 资讯，数据经过处理。

图67　各主要产奶国牛奶价格

（2013）研究，目前世界农产品进口平均关税水平为60%，而且大量采用较为复杂的关税形式。比如，挪威、瑞士、日本、美国、欧盟、巴西和印度农产品平均关税水平分别为71%、85%、42%、11%、23%、36%和114%，各国最高关税水平分别达1 062%、1 909%、1 706%、440%、408%、55%和300%（见表50）。美国、欧盟、日本和韩国分别对其9%、31%、12%和8%的农产品税目可以使用以数量和价格自动触发为特征的特殊保障机制。世界大多国家对大米、食糖、牛肉、猪肉、禽肉、植物油、乳制品等重要农产品实行了高关税保护（见表51）。此外，各国对农产品进口越来越注重使用技术性检验检疫措施加强对国内农业的有效保护，这些措施种类越来越多，标准越来越高，程序越来越复杂，费用也不断增加。

表50　　　　　　　　主要国家和地区农产品平均关税水平　　　　　　单位:%

	挪威	瑞士	日本	美国	欧盟	巴西	印度	中国
最高	1 062	1 909	1 706	440	408	55	300	65
平均	70.7	85	41.8	11.3	22.8	35.7	114	15.2

注：转引自农业部农业贸易促进中心. 农业贸易研究（2009－2013）［M］. 北京：中国农业出版社，2014。

数据来源：根据 WTO 数据整理，从量税等复杂关税按 WTO 公式转换。

表 51　　　　　　　　　　　主要国家主要农产品关税　　　　　　　　单位:%

国家	谷物	棉	糖	植物油	油菜籽	大豆	猪肉	牛肉	羊肉	禽	乳制品
美国	97	32.3	185	10	2.5	1.9	66	146	2.2	94	264
澳大利亚	1	2	22	8	1	1	11	11	0	9	29
加拿大	95.2	8	11.1	11.2	0	6.4	12.5	26.5	2.9	597.8	313.6
欧盟	100.8	0	218.1	118.7	0	4.5	65.5	407.8	104.9	93.9	264.3
瑞士	537.8	2	100	260	255.1	139	369	523	212.7	1 019.1	900.1
挪威	379	0	148	126	268	268	500	604	429	665	528
日本	778	0	346	20.8	0	4.2	252	50	0	12	660.7
韩国	800.3	6.6	86.1	630	20	487	54	89.1	22.5	72	176
巴西	55	55	35	35	35	35	55	55	35	55	55
中国	65	40	50	20	9	9	25	25	23	20	20
印度	150	150	150	300	100	150	150	150	100	150	150
印度尼西亚	160	40	95	40	40	40	50	50	50	50	210
南非	99	60	105	81	40	40	60	160	95	82	96
菲律宾	50	10	80	50	40	40	40	40	40	40	40
巴基斯坦	150	100	150	100	100	100	—	100	100	100	100

数据来源:根据 WTO 数据整理。这里的关税是该国同类产品的最高关税,从量税等复杂关税按 WTO 公式转换。

　　由于在加入 WTO 前后我国主要农产品生产成本低于国际市场,农业的国际竞争力较强;而且,我国人均农业资源较为匮乏,随着居民收入增长和消费需求提升,从国际市场进口农产品是大势所趋。所以,在"入世"过程中,我国对农业开放作出了较大的承诺,并切实取消了数量配额、许可证等所有非关税保护措施,关税和关税配额制度成为调控农产品贸易的唯一手段,并且我国还实行了较低的关税水平。据张红宇(2015)统计,我国农产品平均关税水平仅为 15.2%,只有世界平均水平的 1/4,且关税形式单一,实施税率与约束税率相同,粮棉糖配额外关税最高也只有 40% 和 50%。除一些岛国和个别农业规模大、竞争力很强的国家外,其他国家农产品关税水平都比我们高。我国的动植物检疫措施和转基因管理措施也只限于技术范畴,贸易救济措施因其敏感性而难以实施。因此，实际上我国已成为世界上农产品市场开放度最高的国家。

4. 我国农业国内支持整体水平较低

加入 WTO 之后，农业竞争力的差距促使我国更加重视农业发展，加快农业改革步伐，不断加强对农业的政策支持力度。例如，为应对入世对大豆产业的冲击，我们从 2002 年开始首先对大豆实行良种补贴，之后逐步把良种补贴范围扩大到小麦、玉米、水稻、棉花、油菜、花生等作物以及生猪、奶牛等畜禽良种，形成了良种补贴体系，补贴预算资金也从 2002 年的 1 亿元增长到 2011 年的 220 亿元。同时，农业"四补贴"（种粮直补、农资综合补贴、农机具购置补贴和农作物良种补贴）也从无到有逐步建立，补贴范围和规模逐年加大，2013 年规模达到 1 700.55 亿元。

我国农业的小规模分散经营特征决定了我国农业与农民生计和农村发展密不可分，农业支持政策与粮食安全、农村社会文化事业以及农村基础设施建设等政策密不可分。把所有的支持政策等同于农业支持政策，将大大高估我国的农业支持水平。根据对应的统计口径，我国"三农"政策中属于 WTO 农业协议界定的农业国内支持政策的主要包括农业"四补贴"（种粮直补、农资综合补贴、农机具购置补贴和农作物良种补贴）、粮食最低收购价、临时收储及其他一些专项政策。从 2008 年 WTO 通报的数据看，我国的农业支持占农业产值的比重和每户获得的支持总额都远远低于美日欧等发达国家。就按高估的通报数据计算，2008 年我国农业支持占农业产值的比重为 12.9%，远远低于美日欧的 40.3%、31.5% 和 25.2%（见表 52）；按户均获得的支持额来看，2008 年我国农民户均获得的总支持为 536 美元，仅分别相当于日本、美国和欧盟的 5.13%、0.35% 和 2.77%（见表 53）[①]。

---

① 表 54 和表 55 转引自农业部农业贸易促进中心. 农业贸易研究（2009 – 2013）［M］. 北京：中国农业出版社，2014.

表 52   **2008 年 WTO 主要成员国内支持占农业产值的比重**   单位：%

	绿箱[①]	黄箱[②]			蓝箱[③]
		总计	特定	非特定	
美国	36.3	4.0	1.9	2.1	0.0
欧盟	19.1	4.5	4.2	0.3	1.6
日本	22.4	8.8	6.8	1.9	0.3
中国	11.2	1.7	0.2	1.5	0.0

注：①WTO 农业协议以"政府执行的农业政策和计划是否对生产和贸易产生扭曲作用"为标准，将各种国内支持措施划分为要求减让承诺的和可免除减让承诺的国内支持措施。农业协议将那些对生产和贸易产生扭曲作用的政策称为"黄色"政策（Amber Polices），要求对其做出减让承诺，主要包括政府对农产品的直接价格干预和补贴、种子、肥料、灌溉等农业投入品补贴、农产品营销贷款补贴、休耕补贴等。要求各成员方用综合支持量（Aggregate Measurement of Support，AMS）来计算其措施的货币价值，并以此为尺度，逐步予以削减。

②农业协议附件 2 指出，"绿箱"措施是指政府在执行某项农业计划时，其费用应通过公共基金资助，而不是从消费者身上转移而来，没有或仅有最微小的贸易扭曲作用，对生产的影响很小的支持措施，以及不具有给生产者提供价格支持作用的补贴措施，包括科研、技术推广、食品安全储备、自然灾害救济、环境保护和结构调整计划等政策措施。

③为了适应欧盟和美国，以便尽早结束乌拉圭回合谈判。农业协议第 6 条第 5 款规定，一些与生产限制计划有关的"黄色"政策支持可以放在被称为"蓝箱"的特殊政策中，来得到免除减让，其条件是必须满足下列要求之一：按固定面积或者产量提供的补贴；根据基期生产水平85%以下所提供的补贴；按牲口的固定头数所提供的补贴。

数据来源：各国向 WTO 最新的通报资料；美国是 2009 年数据，日本和中国是 2008 年数据，欧盟是 2007 年数据。

表 53   **WTO 主要成员农业支持比较**

	绿箱	黄箱	蓝箱	总计	农户	户均绿箱	户均黄箱	户均总计
美国	103 214	11 525	0	114 739	75	137 619	15 367	152 985
欧盟	85 767	20 196	7 077	113 040	584	14 686	3 458	19 356
日本	17 883	7 008	211	25 102	240	7 451 303	2 919 811	10 459
中国	85 326	12 821	0	98 147	18 300	466	67	536

注：表中前 4 项单位为百万美元，农户单位为万户，后 3 项单位为美元。

资料来源：各国向 WTO 最新的通报资料。美国是 2009 年数据，日本和中国是 2008 年数据，欧盟是 2007 年数据。

从生产者补贴率①来看，在2001－2012年，我国农业生产者综合补贴率从3.96%提高到16.81%，美国该比率从22.1%调整到7.12%，加拿大从15.47%调整到14.3%，澳大利亚从3.26%调整到2.72%，欧盟从30.18%调整到19.04%，日本从56.33%调整到55.85%，韩国从57.71%调整到53.75%，巴西从4.27%调整到4.61%，印度尼西亚从3.59%调整到20.94%（见表54）。从以上比较我们可以发现，土地资源丰富、有利于大规模种植的国家农业支持率相对较低，例如美国、加拿大和澳大利亚，而土地资源稀缺、实行小规模耕作国家的补贴率则较高。以上现象的原因在于，小规模农业比较收益相对较低，如果不实行高补贴，农业就缺乏比较效益，影响耕种者的生产积极性。与其他国家相比，我国近年来才逐渐提高农业补贴率，属于补历史的欠账，逐渐改善农业生产条件，但由于起步晚，与其他大规模农业生产国家相比，我国农业生产效益仍有较大的差距。而且，由于我国农业生产规模小、农户众多，农业补贴分散，单个农户获得的支持数额较小。例如，2008年我国农户平均获得的补贴为536美元，同期日本为10 459美元，美国为152 985美元，欧盟为19 356美元（见表53）。

表54　　　　　　　　各主要国家农业生产者补贴率　　　　　　单位:%

国家＼年份	2001	2002	2003	2004	2005	2006	2007	2008	2009	2010	2011	2012
澳大利亚	3.26	4.71	3.67	3.40	3.64	4.42	4.84	4.42	3.09	2.77	2.87	2.72
加拿大	15.47	20.47	24.43	20.34	21.30	20.85	16.44	13.25	17.51	16.66	15.09	14.30
智利	6.22	9.33	5.48	4.93	4.95	4.22	3.42	2.63	4.73	2.61	3.00	3.29
欧盟	30.18	33.77	33.65	33.18	30.85	29.12	22.81	23.51	23.31	19.79	18.00	19.04
日本	56.33	57.19	57.46	55.98	53.82	51.56	46.72	48.24	48.93	54.91	51.40	55.85

---

①　生产者补贴率（Percentage of PSE）：PSE反映的是农业生产者补贴的绝对额，而生产者补贴率作为衡量农业生产者补贴水平的相对指标，是生产者补贴（PSE）占农业总收入（即以生产者价格计算的农产品产值加上对生产者的财政预算支持）的比率，反映农业总收入中来自农业补贴政策作用的份额，也被称为"农业补贴率"。

续表

年份 国家	2001	2002	2003	2004	2005	2006	2007	2008	2009	2010	2011	2012
韩国	57.71	59.75	56.71	61.28	59.72	58.60	57.36	45.48	50.91	40.11	52.38	53.75
墨西哥	18.26	26.82	19.09	11.53	12.93	13.13	12.96	12.27	14.02	12.37	12.81	12.33
新西兰	0.58	0.29	0.75	0.65	1.32	0.88	0.68	0.58	0.45	0.68	0.99	0.79
美国	22.10	18.45	15.07	16.37	15.26	11.23	10.01	8.84	10.56	7.78	7.73	7.12
巴西	4.27	4.69	5.57	4.16	6.70	6.13	4.75	3.72	6.46	4.51	4.81	4.61
中国	3.96	7.43	8.99	6.53	7.41	12.11	9.86	2.91	11.51	15.35	12.94	16.81
印度尼西亚	3.59	12.26	12.65	8.81	3.66	15.24	14.93	-10.67	5.94	21.02	14.52	20.94

数据来源：OECD 数据库。

从以上各国 2010－2012 年农业生产者补贴率平均水平来看，欧洲的挪威、东亚的日本与韩国补贴率处于前三位，欧盟、印度尼西亚分列第四、第五位，我国处于平均水平以下（见表 54 和图 68）。

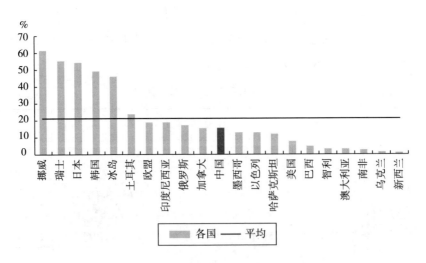

数据来源：OECD 数据库。

图 68　各国农业生产者补贴率

为进一步考察各国对农业生产者的补贴对农产品价格的影响，我们

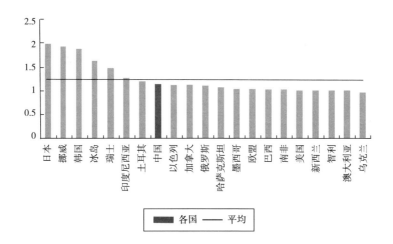

数据来源：OECD 数据库。

图 69　各国生产者名义保护指数

计算了各国生产者名义保护指数①。从计算结果来看，各国平均水平为 1.21，与生产者补贴率一样，日本、韩国仍为水平最高的国家，我国仍然低于平均水平（见图 69）。

从单项产品补贴率②和生产者名义保护指数来看，各国差异也比较明显③。除小麦、玉米补贴率和生产者名义保护指数相对较高，在所比较的 21 个经济体中，我国小麦补贴率和生产者名义保护指数居于第 3 位，仅低于日本和挪威；玉米生产者补贴率和生产者名义保护指数补贴率也处于第 3 位，低于瑞士和印度尼西亚；牛奶的生产者补贴率和生产者名义保护指数处于第 7 位，稻谷、大豆、食糖、牛肉和猪肉的生产者补贴率和生产者名义保护指数均低于世界平均水平（见表 55）。

---

① 生产者名义保护系数（Producer NPC）：是生产者获得的价格（包括基于产量的补贴）与边境价格的比率。

② 单项产品生产者补贴百分比（Percentage SCT）：是某一种农产品获得的单项产品生产者补贴水平（PSCT）与生产该产品经营收入的比率，反映某一农产品经营收入中源自单项产品支持政策的作用，称为"特定农产品补贴率"。

③ 由于一些国家在部分产品上没有补贴，或者缺乏统计数据，在比较各产品的补贴率时，对比国家的范围存在一定的差别。

表55　各国单项农产品补贴率

国家	小麦 生产者补贴率 %	小麦 生产者名义保护指数 比率	玉米 生产者补贴率 %	玉米 生产者名义保护指数 比率	稻谷 生产者补贴率 %	稻谷 生产者名义保护指数 比率	大豆 生产者补贴率 %	大豆 生产者名义保护指数 比率	食糖 生产者补贴率 %	食糖 生产者名义保护指数 比率	牛奶 生产者补贴率 %	牛奶 生产者名义保护指数 比率	牛肉 生产者补贴率 %	牛肉 生产者名义保护指数 比率	猪肉 生产者补贴率 %	猪肉 生产者名义保护指数 比率
单位	%	比率	%	比率	%	比率	%	比率	%	比率	%	比率	%	比率	%	比率
澳大利亚	0.00	1.00	—	—	0.00	1.00	0.00	1.00	0.00	1.00	0.00	1.00	0.03	1.00	0.00	1.00
加拿大	3.31	1.00	1.95	1.00	—	—	1.81	1.00	—	—	52.71	2.11	2.44	1.00	5.69	1.00
智利	0.00	1.00	0.00	1.00	0.64	0.77	—	—	2.55	1.03	0.00	1.00	0.00	1.00	0.00	1.00
欧盟	0.12	0.91	0.01	0.76	—	—	0.00	1.00	1.99	5.77	1.85	1.00	28.34	1.32	0.09	1.00
冰岛	—	—	—	—	—	—	—	—	—	—	58.53	2.35	5.90	1.02	31.97	1.49
以色列	6.81	1.07	—	—	—	—	—	—	—	—	35.19	1.54	41.54	1.71	—	—
日本	43.78	1.78	—	—	77.51	3.96	43.79	1.78	58.66	2.42	57.57	2.36	43.03	1.76	67.23	3.07
韩国	—	—	2.82	1.00	61.45	2.38	87.71	8.14	—	—	55.41	2.24	31.05	1.45	51.96	2.08
墨西哥	10.28	1.00	0.00	1.00	10.81	1.12	0.36	1.00	20.43	1.26	10.48	1.12	8.44	1.00	8.80	1.00
新西兰	0.00	1.00	0.00	1.00	—	—	—	—	—	—	0.00	1.00	0.00	1.00	0.00	1.00

续表

国家	小麦		玉米		稻谷		大豆		食糖		牛奶		牛肉		猪肉	
	生产者补贴率	生产者名义保护指数	生产者补贴率	生产者名义保护指数	生产者补贴率	生产者名义保护指数	生产者补贴率	生产者名义保护指数	生产者补贴率	生产者名义保护指数	生产者补贴率	生产者名义保护指数	生产者补贴率	生产者名义保护指数	生产者补贴率	生产者名义保护指数
挪威	33.94	1.43	—	—	—	—	—	—	—	—	58.18	1.96	51.86	1.97	49.69	2.22
瑞士	22.71	1.29	22.86	1.30	—	—	—	—	5.09	1.05	32.25	1.28	33.59	1.51	46.21	1.91
土耳其	6.00	1.06	6.17	1.07	—	—	—	—	9.49	1.10	12.71	1.15	42.18	1.55	—	—
美国	5.66	1.00	3.24	1.00	1.59	1.00	3.19	1.00	18.43	1.21	5.62	1.05	0.00	1.00	0.00	1.00
巴西	4.38	1.02	1.19	1.00	15.27	1.17	0.80	1.00	0.41	1.00	17.21	1.20	0.66	1.00	0.50	1.00
中国	27.15	1.37	10.82	1.12	13.95	1.16	14.93	1.18	25.07	1.33	35.04	1.56	12.92	1.16	12.25	1.16
印度尼西亚	—	—	15.22	1.18	46.07	1.85	5.91	1.03	12.01	1.14	3.98	1.06	27.59	1.43	-6.10	1.00
哈萨克斯坦	18.60	1.23	-31.09	0.76	-69.05	0.53	—	—	—	—	5.84	1.06	17.02	1.20	38.41	1.60
俄罗斯	-6.45	0.92	-56.07	0.64	—	—	—	—	0.62	1.00	6.41	1.03	19.30	1.19	45.49	1.72
南非	0.00	1.00	0.00	1.00	—	—	—	—	16.52	1.20	15.71	1.19	0.00	1.00	0.00	1.00
乌克兰	-32.65	0.75	-14.99	0.87	—	—	—	—	31.01	1.45	-6.85	0.91	9.32	1.00	21.16	1.14

数据来源：OECD 数据库。

总体来看，近年来我国农业国内支持水平有了较快的提高，对促进我国农业发展、确保粮食安全和改善农民生计发挥了积极作用。我国农村、农民和农业高度一体的本质特征决定了我国农业国内支持政策具有生计型、补偿性和非贸易扭曲的特性。虽然支持总量近来有了明显的增长，但户均水平相比很多发达农业大国仍十分低下。继续加强和完善国内农业支持，不仅对确保开放条件下我国农业健康发展至关重要，也是保障世界粮食安全的重要组成部分。

二、农产品进出口结构差异显著，油料与畜产品贸易逆差扩大

从 2013 年我国农产品进出口结构来看，当年农产品进出口总额为 1 866.9 亿美元，其中，进口农产品 1 188.7 亿美元，出口 678.3 亿美元，贸易逆差 510.4 亿美元。在进口农产品中，食用油籽和植物油 414 亿美元，占 34.8%；畜产品 195.1 亿美元，占 16.4%；棉花 87.2 亿美元，占 7.3%；水产品 86.4 亿美元，占 7.2%；谷物 51 亿美元，占 4.3%；水果 41.6 亿美元，占 3.5%。在出口的农产品中，水产品 202.6 亿美元，占 29.9%；蔬菜 115.8 亿美元，占 17.1%；畜产品 65.2 亿美元，占 9.6%；水果 63.2 亿美元，占 9.3%。贸易余额呈顺差的主要为水产品、蔬菜和水果，顺差额分别为 116.2 亿美元、115.8 亿美元和 21.6 亿美元；食用油籽和食用植物油、畜产品、棉花、谷物、食糖的贸易余额均为逆差，逆差额分别为 398.3 亿美元、129.9 亿美元、87.2 亿美元、44 亿美元和 20.7 亿美元（见表 56）。

分品种来看，稻谷、小麦、玉米、大豆、棉花、肉类、羊毛等农产品贸易既有差异又有共性，其中，小麦于 2000 年之后顺差和逆差交替出现，其贸易逆差最高点处于 2004 年，达到 647.6 万吨，贸易顺差最大值出现在 2007 年，为 223.7 万吨，2011 年之后贸易逆差迅速扩大；稻谷和大米在 2011 年之前一直为贸易顺差，之后转为逆差，但顺逆差值均比较小，顺差最大值为 2003 年的 241 万吨，逆差最大值为 2012 年

表 56 　　　　　　　　2013 年我国农产品进出口情况

农产品品种		进出口额（亿美元）	进口数量（吨）	进口额（亿美元）	份额（%）	出口数量（万吨）	出口额（亿美元）	份额（%）	贸易顺差/逆差（亿美元）
总计		1 866.9		1 188.7			678.3		−510.4
谷物			1 458.5	51	4.29	100.1	7	1.03	−44
	小麦		553.5			27.8			
	玉米		326.6			7.8			
	稻谷和大米		227.1			47.8			
	大麦		233.5						
棉花和食糖	棉花		450	87.2	7.34				−87.2
	棉纱		209.9						
	食糖		454.6	20.7	1.74				−20.7
食用油籽和植物油			6 783.5	414	34.83	87	15.7	2.31	−398.3
	大豆		6 337.5						
	油菜籽		366.2						
	食用植物油		922.1	89.4					−89.4
	饼粕		89.9	2		137	7.2		5.2
	玉米酒糟蛋白		400.2	14.1					−14.1
水果蔬菜	蔬菜						115.8	17.07	115.8
	水果			41.6	3.50		63.2	9.32	21.6
畜产品	畜产品			195.1	16.41		65.2	9.61	−129.9
	牛肉		29.4						
	猪肉		58.4						
	羊肉		25.9						
	奶粉		86.4						
水产品				86.4	7.27		202.6	29.87	116.2

数据来源：农业部国际合作司。

的 208.9 万吨；玉米贸易起伏较大，2010 年之前均为顺差，顺差最大值出现在 2003 年，为 1 639 万吨，逆差最大值为 2012 年的 495.1 万吨；1997 年以来大豆进口则一直处于快速递增趋势，于 2013 年达到阶段性高点 6 337.5 万吨；棉花贸易于 2005 年由顺差转为逆差，在 2012 年逆差达到历史性高点 512 万吨；羊毛贸易自 2005 年以来呈持续增长趋势，于 2013 年达到约 35 万吨。

综上来看，我国进口的农产品以耕地密集型产品为主，包括谷物、棉花和畜产品[①]；而实现贸易顺差的农产品主要是水产品、蔬菜和水果，这三类均属于劳动密集型农产品。

三、农产品进出口国家与地区高度集中，渠道单一问题显现

1. 进口来源地集中于美洲和大洋洲

2011 年，我国进口大豆 5 264 万吨，占全球大豆贸易量的 60% 以上，相当于国内大豆产量的 3.87 倍，主要来源国分别为美国、巴西和阿根廷，占比分别为 42.5%、39.2% 和 14.9%，合计占总进口量的 96.6%。从玉米进口来看，自美国进口的玉米占比超过 97%，近期我国开始尝试从阿根廷和乌克兰进口玉米，但数量仍较少。进口棉花 357 万吨，占全球贸易量的 50% 左右，相当于国内产量的 51%，主要进口地为印度、美国和澳大利亚，占比分别为 30.1%、29.2% 和 15.9%，合计占比 75.2%。进口食糖 292 万吨，主要来源于巴西、古巴和泰国，占比分别为 68.2%、13.8% 和 9.4%，合计占比 91.4%。进口棕榈油 591 万吨，约占全球贸易量的 20%，主要来自马来西亚和印度尼西亚，占比分别为 63.9% 和 35.8%，合计占比 99.7%。进口羊毛 28.6 亿美元，主要来自澳大利亚、新西兰和南非，占比分别为 21.1%、3.0% 和 1.2%。2012 年，我国自美国进口农产品 287.4 亿美元，增长 23.8%；自巴西进口 186.9 亿美元，增长 19.8%；自东盟进口 161.4 亿美元，增长 10.6%。自上述三者进口值合计占同期我国农产品进口总值的 57%。

---

① 由于畜产品需要耗用大量饲料量，在此处也划入耕地密集型产品范围。

2. 出口集中在亚洲、美国和欧洲的发达国家与地区

2012 年，我国对亚洲国家及地①区出口农产品共计 387.5 亿美元，占我国农产品出口总值的 61.9%。其中，对日本、东盟和香港分别出口 119.8 亿美元、101 亿美元和 64.2 亿美元，占农产品进出口总值的比例分别为 19.1%、16.1% 和 10.3%，对韩国出口 41.6 亿美元，占比 6.6%。此外，对欧盟出口 75.5 亿美元，占比 12.1%；对美国出口 71.8 亿美元，占比 11.5%。

四、农业开放的经验总结

加入 WTO 十三年来，我国农业开放度不断提高，农产品贸易额快速增长，推动了国内农业改革与发展，农产品进口丰富了国内商品供应，同时为一部分农户创造了就业和提高收入的机会。但是，由于国内外农业资源禀赋的差异，我国的农业生产成本相对较高，国际竞争力差，需要在坚定开放的基础上，合理安排开放策略。

（一）农业开放的积极效应

1. 农产品进口能够有效减缓国内农业生产资源和环境压力

农产品进口尤其是土地密集型产品的进口有利于提高我国土地利用效率、保障国内有效供给、减缓农业生产对环境的压力。同时，也丰富了国内市场供应，满足了人们多样化的消费需求。此外，农产品进口也缓解了国内相关加工制造业原料供应紧张的局面，促进油脂压榨和饲料行业的发展及纺织品的出口，增加非农就业机会。举例来说，大豆、植物油、棉花等土地密集型农产品的进口直接增加了国内供给，缓解了需求增长对资源环境的压力，为农业结构调整、保障主粮生产提供了空间和余地。再比如，2001－2012 年我国食用植物油消费量由 1 408.6 万吨

---

① 数据转引自程国强.《全球农业战略——基于全球视野的中国粮食安全框架》［M］. 北京：中国发展出版社，2013.

增长到3 077万吨，增量的49%来自进口大豆压榨。同期，饲用饼粕需求量由2 834.7万吨增长到4 096.6万吨，增量的87%由进口大豆经加工所提供。根据程国强（2013）的测算，2012年，我国进口农产品折算土地资源大约为9.8亿亩播种面积，其中最大份额为油料和油脂，分别折算为4.86亿亩和3.02亿亩，占比分别为49.6%和30.9%，两项合计约占总进口土地资源的80.4%。根据世界银行的测算[1]，生产1吨大豆需要耗用约3 200立方米水。按此标准，我国2013年净进口6 335万吨大豆计算，相当于进口2 027.2亿立方米的淡水，约占我国淡水资源总量的7.14%。因此，进口大豆和其他大宗农产品就是进口耕地和水资源，能够有效弥补国内水土资源的不足。

2. 加快农业结构调整和区域布局优化步伐

加入WTO为我国充分利用国际国内两个市场两种资源创造了有利条件，增加了我国农业结构调整的空间和回旋余地，同时也带来了相应的压力和动力，从促进了我国加快结构调整的步伐。例如，为缓解我国农业农村经济发展资源约束紧张、农产品需求刚性增长、市场竞争更加激烈的新形势，保障农产品总量与结构平衡和质量提升，我国分别于2002年、2007年制定并实施了《优势农产品区域布局规划（2003 - 2007年）》和《全国优势农产品区域布局规划（2008 - 2015年）》，对促进农业基础设施建设、农业科技成果应用开发和重大农业项目安排等方面做了较全面的政策机制安排，促进了我国优势农产品空间布局、品种结构、品质结构的不断优化，提高了资源利用效率，明显提升了优势区域的农业产业化、现代化水平，有效减缓了"入世"对我国农业的冲击。目前，我国稻谷、小麦、玉米、大豆种植区域集中度分别稳定在85%、90%、60%和50%以上，99%的棉花、80%以上的油菜、60%以上的糖料和90%的苹果、56%的生猪、80%的出口水产品也都来自主

---

① Luc Christiaensen. The Role of Agriculture in a Modernizing Society Food, Farms and Fields in China 2030 ［R］. The World Bank, 2012.

产区和优势产区，这为农业成功应对"入世"、除弊兴利发挥了重要作用。

3. 促进农业改革的深化和农业政策的调整

农业领域的对外开放，通过引进国际资本、进口国外农产品和国内农业企业走出国门、农产品参与国际市场竞争等途径，使国内农业发展的一些深层次问题得以暴露，如新品种研发、种养殖技术、仓储流通、农产品加工、农业政策支持等。过去十多年来，我国逐步取消了农业税、增设了农业生产四项补贴（粮食直补、农资综合补贴、农机具购置补贴和良种补贴），实施了粮食最低收购价、临时收储政策、农业产业化龙头企业扶持、粮食流通体制改革及其他一些专项政策。"入世"以来，上述领域的政策调整和体制改革的力度之大、影响之深，是前所未有的，这与加入 WTO 的客观要求和竞争压力是密不可分的。

4. 能够促进提高农产品质量安全

随着收入水平和消费层级的上升，我国居民对农产品质量的要求日益提高。例如，2008 年三聚氰胺事件之后，引起消费者对国产奶制品的不信任，进口奶粉快速增加，在欧洲很多国家，普通配方奶粉的价格大多在 10 欧元左右，折合人民币不到 100 元①。"洋奶粉"国内售价大大超过生产国当地卖价，国内消费者支付了过高的价格。我国农产品的主要出口市场是日本、韩国、欧洲和美国等发达国家，这些国家对国内农产品市场保护极为严格，制定了繁杂的技术检验检测指标和标准。国际产品竞争，既是价格竞争，也是质量竞争。加入 WTO 后，我国农产品在国内市场和国际市场都面临着巨大压力。为了获得相对竞争优势，农产品质量安全问题得到高度重视，农产品质量标准体系、检验检测体系和产品认证体系日益完善，农产品质量和安全水平也得到明显提高。

---

① 洋奶粉年内四度涨价，涨价理由站不住脚. 新华网（http://www.xinhuanet.com），2012－08－08。

（二）农业开放带来的挑战和压力

加入 WTO 之后，我国逐步放松了对国内农产品市场的保护，成为世界上农业开放程度最高的国家之一，农产品进口快速增加，由于资源禀赋的差异，国际大宗农产品具备价格或品质的优势，抢占了大量国内市场，给大豆、食糖、大麦、羊毛行业带来了巨大的竞争压力，一些行业由于没能及时进行调整，发展陷入停顿或萎缩。

1. 部分农产品市场竞争压力加大，行业发展遭遇挑战

2001－2013 年，我国棉花进口量由 11.3 万吨增加到 270 万吨，大豆进口量由 1 038.9 万吨增加到 6 350 万吨，羊毛进口量由 19 万吨增加到 35 万吨，进口的大幅增加严重挤压了国内产品的市场。如大豆和细羊毛新增市场全部被进口产品占领，棉花新增市场 60%～80% 被进口产品占领，同时国内大豆的产量由 2002 年的 1 540.7 万吨减少到 2013 年的 1 275 万吨，棉花自给率也下降到 70% 的政策保护底线，行业发展遇到困难和挑战。

2. 国内大宗农产品生产成本较高，国际竞争力较弱

由于人多地少，我国农业属于典型的小农经济，与国外大规模生产相比，我国分散的小规模种养殖的成本高，与进口产品相比不具备比较优势，在农业开放的环境下，农产品价格主要由低成本国家所主导，我国大宗农产品生产成本高、竞争力较弱，一些行业利润空间被压缩，农户生产积极性受到影响，行业发展迟缓。例如，在加入 WTO 之后，我国对稻谷、小麦和玉米设有关税配额保护，在配额内实行 1% 的低关税，超过配额征收 65% 的高关税，但是对大豆没有设置配额管理，统一实行 3% 的关税税率。结果就是，在我国主粮仍然保持较高自给率的同时，大豆进口量却快速提高，低价进口的大豆压缩了国产大豆的涨价空间。2002 年大豆、玉米、水稻种植的亩均净收益比为 1∶0.43∶0.52，

2011 年该比例则为 1:2.16:3.04①。比较效益下降不仅在短期内使大豆生产受到影响而萎缩，而且使社会资本对大豆科研、技术推广、仓储服务等整个产业链的投入意愿降低，对产业安全长期影响深远。大豆进口带来了其他食用油籽价格的下降，给利用冬闲田种植的油菜籽产业发展带来了显著负面影响。

3. 农产品市场波动和风险明显加大，调控更加困难

近年来，随着农业规模化经营的发展，农业生产资料对石油及石化产品加工的依赖提高，农产品价格也深受石油市场影响。尤其是美国利用玉米生产燃料乙醇、欧洲利用油菜籽生产柴油和巴西、阿根廷利用蔗糖生产燃料乙醇的数量随国际市场油价波动，并且国际投机资本可以利用期货市场放大投资倍数，农产品被赋予了金融和能源属性，国际农产品市场越来越受到生物质能源、投机资本等非传统因素的影响。首先，生物质能源发展不仅大幅增加了对农产品的非传统需求，而且打通了粮食市场与能源市场的价格通道，使农产品市场受能源市场的影响不断加深。例如，2012 年液态生物燃料的生产消耗了全球大约 14.2% 的玉米、20.7% 的甘蔗、13.5% 的植物油。其次，国际投机资本在农产品现货市场和期货市场大进大出，大大增加了农产品市场的不稳定性。最后，极端气候导致农业灾害频发多发，直接破坏农产品生产和供给的稳定。不确定性和波动性既加大了我国进出口的风险，同时也带来国内市场的波动，冲击我国经济健康发展。

（三）经验总结

1. 加强内外统筹，充分利用好两个市场、两种资源

我国人口规模巨大，农业人口占比高，数亿农民生计需要依靠农业来提供，因此我国大宗农产品的基本供给必须依靠国内生产来保障。但

---

① 农业部农业贸易促进中心．农业贸易研究（2009－2013）［M］，北京：中国农业出版社，2014.

是，我国人均农业资源少、消费需求缺口逐渐扩大等现实决定我们在立足国内保障大宗农产品基本供给的基础上，需要充分利用国际市场和资源。在农业发展战略的选择上，应当清醒地认识我国农业资源短缺的现实，加大对耕地与水资源密集型的大宗农产品的进口。在稻谷、小麦、玉米、大豆、大麦、棉花、肉制品和乳制品的品种选择上，由于稻谷、小麦属于居民消费必需的口粮，其重要性居于首位，应当立足国内生产，确保95%以上的自给率，进口将仅限于品种调剂；玉米主要属于饲料用粮，可以适当扩大进口；肉制品和乳制品也基本属于耕地和水资源密集型产品，也可以适当扩大进口，为国内过度利用和污染严重的水土资源提供休养生息的机会；大豆属于油料作物，其生产的副产品豆粕是饲料蛋白的主要来源，其贸易依存度已经足够高；大麦和棉花属于工业用品，可以适当增加进口。同时，应把握好我国农业的比较优势，努力促进劳动力密集型的水产品、蔬菜水果等优势农产品出口，切实兼顾平衡进口和国内农业发展两方面的需求。

2. 加强农业生产管理，更好地满足国内需求

从上述分析可以发现，我国农业生产特点为水土资源匮乏、分散小规模经营和农业劳动力大量过剩，这些资源禀赋特征决定了我国需要进口水土资源密集型的大宗农产品和畜产品，同时出口劳动密集型的蔬菜水果等园艺产品和水产品。从我国农产品国际贸易看，我国进出口均较为集中，农产品进口集中于美国、加拿大、澳大利亚、巴西、阿根廷等土地资源丰富的国家，这些国家实行大规模经营的商业化农业，农产品生产成本低于我国，甚至从这些国家进口的产品运到国内加上运费、保险费、税费之后其价格仍低于我国国内相应产品，竞争优势明显。从我国具有比较优势的蔬菜、水果和水产品出口地来看，主要是日本、韩国、美国和欧洲等发达国家和地区，这些都属于农业保护主义色彩浓厚的国家，在我国大幅开放农产品市场后，这些国家仍保留着农产品进口高关税、农业生产高补贴，而且动植物检验检疫要求（SPS）和技术性

贸易壁垒（TBT）数量不断增加、标准不断提高、程序越来越复杂，一些国家还将贸易壁垒延伸到低碳、汇率、知识产权等领域。在当前及未来一段时间内，我国国内农业生产管理水平很难突飞猛进，农产品质量问题仍将在很长一段时间内困扰农业生产企业，我国对这些国家的农产品出口产品市场增长空间有限。并且，随着居民收入增长，我国国内对高质量农产品的需求增长迅速，在农业摆脱了为国家创造外汇收入的角色之后，其目标需要转向为国内居民提供数量充足、品种丰富、质量安全的农产品。因此，我国应顺应市场需求，进一步加强农业生产管理，从源头上控制水土污染，引导企业严格控制产品质量、降低生产成本，增加向国内外市场供给高质量农产品的能力。

3. 适度加强对国内幼稚产业的保护，逐步提高农业国际竞争力

加入 WTO 后我国的农业发展实践表明，虽然农业开放是大势所趋，但是对幼稚产业的适度保护也十分重要。当年加入 WTO 谈判中，我们争取到了对粮食、棉花、食糖等大宗农产品实行关税配额管理并保持一定比例国营贸易的权利。这为加入 WTO 后我国粮食生产持续稳定发展以及在世界金融危机和粮食危机中保持粮食供给稳定，发挥了重要作用。而加入 WTO 后我国大豆产业的发展情况，从反面证明了对农业合理保护的重要性。我国是大豆的故乡，有世界上最丰富的种质资源，曾是世界上第二大生产国和主要出口国。但由于在"入世"后我们没有对大豆实行配额限制，仅实行 3% 的单一关税，结果我国大豆进口量呈指数增长，2013 年进口量达到 6 350 万吨。外资也于 2004 年后大量进入相关产业，掌控了我国大部分大豆压榨能力。这使国内大豆产业受到巨大冲击，2013 年国内大豆产量只有 1 275 万吨，自给率下降到 15.9%。当前，跨国粮商在我国大豆加工市场上的份额已经占 80% 以上，处于绝对垄断地位。跨国粮商垄断了油料加工环节，也就实现了对大豆采购、加工、油脂销售以及豆粕生产与销售等大豆产业整个产业链的控制。国内分散的大豆种植农户、众多的中小油脂加工企业无力与资

本雄厚、管理高效、销售网络发达的跨国粮商竞争，普遍呈现亏损状态，大豆播种面积持续下滑，加工企业破产倒闭、停产与半停产数量日益增多。虽然从另一个角度来说，大豆种植面积的下降为玉米及稻谷播种面积的增加提供了耕地，促进了产业结构的调整，从全局来看更符合经济效益原则，也更能提高全体居民的经济福利。但是，在产业结构调整的过程中，短期内会对部分企业和农户造成明显损失。因此，我们既要坚持农业开放的方向，也要注意开放的节奏并对不同发展阶段的产业给予区别对待，对与国际市场相比生产效率差距明显的幼稚产业，适当给予支持和保护，随该产业发展成熟度和竞争力提升情况而逐步放松管制、加大开放力度。因此，应总结我国和其他国家农业开放过程中的经验和教训，我们应该充分利用世界农产品贸易规则，在坚持开放中加强对处于幼稚阶段农业产业的支持和保护，为国内农业发展创造良好环境。例如，我国应当通过反垄断法对市场竞争的调控作用弥补贸易救济措施存在的不足，有效抑制或制止各种垄断和操纵市场的行为，保护公平竞争，构建农业产业安全的保护机制。

4. 进一步加强对农业生产的支持，降低外部风险冲击

在面临国外大规模生产且获得高额补贴的低价农产品竞争下，我国要加强对农业的支持和保护，且支持保护水平要足以弥补基础竞争力存在的差距。一方面，农业投入要随着国民经济增长而增长，持续加大农业科技和农田水利等基础设施投入，继续实施粮食直补、农机具购置补贴、良种补贴等政策，扩大补贴范围、提高补贴标准，同时加强运用信贷贴息、补助、税收、担保等经济杠杆工具，引导社会资金支持农业。另一方面，要充分利用关税、关税配额管理、贸易救济等手段加强对关系国计民生但发展水平相对较低的农业产业的有效保护，使进口农产品进入国内后在与其相近的价格水平上进行竞争，确保农产品生产与经营保有合理的利润空间，但应设定保护期限，促使农业经营主体加强生产投入、科技研发、新技术应用，逐步提产业的发展水平和国际竞争力。

5. 完善农产品贸易调控顶层设计，提升农产品贸易掌控能力

尽管我国已成为农产品贸易大国，农产品进出口的作用和影响不断加大，但我国对利用国际市场和资源尚缺乏顶层设计和总体规划，进口与出口市场集中度过高、缺乏定价权和话语权的问题非常突出，迫切需要建立健全利用国际市场与资源的战略机制。要把统筹利用国内外两个市场两种资源作为农业国际合作的重点，科学布局，持续推进，改善贸易环境、拓展贸易渠道、推进市场多元化。要加强对农产品贸易的战略规划，努力构建持续、稳定、高效的资源性农产品进口供应链。要在坚持市场导向和企业自主决策的原则下，发挥企业主体作用，选择重点地区、重点环节，务实稳步推动农业"走出去"。要加快建立大宗农产品市场信息搜集、研判和发布机制，整合各方资源，建立一个由农业部门主导、统一权威的大宗农产品市场信息平台，及时发布国内外大宗农产品供求、贸易、价格信息，帮助国内企业应对国际市场波动和风险。要研究加快大宗农产品期货市场建设，逐步提高我国在农产品定价上的话语权。要加强相关部门的沟通和协调，建立对农产品贸易战略进行统一协调管理的体制机制。

第三节　积极开拓国际市场　加强国际农业资源利用

当前及未来一段时间内，为有效加大对国际农业资源的利用，我们应在保障国内基本自给的前提下，从优化农业资源配置、提高资源利用效率和农业产业比较效益与竞争力的目标出发，运用开放式思维、全球化视野和市场化策略，构建粮食安全新战略。通过土地制度、农业经营体制、财政金融和外贸体制改革，以制度创新形成资源集约节约与高效利用机制，提高统筹利用国际国内两种资源两个市场的能力，实现以粮食为主的农产品供求平衡，增强社会经济稳定发展的保障能力。

一、确立全球农业战略，加强两个市场两种资源统筹利用

1. 积极培育海外供给市场，稳定粮食进口需求预期

我国是粮食消费大国，也正在成为粮食进口大国，应清醒地认识我国粮食供需形势，保障我国的粮食安全，要坚持立足国内、基本自给的基本方针。但是，基本自给并不是完全自给，在消费刚性增长、国内水土资源约束增强的情况下，我国的耕地不足以满足全部农产品种植对土地的需求，农业资源禀赋与社会经济发展决定我国增加农产品进口是大势所趋。所以，不是要不要进口的问题，而是应有效测算国内粮食需求与生产能力，合理确定进口数量与结构。人们担心全球粮食增产空间有限，满足不了我国的进口需求，也担心随着我国进口粮食的增多，会破坏国际贸易的供需均衡，导致粮食贸易的大国效应，即随着我国的购买价格呈现非正常上涨。其实，由于全球尚有大量未开发耕地，并且一些国家粮食单产很低，粮食增产与市场供给潜力巨大，例如，我国帮助印度尼西亚、柬埔寨等10多个亚洲国家建立了优质高产农作物示范基地，增产平均幅度在30%以上[①]。如果有适当的价格刺激，世界各地闲置的耕地会被开发用于种植，人们也会通过培育或引进新品种、改善耕作条件与方式等途径提高单位面积产量，潜在的粮食生产能力将会被进一步激发出来。一旦形成稳定的需求预期，将会刺激粮食生产、增加供给、稳定国际粮价。例如，根据黄剑辉、王阁等人（2013）的研究，目前我国是世界上主要的大豆进口国，国内进口的数量和节奏变化对国际市场的供需与价格影响显著，在我国进口数量大幅增长的最初几年，由于国际市场对我国的大豆进口政策、年度需求增长等都不明确，供给与价格波动均较大。但随着市场对我国大豆进口规模形成了稳定的预期，其影响已经逐渐减弱，我国大豆进口从2000年的1 324.5万吨增长到2013年的6 350万吨，并没有出现10年前社会普遍担心的国际市场供需关系严重失衡的问题。市场不但提供了稳定的大豆供给，而且价格也没有出现市场担心的不合理上涨问题。因此，在国际农业资源的利用

---

① 韩长赋在博鳌亚洲论坛农业圆桌会议上强调亚洲携手共同应对粮食安全. 人民网（http：//www. people. com. cn），2013 - 04 - 08。

上，我国应当转变传统的被动进口思维，实施积极的进口策略。要把传统的以应急为目的的突发式进口，转变为积极的常态化进口，稳定并逐步扩大每年的进口数量，通过大订单分批次执行的方式，减少对国际市场的冲击，稳定市场对我国进口需求的预期，逐渐激发世界潜在粮食生产能力，增加供给总量，实现供需动态平衡。

2. 优化农产品进出口结构，有效降低农业生产与贸易成本

根据国内外农业资源禀赋优势，合理确定农产品进出口结构。鉴于我国耕地资源有限和劳动力资源丰富的特点，应优先进口水土资源密集型粮食与肉类产品，出口水果、蔬菜等劳动力密集型的农产品。同时，在粮食进口结构上，为确保口粮的绝对安全，应把稻谷、小麦的进口定位于品种结构调剂、适当补充国内不同层次的需求缺口上，自给率应在90%以上；玉米、大豆和大麦等饲料和工业用粮的进口可以适当放开，玉米作为口粮消费的比例在10%以下，主要作为饲料和工业用粮使用，可以进一步扩大进口，大豆和大麦的对外依存度已经相当高，不宜进一步增加进口。为有效应对国内畜牧业发展造成的粮食消耗、环境污染和草地退化问题，可适当增加肉类、奶类、羊毛和皮革等畜产品进口。

3. 加快海外投资步伐，提高国际市场供应能力

目前我国农产品尤其是粮食进口主要依靠国际供应商进行采购，缺乏控制力和定价权，在特殊情况下有可能受制于人，影响战略腾挪空间，应积极采取有效措施，鼓励和支持农业企业走出国门，通过在海外租地、并购重组当地农业企业、建设粮食加工和流通设施等方式开展境外农业生产与流通，增强农产品贸易的主动性。即使国内企业在国外生产的粮食不运回国内，但也能够增加所在国的粮食供给，减少国际粮食市场的购买需求量，减少粮食购买的竞争压力。因部分粮食在国外生产腾出的国内耕地，仿照农业发达国家的做法，实施土地休耕、轮耕、藏粮于地战略，储存粮食生产能力，提高粮食安全的可持续性。为有效实施海外农业战略，政府应做好对企业的帮助和扶持工作。首先，政府应

转管理为服务，牵头建立粮食生产和需求动态信息收集、整理和发布平台，及时免费发布全球粮食种植、生长、需求和贸易信息，指导企业开展海外投资与贸易活动；其次，政府主管部门要进一步树立开放意识，简化行政管理，放宽对海外投资的限制。应给予企业尤其是国有企业充分的境外投资决策自主权，由企业自主决策、自担风险；再次，政府加强对企业开拓海外市场的资金帮扶工作，设立专项资金，为企业海外投资提供融资担保、保费补贴等支持服务；最后，政府应充分利用对外交流、援助等机会，变粮食实物援助方式为农业生产资料、农业机械和农业技术援助，为农业企业开拓海外市场提供便利。

4. 进口多元、出口集中，提高市场议价能力

在粮食进口市场，培育多元进口主体，充分激发企业竞争活力，开辟多元化的粮食进口渠道，分散进口集中风险；针对国外对大型国有企业的敌视和猜忌，培育更多的民营企业，利用民营企业机制灵活、反应快捷的优势，多方组织粮源，分散进口集中风险，提高进口效率和议价能力；为有效降低国内企业之间的恶性竞争，应建立健全行业协会制度，充分发挥行业协会的组织协调作用，逐步降低直至消除国内进出口企业的无序竞争状态，提高对外议价能力；逐步培育具有在海外开展生产、运输、储存、加工、贸易全产业链业务能力的农业企业集团，增强全球粮食生产与流通组织能力和效率，形成稳定的海外粮食供给渠道；在粮食出口市场，为有效贯彻国家粮食调控政策，实施出口适当集中策略，培育几个大型粮食企业集团，负责粮食出口业务。

5. 紧密结合外交战略，稳定粮食贸易合作伙伴

为有效培育海外市场，可以实施国民一体化的海外投资模式，政府各相关部门之间加强沟通协调，解决涉外农业开发中存在的多头管理、各自为政问题；通过建立综合服务窗口，强化与有海外农业投资意愿的企业之间的沟通，了解企业对海外目标投资地的需求。政府部门或国际开发机构紧密结合国家外交战略，积极与农业资源丰富、与我国关系良

好的国家开展合作对话，同当地政府签订经济合作和贸易协定，积极协调因政策和法律制度不同产生的分歧，为企业海外投资创造良好的经济和政治环境，稳定粮食贸易合作伙伴，建立稳定的海外粮食生产基地。

二、加大财政金融支持力度，提高粮食产业国际竞争力

1. 加大财政支持力度，有效提高种粮比较效益

针对农业尤其是粮食产业比较效益低，农户与农业企业融资困难，农民种粮与地方政府抓粮食工作的积极性下降，以及随着国内粮食市场进一步开放，国际低价粮食冲击国内粮食产业等问题，鉴于农业生产尤其是粮食安全具有准公共品属性，需要政府进一步加强财政支持力度，并引导金融和社会资本投入农业和农村，改善农业基础设施、提高农业生产集约化程度，提高农业生产比较效益，增强农业和粮食生产的吸引力与生产能力。一是健全和完善粮食补贴制度，逐步实现粮食补贴制度化、法制化。根据 WTO 有关农业支持政策的要求，在政策许可的范围内，要继续现有的补贴政策措施，有效扩大补贴范围、增加补贴数额；补贴要向粮食生产重点区域倾斜，对重点粮食生产区要建立补偿制度，尽快解决"粮食大县、财政穷县"的老大难问题。当前，中央政府应集中支农资金，重点加大对稻谷、小麦等主粮生产的支持。针对国际贸易规则的反补贴规定，可以在农田水利等基础设施、科技推广、农户直补、风险补贴等方面加大力度。二是改革粮食补贴办法。目前按耕地面积补贴的办法在实施中存在一些偏差，例如，耕地无论耕种与否以及是否种植粮食均享受补贴，对种粮农户的激励性不足，并且补贴资金分散，达不到应有的效果。建议采取补贴与粮食产量挂钩的新方法，或者借鉴国际流行的价格目标制，改最低收购价为差价补贴，既可以解决补贴资金被流通环节占用过多的问题，又能缓解粮食收储资金占用多、政府对市场干预过度和粮食储藏浪费大等问题。三是国家补贴要向有利于发展低碳粮食经济、有利于减少农业温室气体排放量、有利于保护和改

善生态环境以及有利于培育和发展新型农业生产经营主体等方向倾斜，增强粮食产业持续发展的后劲。

2. 顺应粮食能源化和金融化趋势，提高粮食生产贸易的产业化和组织化程度

如前所述，现代粮食生产离不开能源的支持，可以说，粮食市场一定程度上已经能源化了。另外，随着全球经济金融一体化的深入发展，粮食市场与货币市场、外汇市场、期货市场、金融衍生品市场融合在一起形成更加复杂的金融体系，大大扩展了传统金融市场的内涵和外延，形成了粮食快速金融化的趋势。我国国内粮食交易市场与国际市场连接性不高，粮食期货市场尚不成熟，期货品种少、主要粮食品种期货缺乏国际定价权，服务粮食生产与贸易功能较弱。近年来，全球粮食价格上涨给我国敲响了警钟，必须将食物安全与粮食金融上升为国家战略高度，充分利用国内外粮食市场保障国家粮食与食物安全。具体可以从以下几个方面着手。一是加快粮食产业化步伐，在粮食产、供、销等重要领域和关键环节完善产业链，着手培育现代化、资本化、金融化的粮食龙头企业，提高粮食生产产业化水平。引导金融机构支持农业企业开拓海外市场，对企业开展海外业务提供信贷支持、支付结算、保证保险等金融服务。二是完善有关粮食金融政策，通过建立粮食产业发展基金、推进粮食贸易融资、加强国际粮食金融合作等措施，进一步提高在国际粮食市场的话语权。三是进一步加强粮食期货市场建设，充分发挥其价格发现与风险管理功能。逐步健全国内粮食期货品种与交易机制，加大期货市场开放力度，推进国内外粮食现期货市场的融合，支持期货公司引进来和走出去，逐步熟悉和适应国际粮食期货市场，完善提升国内期货市场功能，为粮食种植、加工和贸易提供全面高效的价格指导和风险管理服务。

3. 适应粮食流通体系发展与消费结构变化，合理确定储备规模和结构

根据上述分析，在传统高产量、高储备粮食安全观的影响下，我国粮食储备水平过高，造成大量粮食浪费和高额财政负担。当前，粮食生产与流通日益市场化和国际化，粮食来源渠道更加多元，流通体系更加健全和畅通，可以适当降低粮食储备规模，优化粮食储备结构。同时，我国粮食生产、消费和储备也出现了一些新变化，对粮食流通与储备提出了新的要求。例如，随着城镇化的推进，越来越多的农业人口转为非农人口；受经济利益驱动，一些农业劳动者把粮食种植调整为经济作物种植或养殖业，这部分人口从粮食的生产者转为消费者；随着粮食流通市场的发展，农民和粮食加工企业的存粮越来越少，更加依赖粮食储备；我国储备分布不合理，一些粮食主销区没有严格按照规定储备 6 个月销量的粮食，由于我国幅员辽阔，部分地区交通运输条件较差，一旦发生突发事件，临时调拨粮食会面临很大困难。以上事实决定我国粮食流通与储备还存在较大的不确定性，仍需要保持高于世界粮农组织倡导的 18% 的粮食储备率。鉴于上述原因，为有效提高粮食储备与利用效率，建议：一是适当降低粮食储备率，过去我国高达 40% 甚至 60% 以上的粮食储备率有些过高，由于储备设施跟不上，造成了一些不必要的浪费，还增加了储备成本。当前及今后一段时间，我国交通运输条件不断改善，粮食流通更加市场化，粮食储备规模可以适当降低，根据我国农业生产周期和居民消费情况，建议储备量以相当于消费总量的 25% ~ 30% 为宜。二是优化粮食储备结构。一方面适应人们不断提高的消费需求，不断增加优质粮储备和供给，让消费者吃得放心，吃出健康。另一方面，为有效应对自然灾害多发频发的问题，提高救灾效率，应适当提高加工食品的储备比率。三是优化粮食储备区域布局。根据全国粮食产销区域分布，优化储备库点布局，适当提高粮食主销区储备规模。尤其是沿海地区，可以适当提高对进口农产品的利用力度。四是建立和完善全球性的粮食储存、流通体系，多渠道筹备粮源，保障有效供给，建立健全粮食应急机制，必要时，要能够在最短的时间内把粮食与食品运送到最需要的地方和最需要的人群。

三、参照国际经验倡导科学膳食方式，实现粮食节约利用

由于政府补贴农业生产，使粮食与食品价格低廉，为国民尤其是低收入人群提供了良好的福利。但是，也产生了两个方面的负面效果，一方面，由于食物低廉，在居民支出结构中占比较低，无法有效抑制消费过快增长。在一部分居民由于摄入过多，在导致肥胖、心脑血管等一系列疾病的同时，政府又不得不提供大量医疗补贴来解决营养过剩带来的健康问题，是一种无益浪费。据统计，目前我国儿童肥胖率达 8.1%，成年居民超重率约 32.1%[①]。另一方面，餐饮浪费问题严重。据央视报道，我国每年浪费粮食 800 万吨，在餐桌上浪费的粮食价值高达 2 000 亿元，被倒掉的食物相当于 2 亿多人一年的口粮。中国农业大学的研究也表明，2007 - 2008 年仅餐饮浪费的食物蛋白质就高达 800 万吨，相当于 2.6 亿人一年所需，脂肪浪费 300 万吨，相当于 1.3 亿人一年所需[②]。国民营养状况与身体素质直接关系到国家竞争力与社会发展，美国著名经济学家罗伯特·福格尔的研究证明，北欧的长期经济增长有一半以上归功于其人群的体格发育改善，体格的良好发育使脑发育增加、免疫功能增强、疾病减少、寿命延长，这为经济发展创造了基本条件。世界多数国家都高度重视居民营养安全，有些国家甚至通过立法予以确保，例如，美国在 1946 年通过了《学校午餐法》，1966 年颁布《儿童营养法》，1990 年颁布《营养标示和教育法》；日本有关营养方面的立法非常全面和详细，涉及十多部法规，其中 1952 年通过的《营养改善法》和 2003 年通过的《健康增进法》最为基本（曾红颖，2005），如今，日本的国民营养状况普遍提高，平均身高和智力明显改善，被西方学者

---

① 转引自程国强. 我国农产品进口增长成因与影响 [N]. 中国经济时报，2013 - 09 - 09.

② 调查称我国每年浪费粮食 800 万吨 够 2 亿人吃 1 年. 新华网（http://www.xinhuanet.com），2012 - 04 - 20.

誉为人类体质发展的奇迹（丹若，2013）。建议政府加快营养领域立法步伐，加强粮食节约宣传，从小学教育阶段起设立营养卫生课程，引导居民形成合理膳食习惯，减少不必要的餐饮浪费与营养不良等问题，增强居民体格健康与智力发育，提高国民创造性与国民经济竞争力；参照发达国家的做法，在公共餐饮领域推行分餐制，减少饮食浪费，对餐饮浪费进行适当惩罚。

四、制定风险防范预案，提高应对极端事件能力

我国人口众多，粮食需求量大，粮食供需关系一旦出现显著变化，在总量上均为天文数字。我国地域广阔，近年来自然灾害和突发事件时有发生，粮食供需调节事关经济发展和社会稳定大局。随着我国农产品对外依存度逐步提高，如果国内突然发生粮食连续大幅度减产事件，按目前我国的粮食全球布局能力，很难及时从国际市场获得充足的粮食供应。假设再次出现与2008年全球性粮食危机相类似的事件，一些主要粮食出口国减少或禁止粮食出口，我国粮食安全保障的应急能力将面临重大考验。应参考借鉴国内外粮食风险事件，根据我国农业资源条件，假定国内外发生不同程度的粮食减产或者其他影响粮食供应的政治事件，研究制定相应的风险防范预案，其主要内容应当包括：在供给端，扩大种植面积、调整种养殖结构、组织进口、库存调配、建立口粮配给制、价格管制、流通高效化等；在需求端，包括加强宣传消除恐慌情绪、实行粮食用途管制、建立健全贫困人口和低收入特殊群体粮食供给保障制度等措施。

小　结

加入WTO以来，我国农业对外开放力度进一步加快，农产品贸易由顺差逐步转为逆差，而且贸易呈逆差的农产品范围逐渐扩大、逆差值

快速提高，粮棉油糖等主要农产品对外贸易均呈逆差状态，尤其是豆类和油脂，对外依存度偏高，而稻谷、小麦、玉米等主粮产品的贸易逆差引起社会广泛关注。总体来看，我国农产品贸易逆差的最根本的原因在于我国人多地少、淡水资源少且分布不平衡，有限的耕地与水土资源的生产能力满足不了人们日益增长的农产品消费需求，为了平衡国内农产品供需，需要大力开拓国际市场，充分利用全球农业资源。另外，由于人多地少，我国农业发展的主要特征是分散经营、产业化程度低，造成农业生产的高成本。从统计数据来看，我国主要农产品的生产价格均高于国际市场，在农业领域高度开放和缺乏有限保护的环境下，国际低价农产品对国内农产品市场形成较大的冲击。

从我国农业对外贸易的方式和渠道来看，进口来源地主要为美洲、大洋洲，进口主要经过大型国际农产品贸易集团，存在进口来源地集中和渠道单一等问题。

为有效满足国内居民快速提高的农产品消费需求，我国需要通过财政信贷支持、国家层面的外交协调等方式，支持农业企业加强海外投资，通过建立海外生产、仓储、物流和加工基地，有效提高农产品生产、加工和运输能力，直接或间接增强国内粮食和主要农产品的供给能力；同时，需要通过加强财政补贴、金融支持、科技研发、基础设施建设等措施有效降低国内农业生产成本，有效提高国内农业产业的竞争力和吸引力。

第十章 结 论

通过以上各章的研究论证，我们深入分析了我国粮食供求现状与发展趋势，对粮食安全状况进行了客观的分析和评价，并对引起我国粮食安全问题的原因作了全面的剖析，指出解决我国粮食安全问题需要转变传统的粮食安全观念，树立新型、开放的粮食安全观，并在新型粮食安全观的指导下构建粮食安全新战略，提高我国粮食安全和农业发展的生态、高效和可持续性。

一、当前我国粮食供需总量基本平衡，但存在区域和品种的不均衡性

1. 我国粮食产量与居民消费均持续增长，供需基本平衡

近年来，虽然我国粮食播种面积不断减少，但由于单产持续提高，粮食总产量仍保持增长势头，尤其是 2004 年以来，粮食产量实现了十一连增；同时，随着人口增长和居民收入提高，消费逐步升级，口粮消费不断减少，饲料用量和工业用粮快速增长，带动粮食总消费量呈较快增长趋势。总体来看，当前我国粮食供需总量基本平衡，但由于耕地和淡水资源被过度利用以及极端气候的日益多发，粮食供需平衡的基础并不牢固，存在一定的脆弱性。

2. 粮食生产逐渐向北部和西部转移，与水土资源的分布并不匹配

在粮食生产的区域分布上，东部和南方水土资源丰富的省份粮食播种面积与产量持续减少，粮食主产区向北部和西部水土资源短缺地区迁移，全国粮食调出地区和调出量呈现双减。我国粮食地区供需格局由原

来的南粮北运、东粮西运转变为北粮南运、西粮东运，这与我国东部和南部地区耕地与水资源丰富、西部与北部地区耕地贫瘠水资源严重短缺的农业资源禀赋不相适应，影响我国粮食生产的稳定性和增长潜力。

3. 稻谷、小麦生产基本稳定，大豆和玉米播种面积与产量此消彼长

在农业产业结构上，我国农作物的产量与播种面积的增减变化高度相关，不同品种种植面积的增减取决于其产值和经济效益的高低。在耕地资源有限的情况下，不同农作物播种面积之间存在此消彼长的关系，其中玉米对大豆的替代最为明显。随着居民收入增长和食品消费升级，对口粮的消费不断下降，对畜产品和加工食品的需求日益增长，引致饲料用粮和工业用粮需求持续增加，而种子用粮基本稳定。从不同的粮食品种看，小麦、稻谷主要作为口粮消费，消费需求增长缓慢，玉米、大豆主要作为饲料和工业用粮，消费增速较快。

4. 农产品进口大幅增长，对外依存度不断提高

由于我国耕地数量不断减少，在国内农产品消费需求持续上升的条件下，有限的耕地资源承载不了快速增长的农产品需求，农产品进口大幅增长，我国农业的对外依存度不断提高。从农产品贸易结构来看，作为主粮的稻谷、小麦和玉米进口较少，所以谷物自给率相对较高，基本在95%以上。大豆作为油脂压榨的主要原料，其副产品豆粕是饲料蛋白的主要来源。由于我国大豆单产和出油率均比较低，与玉米相比不具备比较优势，在农作物的种植上表现为玉米种植面积大幅增长和大豆种植不断减少的趋势。在居民消费快速升级的条件下，大豆消费需求迅速增加，进口大幅增长，带动包括稻谷、小麦和玉米在内的粮食自给率持续降低。同时，受我国大豆需求的刺激，国际市场大豆供给也不断增加，价格也保持在较为合理的水平，国际贸易的"大国效应"并不明显，这也在一定程度上也表明，国际市场农产品供给具有较大的增长空间，在有效的需求刺激下，国际市场农产品供给仍将保持持续增长

态势。

二、未来粮食生产与需求继续保持增长趋势，不同农产品供需差异较大

未来10～20年我国口粮消费继续减少，饲料用粮和工业用粮大幅增长。经测算，虽然人口继续增加，但口粮消费仍呈下降趋势，饲料用粮和工业用粮的增幅均在1倍以上。

在农业生产条件继续改善的假设下，未来10～20年粮食生产仍有较大的增长空间。在耕地不减少、农业科技持续进步、农户继续保持农业生产的积极性和不发生大的自然灾害的假定下，未来20年我国粮食生产仍有较大的增长空间，我国的农业产业能够提供居民日益增长的消费能力对粮食的需求。

随着居民消费结构升级，未来我国不同农产品存在结构性余缺。根据对保障居民基本生命安全、基本营养安全和全面营养安全三个层次对食物需求的测算，从总量来看，目前我国食物的产能已经远远超过基本生命安全需求，同基本营养安全和全面营养安全需求的总量差距也不大，但供给结构不平衡、结构性短缺问题突出。尽管当前我国谷物、水产品可以自主供应，不久的将来肉类产量也可以满足全面营养需求，但是油料作物缺口较大、乳产品缺口巨大。

三、我国粮食安全保障水平较高，但粮食安全代价高昂

1. 我国粮食生产稳定性强，安全保障水平较高

从粮食自给率、人均粮食占有量、粮食储备率和粮食生产波动率等指标来看，我国粮食生产稳定性较强、安全保障水平较高。

2. 粮食安全代价高昂，生产模式不可持续

为确保粮食生产与供给，我国耕地与水资源被过度利用，污染和退化严重，生态环境持续恶化，化肥利用的边际增产能力也不断降低，高

强度开发、压迫式利用农业资源的生产模式不可持续。

3. 粮食生产比较效益较低，地方政府和农户粮食生产积极性下降

由于地少人多、分散经营的小农经济特征，我国农户生产粮食收入较低，产粮大县为财政穷县的现象也比较普遍，地方政府抓粮食生产和农户从事粮食生产的积极性均比较低。在城镇就业机会增多的条件下，大量农村青壮年劳动力外出就业，农业劳动力呈高龄化、低知识技能化等倾向。

四、适应形势发展变化，树立新型粮食安全观

1. 传统粮食安全观与粮食政策过于重视短期内的粮食产量和自给自足，缺乏长期规划和开放式思维

由于粮食事关社会稳定和发展大局，并且我国人口基数巨大，再加上特殊的国际环境，长期以来我国高度强调粮食自给。由于耕地与水资源有限和地少人多，水土资源被过度开发利用和农业缺乏规模效益的弊端逐步现象，未来的粮食安全问题也亟须关注。

2. 粮食需求的层次性没有得到应有重视，农业资源的利用缺乏应有的效率

随着居民收入增长和消费升级，对口粮的消费逐步减少，而对肉蛋奶糖、水产品、蔬菜与水果等产品的需求日益增加。对粮食生产的过分重视和对其他农业生产的相对忽视，导致在粮食产量大量增长的情况下，油料和蛋白饲料的大量进口，以及越来越多的粮食被作为饲料使用，使粮食资源的利用缺乏效率，也引发大量的生态环境和农产品质量安全问题。

3. 过分依赖国内生产粮食，错失利用国际农业资源的时机

形成于特殊国际环境下的传统粮食安全观，过分强调粮食自给自足，对国际市场的开发与利用落后，一方面的影响是在我国农业对外依存度不断提高的背景下，农产品进口方式和渠道比较单一，对国际农产

品市场的掌控能力较弱，有可能增加农产品进口成本，并且不利于分散农产品贸易的风险。

4. 适应国际国内政治经济发展变化，树立开放、分层次性和可持续的粮食安全观

当前，虽然口粮消费数量不断降低，但其重要性依然居于第一位，其他农产品不可替代。而饲料用粮与工业用粮虽然消费占比较高并且呈逐步增加的趋势，但其重要性却不如口粮，而且有较多的替代品可供选择。因此，我们应转变对全部粮食品种均给予同等重视的观念，树立分层次的粮食安全观，对口粮、饲料用粮和工业用粮设立不同的自给标准，分层次给予保护；为恢复农业生态环境，应处理好当前粮食产量和未来粮食生产能力的关系，不能为短期的粮食产量损害长期的粮食生产能力；还应处理好粮食国内生产和进口的关系，为有效满足居民的消费需求，应适当增加粮食进口，对稻谷和小麦来说，可以适当增加高质量粮食品种的进口，对主要作为饲料用粮和工业用粮的玉米、大麦和大豆来说，应当逐步放开进口限制、提高进口数量，满足国内快速增长的需求，并为国内过度利用的水土资源提供休养生息的机会。

五、顺应居民消费变化，加快调整农业产业结构

1. 居民消费快速升级，对肉蛋奶的需求逐步提高

改革开放以来，随着收入提高，城乡居民对肉蛋奶等高蛋白食物的消费数量不断增加。从发达国家的发展历程来看，我国居民尤其是农村居民对肉蛋奶的消费水平较低，仍有较大的增长空间。

2. 传统农业产业结构效率较低，也是畜产品问题多发的重要原因

我国传统的农业和畜牧业以粮食作物种植与饲料喂养的动物养殖为主，可以简单地概括为粮猪农业。这种农业结构有其自然和历史原因，但不利于优化居民消费结构、提高农业资源利用效率；另外，粮食作为饲料使用经济效益较差，而且也是牛羊肉产品和奶产品质量问题频发的

一个重要原因。

3. 牧草营养丰富，而且能够有效改善土壤结构

优质牧草的蛋白质含量丰富，大大高于玉米、小麦等粮食作物；牧草种类繁多，可以在全国各地种植，有些牧草品种耐盐碱、抗干旱，适合西部和北部干旱地区种植，能够有效利用各种土地资源；牛羊属于食草类动物，牧草是牛羊的天然食材，能够有效提高牛羊的抗病能力，提高畜产品质量；我国草地资源丰富，进一步提高对草地资源的重视程度，加以合理地保护与利用，将能够有效减少对耕地的过分依赖、提高畜产品产量和质量。

4. 我国草地资源丰富，利用过度、保护不足

根据第二次全国土地调查，我国有草地面积43.1亿亩，并且发展人工草地的潜力巨大。但是由于管理制度不完善、经营规模小等原因，多数地区存在滥垦、过度利用和缺乏维护等现象，草地面积持续减少，退化、损毁严重，承载能力不断下降。

5. 发展草地农业，推动农业结构战略性调整

建立与食物结构相匹配的农业结构，从重生产向生活、生产、生态并举转型。鼓励和引导农户调整养殖结构和养殖方法，提高草饲动物养殖比例，用人工牧草取代粮食饲料，逐步解决人畜争粮问题。逐步通过调整种植结构，减少粮食播种面积，对腾出的耕地进行轮休或者种植有利于涵养耕地肥力的牧草。利用中低产田、季节性撂荒以及采取草粮轮作、间作等技术，退耕还草、发展草地农业，促进水土资源休养生息，提高食物长期生产能力和食物安全的可持续保障能力。仿照18亿亩耕地红线政策，加强草原保护，在保持口粮安全的前提下，根据不同地区的气候与土壤特征，科学规划草地农业生产布局。发挥财税激励作用，积极实行种草补贴、牧草机械购置补贴、设立草食家畜购置及建舍圈补贴、为草地农业发展提供财政贴息贷款、对牧草和畜产品加工业减免税收等政策，引导、扶持草地农业发展。

6. 充分发挥我国资源比较优势，大力发展劳动密集型的高附加值经济作物

我国农业资源的禀赋特征为水土资源短缺、人力资源丰富，为充分发挥资源禀赋优势，提高农业生产比较效益，我国应大力发展劳动密集型的园艺业，在解决农业剩余劳动力就业问题的同时提高农业比较效益。

六、加快农业产业化发展，提高农业生产比较效益

1. 农产产业化发展滞后，农业生产比较效益偏低

由于地少人多和城市化发展迟缓，分散小规模经营是我国农业的典型特征。分散小规模经营使得农业投入较少，产前的种子研发、产中的管理和产后的加工、运输等环节发展滞后。小规模经营和产业化发展的缺乏使农业经营成本偏高、比较效益较低，在工业化快速发展和对外开放迅速推进的背景下，农业产业尤其是种粮收益低的问题逐渐凸显，土地非农化、耕地非粮化日益严重，青壮年劳动力持续外流，耕地撂荒日渐增多，劳动力兼业化现象比较普遍。

2. 农业生产经营管理松散，农产品质量问题突出

在确保国家粮食安全和主要农产品供应的战略导向下，为了应对不断增长的农产品需求压力，在耕地资源有限的条件下，提高单位面积产出是现实的选择。由于农业产业化发展滞后、生产经营管理松懈，化肥、农药等施用量大幅增加，大大超过世界平均水平。大量施用化肥和农药造成两方面的后果，一方面是农地、水资源受到严重污染，农产品质量问题频发；另一方面是导致农业生产成本居高不下，农业生产效益低下。以上两方面的问题，不但影响以粮食为主的农产品数量安全，也造成不容忽视的质量安全问题。因此，借鉴发达国家农业生产经验，为实现我国农产品的数量和质量安全，需要加快农业产业化经营，通过加强对农业生产产前、产中和产后各环节的有机管理，有效降低农业生产

成本，并切实加强对产品质量的管控。

3. 加快农业产业化发展，提高农业经营效益和产品质量水平

推动农业产业化，需要通过土地流转适度扩大经营规模、加快科研创新与技术推广、培育家庭农场、种养大户与农民合作组织等新型经营主体，提高农业生产的产前技术研发、产中经营管理和产后的加工与运输等水平，逐步提高农业生产的组织化水平，有效降低生产成本、提高产品质量和经营效益。

七、加快土地管理体制机制变革，有效遏制耕地流失与污染趋势

我国人口众多、人均耕地少，但是在工业化和城市化快速发展的过程中，耕地数量不断减少、质量持续降低，已威胁到食品数量和质量安全，亟须改革现行耕地管理制度，加强耕地保护。

前期我国耕地减少的主因在于生态退耕，近期的主要影响因素是工业与城镇建设占用。从耕地质量降低的原因来看，主要是由于过度施用农药化肥、工业与生活废弃物的污染，耕地占补平衡过程中的占优补劣问题也是耕地生产能力下降的一个重要影响因素。

我国耕地减少有其制度性根源，产权不清晰是主要原因。农户作为耕地承包主体，但由于不拥有耕地的产权缺乏保护的积极性；地方政府事实上承担了保护主体的角色，但在发展工业经济和城镇化建设的压力下，耕地被大量占用，地方政府也产生了对土地财政的依赖，更进一步导致耕地被占用；另外，我国耕地保护法律不完善，并且在法律执行过程中存在疏漏。为有效加强耕地保护，需要深化和完善以明晰产权为核心的农地制度，强化农地保护激励。一是继续修订和完善以《土地管理法》、《基本农田保护条例》、《农村土地承包法》和《物权法》等法律法规体系，逐步形成体系完善、内容细致具体且可执行的农地法律制度体系。二是构建适于农地保护的多层次农地流转市场，通过完善地票

交易、占补平衡等制度与机制提高耕地流转效率与耕地生产能力保护效果；建立多层次和类型的城市土地市场体系，并积极探索区域农地交易机制，逐步向全国性跨区市场过渡。

我国草地、林地资源丰富，但开发利用和支持与保护程度较低。在居民收入增长和消费结构升级的背景下，对农产品的多样化需求日益增长，应转变耕地保护理念，把保护范围扩大到包括耕地、草地和林地等全部农地，充分挖掘各类农地的生产潜力，降低对有限耕地的过度开发利用，有效地提高农地的保护水平和农业生产能力。通过合理的开发和保护措施，提高我国农地的生态环境效益和农业生产的可持续能力。

八、加快农业对外开放步伐，加强国际农业资源利用

1. 农业对外开放逐步加快，农产品对外依存度持续提高

加入 WTO 以来，我国农业对外开放力度进一步加快，农产品贸易由顺差逐步转为逆差，而且贸易呈逆差的农产品范围逐渐扩大、逆差值快速提高，粮棉油糖等主要农产品对外贸易均呈逆差状态，尤其是豆类和油脂，对外依存度偏高，而稻谷、小麦、玉米等主粮产品的贸易逆差引起社会广泛关注。总体来看，我国农产品贸易逆差的最根本的原因在于我国人多地少、淡水资源少且分布不平衡，有限的耕地与水资源的生产能力满足不了人们日益增长的农产品消费需求，为了平衡国内农产品供需，需要大力开拓国际市场，充分利用全球农业资源。

2. 国内农产品生产成本高，国际竞争能力弱

由于人多地少，我国农业发展的主要特征是分散经营、产业化程度低，造成农业生产的高成本。从统计数据来看，我国主要农产品的生产成本均高于国际市场，在农业领域高度开放和缺乏有效保护的环境下，国际市场低价农产品对国内农产品市场形成较大的冲击。从另一个层面来讲，更多地参与国际竞争，也将能够有效地提高国内农业产业结构调整与升级的压力和动力，有利于进一步提高其国际竞争力，从长远来

看，也有利于增加国内居民的消费福利。但对关系国计民生的稻谷、小麦等口粮行业来说，应当加强保护；对一些发展滞后的幼稚农业行业也应适当加强保护，避免进口过多过快地对国内产业的过度冲击。

3. 农产品进口来源地集中，进口渠道单一

从我国农业对外贸易的方式和渠道来看，进口来源地主要为美洲、大洋洲，进口主要经过大型国际农产品贸易集团，存在进口来源地集中和渠道单一等问题。

4. 加强国家层面的支持，促进国内农业企业"走出去"

为有效满足国内居民快速提高的农产品消费需求、构建多元化、多渠道的农产品进出口体系，我国需要通过财政信贷支持、国家层面的外交协调等方式，支持农业企业加强海外投资，通过建立海外生产、仓储、物流和加工基地，有效提高农产品生产、加工和运输能力，直接或间接增强国内粮食和主要农产品的供给能力；同时，需要通过加强财政补贴、金融支持、科技研发、基础设施建设等措施有效降低农业生产成本，提高国内农业产业的竞争力和吸引力。

参 考 文 献

［1］白美清：《粮食安全：国计民生的永恒主题——关于国家粮食安全课题系列研究
报告》，经济科学出版社，2013 年 9 月。

［2］蔡运龙：《中国农村转型与耕地保护机制》，载《地理科学》，2001（1）。

［3］曹荣湘：《粮食安全观的转换与市场制度的构建》，载《学习与探索》，2005（3）。

［4］陈洁：《粮食进口与我国的粮食安全》，载《调研世界》，2012（6）。

［5］陈印军、肖碧林、陈京香：《我国耕地"占补平衡"与土地开发整理效果分析与
建议》，载《中国农业资源与区划》，2010（1）。

［6］程国强：《全球农业战略——基于全球视野的中国粮食安全框架》，中国发展出版
社，2013。

［7］程国强：《我国粮食供求形势与中长期趋势》，载《粮食决策参考》，2012（6）。

［8］丹若：《〈营养法〉离你我有多远》，载《北京青年报》，2013 年 3 月 4 日。

［9］邓大才：《中国粮食生产的机会成本研究》，载《经济评论》，2005（6）。

［10］丁声俊：《国外关于"食物安全"的论述及代表性定义》，载《世界农业》，2006
（2）。

［11］董国新：《我国粮食供求区域均衡状况及其变化趋势研究》，浙江大学博士学位
论文，2007。

［12］段玉婉、刘用、杨翠红：《中国耕地面积变化及分区域面板数据建模分析》，载
《统计观察》，2012（3）。

［13］樊胜根、索姆比拉·莫塞迪塔、刘庆华：《中国未来粮食供求预测的差别》，载
《中国农村观察》，1997（3）。

［14］封志明：《中国未来人口发展的粮食安全与耕地保障》，载《人口研究》，2007
（2）。

［15］顾晴、斯蒂格利茨：《城市化将使中国成为世界领袖》，城市化网（http：//
house. focus. cn），2010 年 9 月 10 日。

[16] 广东省农业代表团：《关于日本等国现代农业的考察报告》，载《南方农村》，2002（3）。

[17] 国家发展和改革委员会价格司：《2012年全国农产品成本收益资料汇编》，中国统计出版社，2012年8月。

[18] 郭扬华：《目击美利坚"三农"》，载《湖北农村金融研究》，2011（2）。

[19] 韩长赋：《积极推进新型农业经营体系建设》，载《人民日报》，2013年8月7日。

[20] 何昌垂：《粮食安全——世纪挑战与应对》，社会科学文献出版社，2013年5月。

[21] 何传启：《中国现代化报告2012——农业现代化研究》，北京大学出版社，2012年4月。

[22] 贺德富、苏喜生：《战时最低营养素与食物定量研究》，载《军事经济学院学报》，2003（10）。

[23] 黄大全、郑伟元：《海外城市化与耕地保护对中国的启示》，载《中国土地科学》，2005（3）。

[24] 黄季焜：《我国主要农产品供需总量和结构平衡研究》，中国科学院农业政策研究中心工作报告，2012。

[25] 黄季焜：《农产品进入供需难平衡期的国家食物安全问题》，载《江西农业大学学报（社会科学版）》，2013（12）。

[26] 黄剑辉、王阁、应习文：《国内外粮食价格走势对我国通货膨胀形势的影响及应对策略》，研究报告，2012。

[27] 黄少安、郭艳茹：《对英国谷物法变革（1815－1846）的重新解释及对现实的启示》，载《中国社会科学》，2006（3）。

[28] 贾晋、周迪：《中国城乡居民粮食消费预测与结构优化——基于均衡营养目标的视角》，载《农业经济与管理》，2013（1）。

[29] 姜长云、张艳平：《我国粮食生产的现状和中长期潜力》，载《经济研究参考》，2009（15）。

[30] 孔凡真：《可供借鉴的日本农业现代化》，载《吉林农业》，2007（5）。

[31] 莱斯特·布朗：《谁来养活中国》，载《经济与信息》，1995（9）。

[32] 李波、张俊飚、李海鹏：《我国中长期粮食需求分析及预测》，载《中国稻米》，2008（3）。

［33］ 李春芳：《近现代美国西部开发中的生态环境问题及对中国西北开发的借鉴意义》，载《甘肃理论学刊》，2006（2）。

［34］ 李景刚、张效军、高艳梅、刘小玲：《我国城乡二元经济结构与一体化土地市场制度改革及政策建议》，载《农业现代化研究》，2011（3）。

［35］ 李孟刚：《树立新粮食安全观维护我国粮食安全》，载《中国国情国力》，2009（11）。

［36］ 黎翔凤：《管子校注》卷15《治国》，中华书局，2004年6月。

［37］ 李应中：《2012年我国粮食形势综合分析（二）》，载《中国农业信息》，2013（5）。

［38］ 梁子谦：《中国粮食综合生产能力与安全研究》，中国财政经济出版社，2007年6月。

［39］ 林毅夫：《再与布朗谈粮食——对布朗就世界粮食最高单产水平和中国粮食生产潜力观点的评论》，载《中国改革》，1998（8）。

［40］ 刘平养、沈哲：《经济增长，耕地保护与土地约束》，载《生产力研究》，2013（3）。

［41］ 刘润秋：《耕地占补平衡模式运行异化风险及其防范》，载《四川大学学报（哲学社会科学版）》，2010（3）。

［42］ 刘守英、周飞舟、邵挺：《土地制度改革与转变发展方式》，中国发展出版社，2012年9月。

［43］ 刘新平、朱圆甜，罗桥顺：《省际间易地开发耕地占补平衡指标置换的思考》，载《国土资源导刊（湖南）》，2006，3（6）。

［44］ 刘艳芳、明冬萍、杨建宇：《基于生态绿当量的土地利用结构优化》，载《武汉大学学报（信息科学版）》，2002（5）。

［45］ 卢锋：《粮食禁运风险与粮食贸易政策调整》，载《中国社会科学》，1998（2）。

［46］ 骆建忠：《基于营养目标的粮食消费需求研究》，中国农业科学院博士学位论文，2008。

［47］ 吕捷、余中华、赵阳：《中国粮食需求总量与需求结构演变》，载《农业经济问题》，2013（5）。

［48］ 马榕、丁声俊：《大力振兴中国木本油特色产业》，载《农业展望》，2013（10）。

［49］ 马先鹤、黄少锦、应利民：《限摄能量对军人体能及生存能力的影响》，载《解

放军预防医学杂志》，2000（3）。

[50] 苗齐、钟甫宁：《经济全球化与我国新的粮食安全策略》，载《吉林农业大学学报》，2001（2）。

[51] 倪洪兴、王占禄、刘武兵：《开放条件下我国大豆产业发展》，载《农业经济问题》，2012（8）。

[52] 任继周：《草原生态系统生产效益的放大》，载《中国草原与牧草》，1986（3）。

[53] 任继周：《藏粮于草施行草地农业系统——西部农业结构改革的一种设想》，载《草原学报》，1986（11）。

[54] 任继周、南志标、林慧龙：《以食物系统保证食物（含粮食）安全——实行草地农业，全面发展食物系统生产潜力》，载《草业学报》，2005（3）。

[55] 任继周、林慧龙：《农田当量的含义及其所揭示的我国土地资源的食物生产潜力——一个土地资源的食物生产能力评价的新量纲及其在我国的应用》，载《草业学报》，2006（5）。

[56] 任继周：《我国传统农业结构不改变不行了——粮食九连增后的隐忧》，载《草业学报》，2013（3）。

[57] 任禾、臧薪宇、李月英：《我国农民专业合作社发展现状及方向》，载《农业科技管理》，2010（6）。

[58] 邵挺、崔凡、范英、许庆：《土地利用效率、省际差异与异地占补平衡》，载《经济学（季刊）》，2011（3）。

[59] 沈其强、高建斌、邹鹏：《产业深化与江西工业化现状研究》，载《商场现代化》，2006（18）。

[60] 师尚礼、吴劲锋、柳小妮：《甘肃省极干荒漠区草地农业现状及前景分析》，载《甘肃农业大学学报》，2002（3）。

[61] 石志恒：《农户耕地保护行为研究》，西北农林科技大学博士学位论文，2012。

[62] 世界银行：《世界城市化展望报告》，2011。

[63] 宋伟良、方梦佳：《贸易自由化对中国粮食安全的影响及对策研究》，载《宏观经济研究》，2012（10）。

[64] 宋亚平：《规模经营是农业现代化的必由之路吗》，载《江汉论坛》，2013（4）。

[65] 孙宝民：《中国粮食供需的预测指标体系及模型设计》，载《经济问题》，2012（3）。

[66] 孙洪任、武瑞鑫、李品红、马令法、韩建国：《草地农业及中国草地农业区划和发展战略》，载《黑龙江畜牧兽医》，2008（5）。

[67] 汤芳、谢芳：《农民耕保协会：有位更有为》，载《中国土地》，2014（5）。

[68] 托达罗、史密斯著，余向华、陈雪娟译：《发展经济学》，机械工业出版社，2010年1月。

[69] 王汉中：《应以"食物安全"取代"粮食安全"观》，载《农产品市场周刊》，2006（47）。

[70] 王汉中：《以"食物安全"观取代"粮食安全"观》，载《瞭望》，2006（50）。

[71] 王明华：《"十一五"时期中国粮食需求总量预测》，载《调研视角》，2006（4）。

[72] 王燕玲：《转基因规则与中国粮食安全观》，载《云南财贸学院学报（社会科学版）》，2005（1）。

[73] 王勇：《我国农业结构演变的驱动因素分析》，载《安徽农业科学》，2007（28）。

[74] 卫龙宝、储德平、徐广彤、朱西湖：《中国特色农业现代化道路进程中的主要矛盾与对策》，载《农业现代化研究》，2009（2）。

[75] 威廉·阿瑟·刘易斯：《二元经济论》，北京经济学院出版社，1989年3月。

[76] 吴强华、杨应奇、胡志喜：《耕者维权护"红线"——农民耕保协会走进春天里》，载《中国国土资源报》，2012年3月6日。

[77] 吴青劼：《我国粮食消费结构一般研究》，北京工商大学硕士研究学位论文，2010。

[78] 肖碧林、陈印军、杨瑞珍、陈静：《中国近期耕地占补平衡的问题与建议》，载《安徽农业科学》，2009（34）。

[79] 肖俊彦：《警惕我国粮食安全保障能力下降》，载《中国产业经济动态》，2012（7）。

[80] 徐长福：《政府还是市场：中国古代粮食流通思想管窥——由乾隆帝的粮食流通思想所想到的》，载《中共长春市委党校学报》，2004（1）。

[81] 徐林、周诚君等：《土地制度改革与新型城镇化》，金融四十人论坛课题报告（http：//www.cf40.org.cn），2013。

[82] 许庆、田士超、徐志刚、邵挺：《农地制度、土地细碎化与农民收入不平等》，载《经济研究》，2008（2）。

[83] 徐绍史：《改革是解决资源问题的必然选择》，载《经济日报》，2012年10月24日。

[84] 杨晓明：《中美几项重要农业政策的经济学比较》，载《赣南师范学院学报》，2006（1）。

[85] 叶剑平、丰雷、蒋妍、罗伊·普罗斯特曼、朱可亮：《2008年中国农村土地使用权调查研究——17省份调查结果及政策建议》，载《管理世界》，2010（1）。

[86] 应强：《法国城市化助力农业现代化》，载《参考消息》，2013年4月24日。

[87] 余庆年：《江苏小城镇发展中的问题及对策》，载《生态经济》，2001（1）。

[88] 曾红颖：《美国和日本的营养立法情况及对我国的启示》，载《经济研究参考》，2005（59）。

[89] 张进：《渭北苹果园土壤养分状况调查与评价》，西北农林科技大学硕士论文，2010。

[90] 张军岩、贾绍凤：《基于中日比较的人口城市化对耕地影响机制研究》，载《中国人口·资源与环境》，2005（1）。

[91] 张莉、张瀚、徐现祥：《土地交易法律制度演变对土地违法的影响研究》，载《学术研究》，2013（4）。

[92] 张立中、潘建伟、陈建成：《不同草原类型区畜牧业适度经营规模测度》，载《农业经济问题》，2012（2）。

[93] 张茉楠：《社会发展转型期最需要做什么?》，载《学习月刊》，2009（7）。

[94] 张雨：《农业科技成果转化率测算方法分析》，载《农业科技管理》，2006（6）。

[95] 赵丹、李锋、王如松：《基于生态绿当量的城市土地利用结构优化——以宁国市为例》，载《生态学报》，2011（20）。

[96] 郑纪芳：《城市化进程中的耕地保护：相关主体行为分析》，山东农业大学博士学位论文，2009。

[97] 中国营养学会：《中国居民膳食指南》，西藏人民出版社，2008年1月1日。

[98] 钟涨宝、宋辉：《农地流转地方政府行为选择机理及路径探究——基于成本收益视角》，载《管理现代化》，2013（6）。

[99] 邹华斌：《毛泽东"以粮为纲"方针的提出及其作用》，载《党史研究与教学》，2010（6）。

[100] 朱莉芬、黄季焜：《城镇化对耕地影响的研究》，载《经济研究》，2007（2）。

［101］朱希刚、刘延风：《我国农业科技进步贡献率测算方法的意见》，载《农业技术经济》，1997（1）。

［102］Allan, J. A., and C. Lant , 2003, Virtual Water – the Water, Food, and Trade Nexus: Useful Concept or Misleading Metaphor, Water International, 28: 106 – 113.

［103］Brown L. B. , 2001, Eco – Economy, New York: W. W. Norton & Company, Inc. .

［104］Christiaensen, L. , 2012, "The Role of Agriculture in a Modernizing Society – Food, Farms and Fields in China 2030", Sustainable Development Department Discussion Paper, East Asia and Pacific region, World Bank, Washington, DC.

［105］French, P. , C. Stanton, F. Lawless et al. , 2000, "Fatty Acid Composition, Including Conjugated Linoleic Acid of Intramuscular Fat from Steers Offered Grass, Grass Silge or Concentrate – Based Diets", Journal of Animal Science, 78（11）: 2849 – 2855.

［106］King, D. , 1993, "Issues in Multi – Level Government", Current Issues in Public Sector Economics, Macmillan.

［107］Kline, J. , D. Wichelns, 1998, "Measuring Heterogeneous Preferences for Preserving Farmland and Open Space", Ecological Economics, 26（2）: 211 – 224.

［108］OECD – FAO, 2013, Agricultural Outlook 2014 – 2023.

［109］Olson, M. , 1963, The Economics of the Wartime Shortage: A History of British Food Supplies in the Napoleonic War and in World Wars I and II, Duke University Press.

［110］Rosenberger, R. S. , 1998, "Public Preferences Regarding the Goals of Farmland Preservation Programs: Comment", Land Economics, 74（4）: 557 – 565.

［111］Rule, D. C. , K. S. Broughton, S. M. Shellito, and G. Maiorano, 2002, "Comparison of Muscle Fatty Acid Profiles and Cholesterol Concentrations of Bison, Beef Cattle, Elk and Chicken", Journal of Animal Science, 80（5）: 1202 – 1211.

［112］Siscovick, D. C. , T. E. Raghunathan et al. , 1995, "Dietary Intake and Cell Membrane Levels of Long – Chain N – 3 Polyunsaturated Fatty Acids and the Risk of Primary Cardiac Arrest", JAMA, 274（17）: 1363 – 1367.

［113］Wedin, W. F. , and S. L. Fales, (Eds.) . , 2009, Grassland: Quietness and Strength for a New American Agriculture. ASA – CSSA – SSSA.

附录 1　粮食安全层级判断依据

一、基本营养安全的主要判断依据：收入水平、工业化和城市化程度

沈其强等（2006）认为国际上衡量工业化程度，主要经济指标有四项：一是人均国民生产总值，人均 GDP 达到 1 000 美元为初期阶段，人均 3 000 美元为中期阶段，人均 5 000 美元为后期阶段。二是工业化率，即工业增加值占全部生产总值的比重。工业化率达到 20% ~ 40%，为工业化初期，40% ~ 60% 为半工业化国家，60% 以上为工业化国家；三是三次产业结构和就业结构，一般工业化初期，三次产业结构为 12.7:37.8:49.5；就业结构为 15.9:36.8:47.3；四是城市化率，即为城镇常住人口占总人口的比重，一般工业化初期为 37% 以上，工业化国家则达到 65% 以上。

张茉楠（2009）研究发现，新兴市场国家突破人均 GDP 1 000 美元的"贫困陷阱"后，很快会奔向 1 000 美元至 3 000 美元的"起飞阶段"；但到人均 GDP 3 000 美元附近，容易出现经济增长回落或长期停滞，陷入所谓"中等收入陷阱"阶段。

表 1

	人均 GDP：现价美元 （3 000 ~ 5 000 美元）	工业化率 40% ~ 60% 为半工业化国家	城市化率 （初期 37% ~ 65% 高级）	选取区间
美国	1962 年（3 107.94） 1970 年（4 997.76）	1970 年（35.24） 1974 年（34.05）后趋小	1960 年（70） 1985 年（74.49）	1962 – 1970

续表

	人均GDP：现价美元 （3 000~5 000美元）	工业化率 40%~60%为半工业化国家	城市化率 （初期37%~65%高级）	选取区间
英国	1973年（3 257.30） 1978年（5 785.46）	1970年（42.10） 1974年（40.06）后趋小	1960年（78.44） 1970年（77.11）	1973－1978
日本	1972年（2 917.65） 1976年（5 111.29）	1970年（43.53） 1975年（39.40）后趋小	1960年（63.27） 1970年（70.27）	1972－1976
韩国	1987年（3 367.54） 1989年（5 438.25）	1986年（40.40） 1999年（40.24）后趋小	1968年（37.36） 1985年（64.88）	1987－1989
德国	1971年（3 089.07） 1974年（5 457.01）	1970年（48.09） 1974年（44.30）后趋小	1960年（71.38） 1966年（72.02）	1971－1974
中国	2008年（3 413.58） 2011年（5 441.76）	1970年（40.49） 2008年（47.44）后趋小	2001年（37.20） 2012年（51.78）	—

二、全面营养安全的主要判断依据：发达国家粮食消费稳定阶段

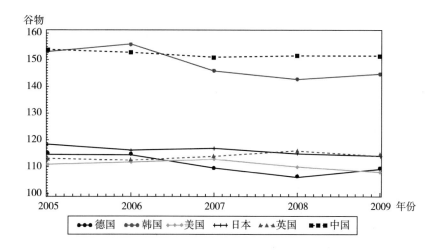

图1

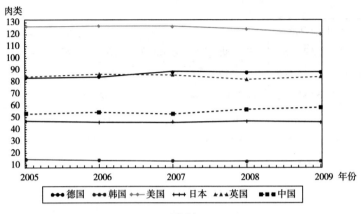

图 2

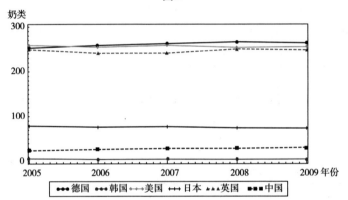

图 3

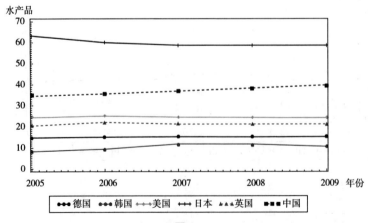

图 4

附录2 中国新供给经济学研究书系

中国新供给经济学研究书系

Books of Studies in China New Supply – side Economics

编委会

主　任　洪　崎　贾　康

副主任　徐　林　李万寿　白重恩　姚余栋　黄剑辉

　　　　刘培林　王　庆　滕　泰

执行主编　姚余栋　黄剑辉

执行编委　徐以升　张茉楠　刘　薇　李宏瑾

华夏新供给经济学研究院

简　介

　　华夏新供给经济学研究院是由贾康、白重恩、王庆等 12 位学者发起设立、经政府管理部门批准成立于 2013 年 9 月的民间智库组织，现任理事长为民生银行洪崎董事长。研究院旨在推进"以改革为核心的新供给经济学"的研究，秉承"求真务实融合古今，开放包容贯通中西"的精神，基于全球视野和时代责任感，以"责任、专业、团结、创新"为文化，以"人才是核心，研究是基础，社会效益是追求"为理念，践行勤勉奋进的"梅花精神"和开放包容的"牡丹精神"，打造学习型组织和创新型团队，通过构建跨界合作的"中国新供给经济学 50 人论坛"，努力建设具有高学术品味和国际影响力的中国特色新型智库。已有百位经济学家、实业家、金融界精英和媒体人士加盟的新供给研究院的研究团队，通过新供给双周学术研讨会、《中国 2049 战略》圆桌、新供给金融圆桌以及新供给年度重点课题研究等活动，致力于经济学理论的不断发展创新，对中国改革开放予以理论阐释和提出积极建言，持续推动中国经济改革和发展实践，为中国和世界经济繁荣和社会进步竭尽所能。

China Academy of New Supply – side Economics

Introduction

China Academy of New Supply – side Economics is a civil think tank organization established in September, 2012 by 12 scholars including Jia Kang, Bai Chongen and Wang Qing etc. , and approved by government administration department, with President of China Minsheng Banking Corp. Ltd. Hong

Qi as current Board Chairman. With a view to promote the study of "New Supply – side Economics with reform as the core", the academy adheres to the spirits of "truth – seeking and pragmatism, integration of the ancient and the present, openness and tolerance, and combination of Chinese and western cultures", takes basis on global view and the sense of time responsibility, holds the culture of "responsibility, professionalism, teamwork and innovation", sticks to the philosophy of " talent is the core, research is the base and social benefits is the pursuit", practices diligent and endeavored " plum flower spirit" as well as open and tolerant " peony spirit", builds a learning organization and an innovative team, and makes efforts to establish a new think tank with highly academic atmospheres and international influence and also Chinese characteristics by means of setting up a cross – discipline cooperative " China New Supply – side Economists 50 Forum". Currently, dozens of economists, industrialists, financial experts and media personnel have joined the research group of China Academy of New Supply – side Economics. By means of many activities, such as new supply – side biweekly academic symposium and new supply – side annual key research programs, and so on, they are committed to achieving the continuous development and innovation of economic theories, and theoretically explain China's opening up and reform and actively putting forward policy suggestions, so as to continuously promote China's economy reform and development practice and make great efforts for China and the world's economic prosperity and social progress.

中国新供给经济学 50 人论坛

简　　介

"中国新供给经济学 50 人论坛"（以下简称"论坛"）是由中关村

华夏新供给经济学研究院（以下简称"研究院"）内部设立和管理的经济学术研究平台，由中国经济学界、实业界具有较强学术功底和颇具社会影响力的成员组成。

论坛以全球视野和时代责任感，秉承勤勉奋进的"梅花精神"和开放包容的"牡丹精神"，坚持"求真务实融汇古今，开放包容贯通中西"的基本理念，以战略性、法制性、国际性、实践性思维，致力于通过构建跨界合作的新型研究平台，对中国改革开放予以理论阐释和提出积极建言，夯实中国经济学理论基础，特别是新供给经济学理论创新，以经济学理论的不断发展创新持续推动中国经济改革和发展的成功实践，为中国和世界经济繁荣竭尽所能。

第一届论坛成员是国内外有影响力的经济学家、企业家和相关行业专家等。为了突出论坛的广泛性和跨行业特点，论坛设立特邀研究员和特邀媒体合作伙伴，注重其所在行业的影响力。为了培养青年人才，论坛设立特邀论坛成员，侧重于培养具有较大发展潜力，年龄在 40 岁以下（不包括 40 岁）的青年学者。论坛专职工作人员具备高素质和忠实勤勉有奉献精神，均为获得经济学等相关学科博士学位的优秀人才。

中国新供给经济学 50 人论坛秘书处

论坛秘书长：贾　康

China New Supply – side Economist 50 Forum

Introduction

China New Supply – side Economist 50 Forum（hereafter referred to as "Forum"）is an internal economic and academic research platform established and managed by China Academy of New Supply – side Economics, composed of members with strong academic foundation and great social influence in China economic circles and business community.

The forum has global view and senses of time responsibility, adheres to diligent and endeavored " plum spirit" as well as open and tolerant " peony spirit", sticks to the basic philosophy of "truth – seeking and pragmatism, integration of the ancient and the present, openness and tolerance, and combination of Chinese and western cultures", and takes strategic, legal, international and practical view. By means of establishing a cross – discipline cooperative new type think tank platform, the forum is committed to theoretically explaining China's opening up and reform and actively putting forward suggestions, building a solid foundation for Chinese economics theories, especially the innovation of new supply – side economics theories, continuously promoting China's successful reform and development practice based on the continuous developing and innovative economic theories, and making great efforts for China and the world's economic prosperity and social progress.

The members of the first session of the forum are influential economists, entrepreneurs and relevant industry experts both at home and abroad. To highlight the breadth and cross – discipline characteristics of the forum, the forum sets specially invited researchers and media partners, focusing on their influence in corresponding industry. To cultivate the young talent, the forum sets specially invited members, and focuses on the cultivation of young prospecting scholars with age less than 40 years old (not including 40 years old). The forum has high – quality, loyal, diligent and dedicated staff with doctor degree in relevant disciplines, such as economics.

Secretariat of New Supply – side Economist 50 Forum

Secretary：Jia Kang (Concurrent)

中国新供给经济学 50 人论坛组织与成员名单

（截至 2015 年 11 月 30 日）

论坛顾问委员会成员

学术顾问

夏　斌　国务院发展研究中心金融研究所名誉所长、研究员，中国民生研究院学术委员会副主任，南开大学国家经济战略研究院院长

管益忻　中国决策科学院院长、中国海内外企业家交流中心副主席，《经济学家周报》主编

王国刚　中国社会科学院金融研究所所长

管理顾问

黄　伟　中关村民间组织登记处处长

文化顾问

楚　艳　北京服装学院服装设计系教师，北京服饰设计研究中心总监

法律顾问

李　达　竞天公诚律师事务所合伙人

论坛理事会理事长

洪　崎　中国民生银行股份有限公司董事长

论坛理事会副理事长

贾　康　财政部财政科学研究所研究员，中国财政学会顾问

王功伟　北京金融街投资（集团）有限公司董事长

李万寿　协同创新基金管理有限公司董事长

王广宇　华软资本管理集团股份有限公司董事长

论坛理事会常务理事

洪　崎　中国民生银行股份有限公司董事长

贾　康　财政部财政科学研究研究员，中国财政学会顾问

王功伟　北京金融街投资（集团）有限公司董事长

李万寿　协同创新基金管理有限公司董事长

王广宇　华软资本管理集团股份有限公司董事长

白重恩　清华大学经济管理学院副院长

黄剑辉　中国民生银行研究院院长

王　庆　上海重阳投资管理有限公司总裁、合伙人

滕　泰　万博兄弟资产管理（北京）有限公司总裁，万博经济研究院院长

周健男　大成基金执委会主席、党委书记

论坛监事会成员

王少杰　海风联投资基金创始合伙人、中关村股权投资协会会长

论坛学术委员会主席

贾　康　财政部财政科学研究所研究员，中国财政学会顾问

论坛学术委员会副主席

白重恩　清华大学经济管理学院副院长，博士生导师

徐　林　国家发展与改革委员会规划司司长

论坛秘书长

贾　康　财政部财政科学研究所研究员，中国财政学会顾问

论坛副秘书长

姚余栋　中国人民银行金融研究所所长

黄剑辉　中国民生银行研究院院长

滕　泰　万博兄弟资产管理（北京）有限公司总裁，万博经济研究院院长

周健男　大成基金执委会主席、党委书记

李振华　蚂蚁金服研究院副院长、清华大学五道口金融学院财富民生财富研究中心研究员

论坛成员

（96人，任期5年，按姓氏笔画排序）

丁　爽　花旗银行大中华区高级经济学家

丁志杰　对外经济贸易大学校长助理

马海涛　中央财经大学财政学院院长、教授、博士生导师

马蔡琛　南开大学经济学院教授、博士生导师

马晓河　国家发展和改革委员会宏观研究院副院长/研究员

　　　　城镇化副会长、中国农经学会副会长

马续田　交通银行总行资产管理部总经理

王　庆　上海重阳投资管理有限公司总裁、合伙人

王　诚　中国社科院经济所研究员

王功伟　北京金融街投资（集团）有限公司董事长

王志军　中央财经领导小组办公室经济一组局长

王金晖　北京瑞晖丽泽资本管理有限公司董事长

王永利　乐视控股（北京）有限公司高级副总裁

王光坤　财政部综合司司长、财政部财政科学研究所硕士生导师

井贤栋　蚂蚁金服总裁

冯俏彬　国家行政学院经济学部教授、博士生导师

白重恩　清华大学经济管理学院副院长

任泽平　国泰君安证券研究所董事总经理

向　东　国务院研究室综合二司司长/研究员、国家行政学院等多
家大学兼职教授、中国企业联合会常务理事

刘健钧　证监会私募基金监管部副主任

刘培林　国务院发展研究中心发展战略和区域经济研究部副部长

刘世锦　国务院发展研究中心原副主任

刘纪鹏　中国政法大学资本金融研究院院长

刘陈杰　高盛中国A股首席策略分析师、中国人民大学经济学院

业界导师

华一沨　上海市国有资产监督管理委员会副主任

朱海斌　摩根大通中国首席经济学家、大中华区经济研究主管

汤晓东　华夏基金监督长

张茉楠　中国国际经济交流中心博士、副研究员

张晓朴　中国银监会政策研究局副局长

张智威　德意志银行董事总经理、首席经济学家及股票策略主管（中国）

张霄岭　中国银监会银行监管三部副主任

张承惠　国务院发展研究中心金融研究所所长＼研究员、社科院研究生院博导、中国金融学会副秘书长、中国国际金融学会常务理事

李　奇　高盛亚太区董事总经理、证券主管

李万寿　协同创新基金管理有限公司董事长

李迅雷　海通证券股份有限公司副总裁、首席经济学家

李宏瑾　中国人民银行营业管理部副研究员

李　钢　中国证监会办公厅副主任

李　斌　中国人民银行货币政策司处长＼研究员

李振华　蚂蚁金服研究院副院长、清华大学五道口金融学院财富民生财富研究中心研究员

杨　农　中国银行间交易商协会副秘书长

杨　涛　中国社会科学院金融研究所所长助理/研究员、微金融50人论坛发起人、中国投资协会投资咨询专委会常务理事、央行支付体系重大问题研究工作小组成员

杨燕青　《第一财经日报》副总编

汪　涛　瑞银集团董事总经理、首席中国经济学家

沈建光　瑞穗证券亚洲公司董事总经理、首席经济学家

连　平　交通银行首席经济学家

吴晓求　中国人民大学金融与证券研究所所长

邵　宇　东方证券首席经济学家、首席策略分析师和固定收益负责人

陈祖新　国务院研究室综合司司长

周天勇　中共中央党校国际战略研究所副所长

周诚君　中国人民银行货币政策二司副司长

周健男　大成基金执委会主席、党委书记

郑　扬　中共上海市金融工作委员会副书记、上海市金融服务办公室主任

郑红亮　中国社会科学院经济研究所教授、《经济研究》常务副主编、孙冶方经济科学基金会副秘书长、评奖委员

林　竹　中信地产副总裁、兼任中信粤东城市运营投资发展有限公司董事长

林云山　中国民生银行股份有限公司行长助理

罗登攀　中信并购基金管理有限公司执委会委员、董事总经理

范剑平　国家信息中心首席经济师

金　莘　中国人民银行金融稳定局巡视员

金海年　诺亚（中国）控股有限公司首席研究官

金鹏辉　中国人民银行济南分行行长

陆　磊　中国人民银行研究局局长

俞　波　中国五矿集团公司财务总部总经理

哈继铭　高盛集团投资管理部、中国副主席暨首席投资策略师

姚余栋　中国人民银行金融研究所所长

洪　崎　中国民生银行股份有限公司董事长

费朝晖　中国进出口银行国际业务部总经理

贺力平　北京师范大学经济管理学院教授

赵立新　证监会上市公司监管二部主任

徐　刚　中信证券全球机构和经济业务主管

徐　林　国家发改委规划司司长

徐诺金　中国人民银行郑州中心支行行长

诸建芳　中信证券首席经济学家

贾　康　财政部财政科学研究研究员，中国财政学会顾问

郭树强　天弘基金管理有限公司总经理

高培勇　中国社会科学院学部委员、中国社会科学院财经战略研究院院长

秦　朔　自媒体创业人（秦朔朋友圈）、上海东方传媒集团原副总裁、第一财经日报原总编辑

崔　历　高盛投资银行董事总经理

盛来运　国家统计局新闻发言人、国民经济综合统计司司长

黄　震　中央财经大学金融法研究所所长、教授，《互联网金融》总编辑，互联网金融千人会创始人

黄剑辉　中国民生银行研究院院长

黄格非　中国银河投资管理有限公司副总裁

黄海洲　中国国际金融有限公司首席策略师、董事总经理、研究部联席主管

黄益平　北京大学国家发展研究院教授

黄金老　苏宁云商副总裁、华夏银行原副行长

蒋国荣　中国投资银行部主任、投资银行亚洲区副主席

彭文生　中金公司首席经济学家

温信祥　中国人民银行金融研究所副所长葛华勇　中国银联董事长

鲁政委　兴业银行首席经济学家

管清友　民生证券研究院院长

谭海鸣　中国人民银行货币政策二司副处长

潘宏胜　中国人民银行货币政策司秘书处处长

裴长洪　中国社会科学院经济研究所所长、党委书记

滕　泰　万博兄弟资产管理（北京）有限公司总裁，万博经济研究院院长

戴　兵　光大银行信用卡中心总经理

鞠　瑾　北京金融街投资（集团）有限公司总经理

魏加宁　国务院发展研究中心宏观经济研究部巡视员

论坛特邀研究员

（共38人，任期3年，按姓氏笔画排序）

马光荣　中国人民大学财政金融学院讲师

马衍伟　财政部税政司处长

马梅琴　中国建设银行个人存款与投资部副总经理

王　翔　上海基玉金融信息服务股份有限公司董事长

王　燕　北京大学国家发展研究院高级研究员，乔治华盛顿大学客座教授

王天灵　外交部政策司参赞，清华大学当代国际关系研究院高级研究员

王少杰　海风联投资基金创始合伙人，中关村股权投资协会会长

王红林　香港金融管理局金融研究中心研究员

王振宇　辽宁省财政厅财科所所长，《地方财政研究》主编

伍旭川　中国人民银行金融研究所综合部主任

刘军民　国家审计署政策研究室处长

宋汉光　中国人民银行宁波市中心支行行长

宋立洪　商务部综合司副司长

张　文　山东省金融办副主任

张永山　《经济研究》杂志社副社长

杨　光　《中国证券报》基金部副主任

肖　婷　北京网聘咨询有限公司智联测评事业部总监、测评研究院执行院长

陈　龙　财政部财政科学研究所公共收入研究中心研究员

陈　钢　天弘基金管理有限公司副总经理

陈　浩　中国人民银行调查统计司景气调查处处长

周广文　银杏资本管理有限公司董事长

易欢欢　中国互联网金融千人会创始人、秘书长，宏源证券副总经理

郑五福　中国人民银行人事司副司长

段晓强　北京金融街投资（集团）有限公司研究中心主任

徐　捷　中国民生银行股份有限公司小微金融部副总经理

柴　森　中航国际文化交流中心董事长

浦晓燕　红杉资本董事总经理

崔智生　国开证券副总经理

梁　季　财政部财政科学研究所公共收入中心研究员，硕士生导师

盛　磊　国家信息中心科研管理处处长、学术办主任

彭子瑄　中国民族证券有限责任公司董事会秘书

甯　辰　天弘基金管理有限公司副总经理

张　蓓　中国人民银行货币政策司调研员/高级经济师、《金融研究》匿名审稿人

陆　婷　中国社科院世经政所副研究员

姚余梁　美国理海大学教授、系主任、同济大学经济管理学院"东方学者"、讲座教授、博导

徐　昕　中国人民银行主任科员

郭若谷　光银国际投资有限公司业务主管

董少鹏　证券日报社常务副总编辑、中国证券业协会咨询委员、中国证监会专家顾问、中央电视台、中央人民广播电台评论员

论坛特邀成员

(年龄在 40 岁以下，共 6 人，任期 3 年，按姓氏笔画排序)

王雪磊　中国建设银行办公室副处长

刘　薇　财政部财政科学研究所金融研究中心副研究员，硕士生导师

苏京春　财政部财政科学研究所宏观经济研究中心助理研究员

徐　光　交易商市场协会注册办公室高级主管

徐以升　华软新动力投资公司 CEO

缪延亮　国家外汇管理局中央外汇业务中心局长高级顾问

论坛特邀媒体合作伙伴

(共 6 人，任期 3 年，按姓氏笔画排序)

乔卫兵　中信出版社副总编辑

张永山　《经济研究》杂志社副社长

杨　光　《中国证券报》基金部副主任

杨燕青　《第一财经日报》副总编

袁　满　《财经》杂志金融主管编辑

高进水　《经济研究参考》杂志社社长、经济科学出版社编审

论坛媒体合作委员会

(共 19 人，任期 3 年，按姓氏笔画排序)

主　席

杨燕青　《第一财经日报》副总编

副主席

魏革军　中国金融出版社社长，《中国金融》杂志主编

乔卫兵　中信出版社副总编辑

委　员

马　勇　金融界网站总编辑

水　皮　《华夏时报》总编辑

刘永刚　《中国经济周刊》编委

吴　亮　《财经国家周刊》常务副总编辑

张永山　《经济研究》杂志社副社长

杨　光　中证报基金部副主任

杨彬彬　凤凰网副总编辑

陈剑锋　和讯网首席运营官

金　巍　中国传媒大学研究员

赵何娟　BT传媒CEO、钛媒体创始人

袁　满　《财经》杂志金融主管编辑

高　军　腾讯财经副总监

高进水　经济科学出版社编审、《经济研究参考》杂志社社长

龚　雯　人民日报社经济社会部副主任

董少鹏　证券日报社常务副总编辑、中国证券业协会咨询委员、中国证监会专家顾问、中央电视台、中央人民广播电台评论员

薛长青　《新财富》杂志总编辑